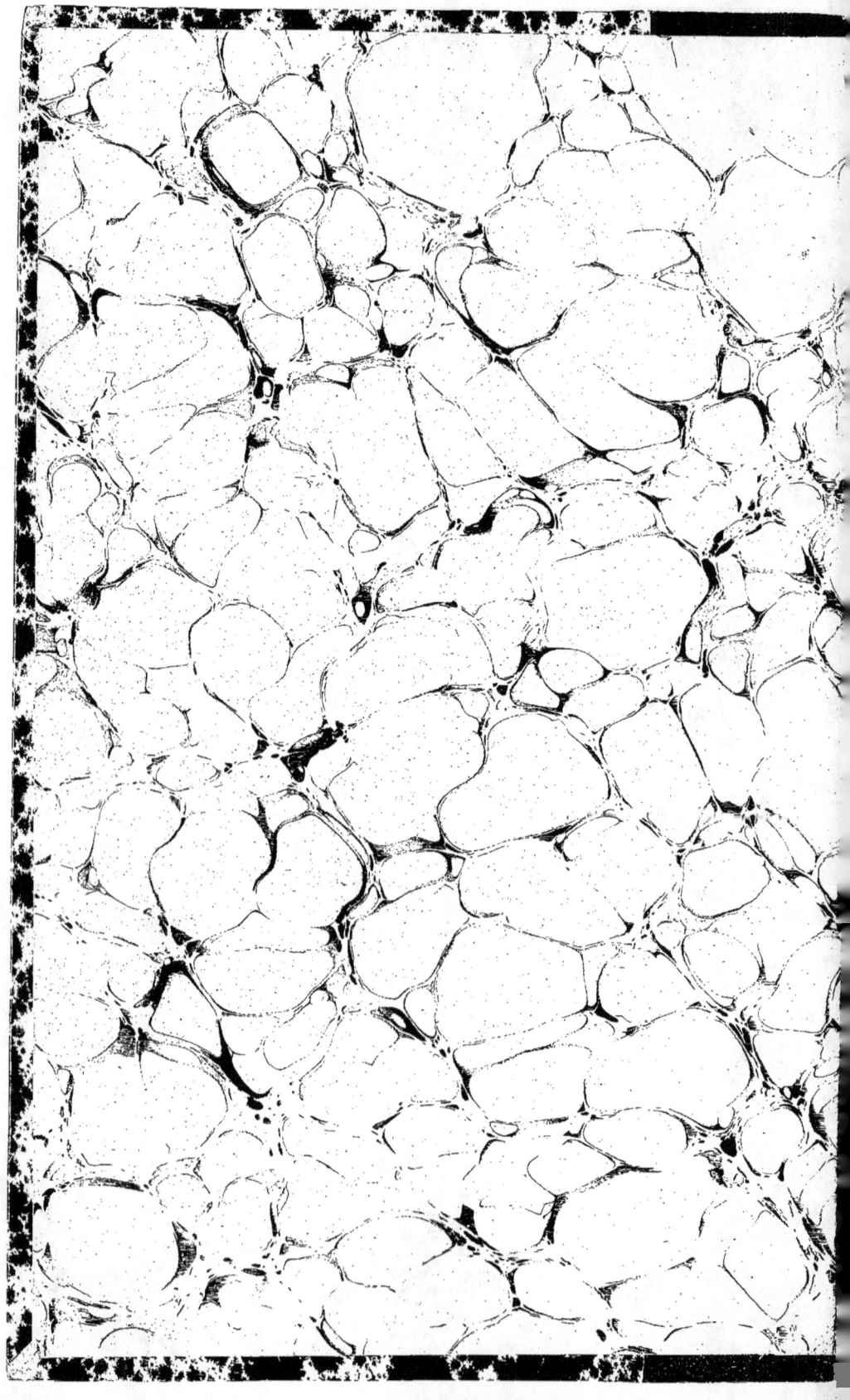

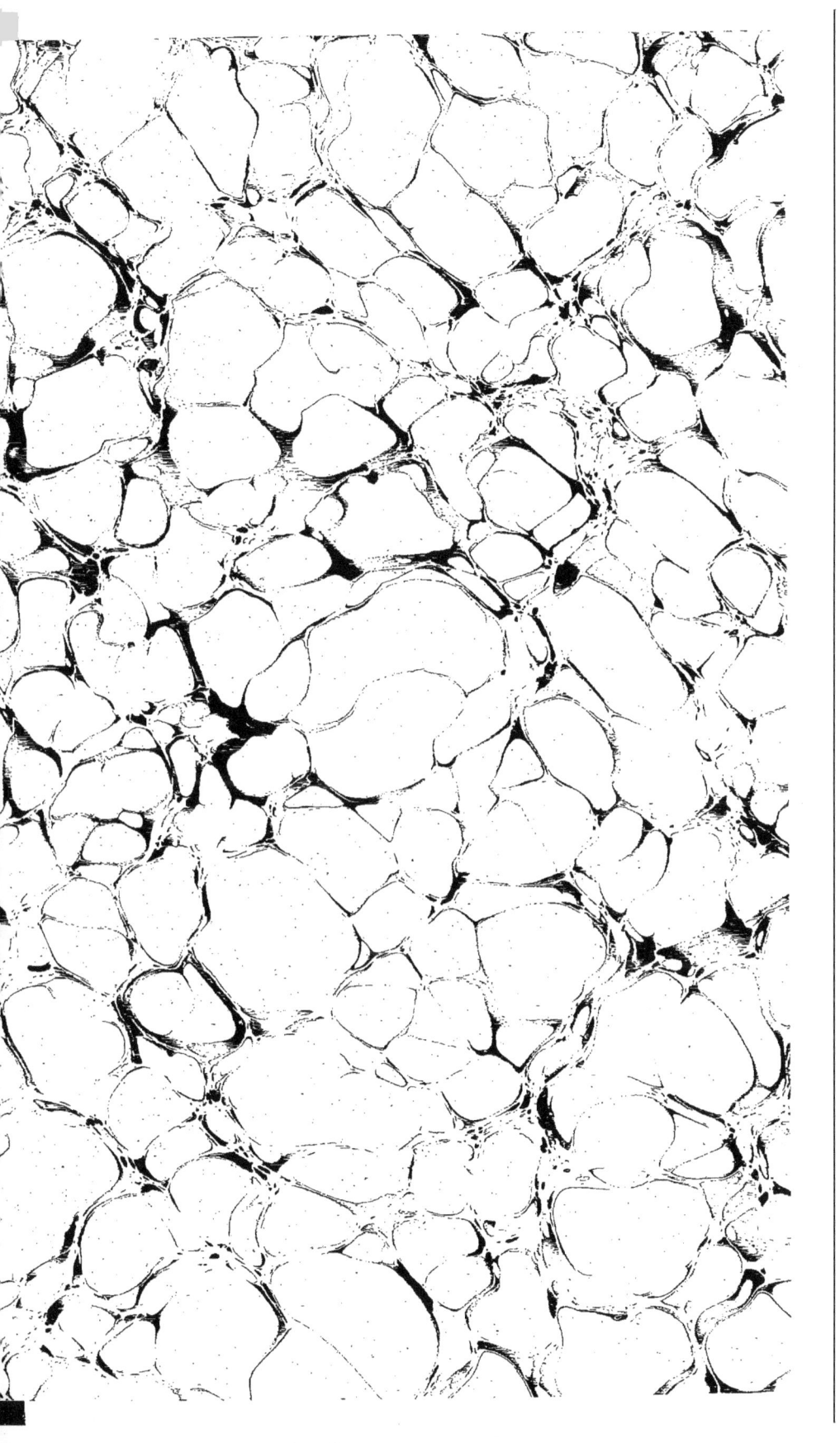

MÉMOIRES
DE
SAINT-HILAIRE

PUBLIÉS

POUR LA SOCIÉTÉ DE L'HISTOIRE DE FRANCE

PAR

LÉON LECESTRE

TOME TROISIÈME

1697-1704

A PARIS
LIBRAIRIE RENOUARD
H. LAURENS, SUCCESSEUR
LIBRAIRE DE LA SOCIÉTÉ DE L'HISTOIRE DE FRANCE
RUE DE TOURNON, N° 6

MDCCCIX

Exercice 1908
4ᵉ volume

MÉMOIRES
DE
SAINT-HILAIRE

IMPRIMERIE DAUPELEY-GOUVERNEUR

A NOGENT-LE-ROTROU.

MÉMOIRES

DE

SAINT-HILAIRE

PUBLIÉS

POUR LA SOCIÉTÉ DE L'HISTOIRE DE FRANCE

PAR

Léon LECESTRE

TOME TROISIÈME

1697-1704

A PARIS
LIBRAIRIE RENOUARD
H. LAURENS, SUCCESSEUR
LIBRAIRE DE LA SOCIÉTÉ DE L'HISTOIRE DE FRANCE
RUE DE TOURNON, N° 6

M DCCCC IX

EXTRAIT DU RÈGLEMENT.

Art. 14. — Le Conseil désigne les ouvrages à publier, et choisit les personnes les plus capables d'en préparer et d'en suivre la publication.

Il nomme, pour chaque ouvrage à publier, un Commissaire responsable, chargé d'en surveiller l'exécution.

Le nom de l'éditeur sera placé en tête de chaque volume.

Aucun volume ne pourra paraître sous le nom de la Société sans l'autorisation du Conseil, et s'il n'est accompagné d'une déclaration du Commissaire responsable, portant que le travail lui a paru mériter d'être publié.

Le Commissaire responsable soussigné déclare que le tome III des Mémoires de Saint-Hilaire, *préparé par* M. Léon Lecestre, *lui a paru digne d'être publié par la* Société de l'Histoire de France.

Fait à Paris, le 15 septembre 1909.

Signé : Noël VALOIS.

Certifié :

Le Secrétaire adjoint de la Société de l'Histoire de France,

HENRI COURTEAULT.

MÉMOIRES
DE
SAINT-HILAIRE

TROISIÈME PARTIE

de ces Mémoires, contenant ce qui s'est passé de plus considérable en France, sous le règne de Louis XIV, surnommé le Grand, depuis la paix de Ryswyk jusques à celle d'Utrecht inclusivement.

[Quelques-uns[1] ont prétendu, avec peu de vraisemblance, que les conférences du maréchal de Boufflers et du Mylord Portland, qui se tinrent entre les deux armées, près de Hal, sur le point de la conclusion du traité de Ryswyk[2], furent principalement au sujet de la succession des États de la monarchie d'Espagne, en cas que ce roi, dont la santé étoit fort attaquée, vînt à mourir sans enfants. Plusieurs n'étoient pas de ce sentiment] ; car, on n'ignoroit pas qu'il n'eût fait un premier testament, par lequel, et au préjudice de

---

1. Nous rappelons que les passages placés entre crochets sont ceux qui avaient été supprimés dans l'édition de 1766.
2. Tome II, p. 411.

Mgr le Dauphin, il instituoit le jeune prince électoral de Bavière, [son neveu de par la feue princesse sa mère[1]], son héritier universel en tous ses royaumes, États et pays, et même on savoit que Sa Majesté en avoit fait porter de grandes plaintes à la cour de Madrid. Quoi qu'il en soit, il paroît évident que, si Charles II étoit mort dans cette conjoncture, cette mort n'auroit été qu'un simple événement dans l'Europe, en ce que les puissances étrangères, à l'exception de l'Empereur, sembloient être contentes de cette disposition, qui maintenoit l'équilibre tant désiré entre les maisons de France et d'Autriche. [A quoi j'ajouterai que, s'il est permis d'en juger sur des apparences assez évidentes], on avoit sujet de croire que le Roi auroit à la fin consenti à cette disposition, plutôt que de recommencer une guerre dans l'épuisement où étoit son royaume, [et de laquelle il étoit presque impossible d'attendre avec solidité un bon succès, à cause de tant d'États séparés et éloignés de ce royaume, qu'il auroit fallu conquérir, et dont aucuns étoient inaccessibles par la difficulté des passages, et, par rapport à la stérilité du pays et au génie des peuples, hors d'espérance de s'y maintenir, quand même, après les avoir forcés, on auroit pénétré jusques dans le cœur de l'Espagne; et, pour ce qui est des autres, ils étoient défendus par la jalousie des puis-

1. Joseph-Ferdinand-Léopold de Bavière, né en octobre 1692 et que nous verrons mourir ci-après (p. 12), était fils de l'électeur Maximilien-Emmanuel et de sa première femme, Marie-Anne d'Autriche, morte en décembre 1692, et qui était fille de l'empereur Léopold et de l'infante Marguerite-Thérèse, sœur du roi Charles II d'Espagne.

sances, qui ne les auroient pas laissé occuper sans renouveler une guerre terrible et de longue haleine, dont le bon succès, ainsi que je l'ai déjà dit, n'étoit guère à espérer. Ainsi il sembloit que Sa Majesté se résolvoit à ne point disputer la succession d'Espagne au prince électoral de Bavière, lorsqu'elle deviendroit ouverte.] On en fut encore plus persuadé, quand on vit, immédiatement après l'échange des ratifications du traité de Ryswyk, que Sa Majesté fit faire une très grande réforme dans ses troupes, et casser presque tous les régiments des vieux officiers de cavalerie[1], pour conserver un plus grand nombre de ceux des jeunes seigneurs, à l'instigation, je le crois, de son ministre de la Guerre[2], qui étoit jeune aussi. [Par la même cause, on cassa la moitié des compagnies de carabiniers, qui étoient l'élite de la cavalerie, et toutes les compagnies furent réduites à vingt ou vingt-cinq maîtres.] Par-dessus cela, on licencia impitoyablement tous les vieux soldats et cavaliers des régiments de cavalerie et d'infanterie conservés. Cette espèce de fureur s'étendit jusques aux troupes de la maison du Roi, sous prétexte que, quand la guerre reviendroit, ces gens là seroient morts, ou tout à fait hors de service, [et qu'il valoit mieux conserver les jeunes, qui alors pourroient encore être en état de servir. Je laisse à tout homme de bon sens à juger de la validité de ce prétexte ou de ce raisonnement].

[Le bon ordre ne fut pas mieux établi dans les

1. Sur les réformes de troupes exécutées alors, voyez les *Mémoires de Sourches*, t. V, p. 359, 360, 364, 369, 371, 374, etc.
2. M. de Barbezieux, fils de Louvois.

finances ni le peuple déchargé. A la vérité, on ôta la capitation, ainsi que le Roi l'avoit promis[1]; mais le ministre des Finances alla toujours son train pour les édits bursaux, par deux motifs : l'un afin que le Roi eût toujours de l'argent pour satisfaire à ses dépenses, et l'autre étoit la cupidité particulière qu'il avoit de s'enrichir de plus en plus parmi la foule de tous les nouveaux traités dont il étoit le maître.]

Les ambassadeurs reprirent leurs postes dans les cours réciproques; et le Roi envoya à celles de Madrid et de Londres le marquis d'Harcourt-Beuvron et le comte de Tallard, qui ont depuis été faits ducs et pairs et maréchaux de France, deux personnages de beaucoup d'esprit, et très propres à négocier les grandes affaires, [le premier pourtant plus que l'autre].

[D'un autre côté, l'Empereur se servit utilement contre le Turc des troupes qui nous avoient fait la guerre, de manière que la paix s'en ensuivit bientôt, si avantageuse à l'Empereur, à la Pologne et aux Vénitiens ligués ensemble que, jusques alors, on n'avoit pas vu les Ottomans céder des pays et des villes et rendre des places[2].]

[En Angleterre, il se fit une si grande réforme des troupes, qu'ils ne conservèrent en tout que huit mille hommes pour la garde des places; encore voulurent-ils qu'ils fussent tous Anglois naturels. Le roi d'Angleterre n'étoit pas de cet avis; mais, quelques remon-

---

1. La capitation fut supprimée par une déclaration du 17 septembre 1697, mais la perception n'en cessa qu'au 30 juin 1698.

2. La paix de Carlowitz, signée le 26 janvier 1699 (Du Mont, *Corps diplomatique*, t. VII, 2e partie, p. 448).

trances qu'il pût faire, il ne put persuader au Parlement d'en conserver davantage, tant cette nation est jalouse de sa liberté et en garde contre tout ce qui peut y faire ombrage. Ainsi les régiments des réfugiés furent cassés, et les officiers mis hors de solde. De plus, toutes les troupes étrangères furent obligées de repasser la mer, jusques aux gardes hollandoises du roi d'Angleterre[1].]

[Les États généraux se contentèrent aussi des troupes qui leur étoient nécessaires pour la garde de leurs places et de celles de la Flandre espagnole et du Luxembourg, qui firent leur barrière, et congédièrent toutes les autres.]

[Telle fut la situation des affaires de l'Europe pendant les derniers mois de 1697 et au commencement de 1698, et il sembloit qu'elle alloit jouir d'un doux et long repos.]

[*Année 1698.* — La cour fut occupée, au commencement de cette année, à recevoir les compliments de conjouissance sur le mariage de Mgr le duc de Bourgogne avec Mme la princesse de Savoie, qui avoit été célébré à Versailles le 7 décembre précédent[2], et sur celui de Son Altesse de Lorraine, arrêté avec Mademoiselle, dernière fille de Mgr le duc d'Orléans[3]; mais la célébration en fut différée de quelques mois à cause de

1. Voyez la *Gazette* des 16 novembre et 7 décembre 1697, 18 et 25 janvier 1698, etc., correspondances de Londres.

2. Voyez les *Mémoires de Saint-Simon*, éd. Boislisle, t. IV, p. 312 et suivantes.

3. Élisabeth-Charlotte d'Orléans (1676-1744) épousa, le 13 octobre 1698, le duc Léopold de Lorraine, qui venait d'être rétabli dans ses États par le traité de Ryswyk.

la mort de la reine-duchesse douairière de Lorraine, mère de Son Altesse[1], qui survint dans ce temps-là.]

On vit aussi arriver à la cour le comte de Portland en qualité d'ambassadeur extraordinaire du roi d'Angleterre. Ce fut un spectacle assez curieux d'y voir ce ministre et favori de son maître, au sortir d'une guerre pendant laquelle on lui avoit voulu tant de mal. Mais il parut que tout étoit oublié; car il fut très bien reçu et festoyé. Il eut plusieurs audiences publiques et particulières de Sa Majesté, et diverses conférences avec ses ministres.

[Je ne puis dire ce qui se négocia, sinon que, à en juger par les apparences, l'affaire du fameux partage, dont je parlerai bientôt, y fut entamée.]

Cet ambassadeur fit une magnifique entrée, et séjourna environ trois mois en France[2].

Quoique les finances fussent fort épuisées par les guerres précédentes et par les grandes dépenses de Sa Majesté en bâtiments et autres choses somptueuses, elle ne laissa pas de donner un spectacle magnifique, partie à ses dépens, partie aux frais de ses officiers de guerre, qui [s'en fussent bien passé, puisqu'ils] en furent ruinés. Deux motifs semblèrent y donner occasion : le premier, qui n'étoit qu'un prétexte, étoit de donner à Mgr le duc de Bourgogne et aux jeunes

---

1. Marie-Éléonore d'Autriche, mariée en 1678 au duc Charles V, morte le 17 décembre 1697; on l'appelait la reine-duchesse parce qu'elle avait épousé en premières noces Michel Wiesnowieçki, roi de Pologne.

2. Voyez le récit de son ambassade dans les *Mémoires de Saint-Simon*, éd. Boislisle, t. V, p. 59 et suivantes.

princes ses frères une première idée de la guerre, et l'autre, qui étoit le véritable, à mon avis, de donner une espèce de démenti à toute l'Europe, qui publioit que les guerres précédentes et les autres dépenses immenses avoient mis le royaume si bas, qu'il ne seroit pas en état de se regimber de longtemps. Je ne sais s'il n'auroit pas été plus à propos de la laisser dans cette espèce d'erreur, puisque la crainte de la trop grande puissance de la France unissoit tous les États et servoit de prétexte, bon ou mauvais, à toutes les ligues qui se faisoient contre elle, et qui ont coûté tant de maux et de sang à ce royaume.

Le Roi donc ordonna un campement de plus de soixante mille hommes, pour le mois d'août, dans la plaine de Compiègne[1]. Mgr le duc de Bourgogne fut nommé général de cette armée, et sous lui le maréchal de Boufflers et plusieurs officiers généraux. Il ordonna que toutes les troupes fussent les plus lestes qu'il seroit possible; et il n'en fallut pas davantage pour faire faire une dépense infiniment au-dessus d'un chacun, et si forte que les particuliers qui vivent se sentent encore, [et les régiments se trouvent endettés, quoiqu'il se soit écoulé plusieurs années depuis].

Le Roi se rendit à Compiègne avec toute sa cour, [seigneurs et dames, le roi et la reine d'Angleterre réfugiés en France, et les ministres étrangers]. Il y eut une affluence innombrable de curieux et de curieuses

---

1. Sur le camp de Compiègne, on peut voir le *Journal de Dangeau* et les *Mémoires de Sourches*, septembre 1698, les *Gazettes de France* et *d'Amsterdam*, les *Mémoires de Saint-Simon*, t. V, p. 348-370, etc.

de toutes les nations et de toutes les espèces qui accoururent en foule à ce spectacle superbe. Il dura dix-sept jours, pendant lesquels on exerça les troupes à faire des marches et contre-marches, à donner des batailles simulées, [et forcer des retranchements, en partageant les troupes les unes contre les autres]. On mit une espèce de siège devant Compiègne, qui fut investi dans les formes, et attaqué de même [par tranchées, batteries de canon et coups de mains simulés]. Le maréchal de Boufflers, qui, avec plusieurs bonnes qualités, étoit le premier homme du monde pour ces sortes de choses, fit une dépense immense en magnificence de tentes, de meubles, d'équipages et de tables si superbement servies, que tous les mets les plus exquis, même des provinces les plus éloignées, et de la mer, s'y trouvèrent avec la dernière profusion [et toute la délicatesse du goût. Mgr le Dauphin, Mgr et Mme la duchesse de Bourgogne, Mgrs les princes, les princesses du sang, le roi et la reine dépossédés d'Angleterre, les ministres], enfin toute la cour lui firent l'honneur de manger chez lui plusieurs fois ; et personne d'ailleurs ne s'y présenta qu'il n'y fût bien reçu. Le Roi, pour le dédommager en quelque façon, lui fit présent de cent mille livres ; et tous les officiers généraux et particuliers firent des dépenses à l'envi les uns des autres.

[Voyons ce qui se passa de plus considérable d'ailleurs pendant le cours de cette année.]

[Il y en avoit déjà quelques-unes qu'il s'élevoit des nuages dans l'église gallicane, lesquelles ne se dissiperont pas encore si tôt, à en juger par les apparences ; car elle se trouve divisée en deux parties : la première des anciens scholastiques, la plus nombreuse et la plus sévère, et l'autre des Révérends Pères Jésuites, qui, par l'envie de dominer et par la faveur où il se sont mis, par une conduite tout à fait adroite et raffinée, ont terriblement vexé les autres depuis quelque temps, et mis l'autorité souveraine dans leur parti, aussi bien que quantité de particuliers, dont la vie plus relâchée trouve mieux son compte aux maximes d'une morale plus douce et qui leur expose plus de facilité pour leur salut.]

[Dans ce sens, ils ont toujours fait de temps en temps d'adroites tentatives pour faire passer certaines propositions retournées de leurs docteurs, qui avoient été ci-devant condamnées, et ils recommencèrent dans celui-ci, qu'ils en firent exposer dans plusieurs thèses à Dijon, Arras, Montpellier, Reims et autres villes. Les évêques diocésains s'élevèrent contre et les condamnèrent ; mais l'archevêque de Reims[1] les poussa avec plus d'éclat : car, sur quelques irrégularités de fait, il en porta ses plaintes au Roi, qui renvoya l'affaire au Parlement, où elle fit tant de bruit, au désavantage des Jésuites, qu'ils trouvèrent à propos d'obtenir des commissaires, devant lesquels ils furent obligés de se rétracter solennellement et par écrit[2].]

[Une autre affaire fit plus d'éclat, parce qu'elle se passa entre des évêques célèbres, et, pour donner plus d'intelligence de ceci, il est bon de prendre la chose

---

1. Charles-Maurice Le Tellier (1642-1710), frère de Louvois, était archevêque de Reims depuis 1671.
2. C'est le premier président de Harlay qui fut chargé d'accommoder l'affaire, dont Saint-Simon a parlé dans ses *Mémoires* (tome V, p. 1-5).

de plus loin¹. Il y avoit à Paris une Mme Guyon², qui s'étoit rendue célèbre par son esprit, sa piété et son savoir, et qui avoit donné au public avec approbation plusieurs commentaires de sa façon et autres ouvrages de piété, qui furent reçus avec de grands applaudissements parmi les communautés religieuses et ceux qui se piquent d'une doctrine contemplative et plus spiritualisée que la vulgaire. Mais il advint depuis que, à l'occasion du Quiétisme, qui s'étoit insinué en Italie et y avoit été condamné, quelques gens en France en furent soupçonnés, et entre autres cette dame, qui, étant devenue suspecte à M. l'archevêque de Paris³, lui donna occasion d'avoir plusieurs conférences avec elle, secondé de l'évêque de Meaux⁴ et de quelques docteurs, qui trouvèrent dans ses livres et dans sa conversation plusieurs opinions tendantes au Quiétisme.]

[M. l'abbé de Fénelon, homme d'une grande piété, de beaucoup d'esprit, et qui, par son rare mérite, avoit été choisi précepteur des enfants de France et étoit devenu archevêque de Cambray⁵, intervint à la défense de cette dame, en plusieurs conférences qu'il eut avec ces évêques, et, soit pour la justifica-

---

1. Le résumé que va donner Saint-Hilaire de l'affaire du Quiétisme et de la disgrâce de Fénelon est très exact, et en même temps trop sommaire pour qu'on puisse en faire le commentaire.
2. Jeanne-Marie Bouvier de la Motte (1648-1717) fut mariée en 1664 à Jacques Guyon et resta veuve en 1676.
3. François de Harlay de Champvallon, archevêque de Paris en 1671, mort en 1695.
4. Jacques-Bénigne Bossuet, évêque de Meaux depuis 1681.
5. Fénelon avait été nommé précepteur des fils de France en 1689; il eut l'archevêché de Cambrai en 1695.

tion de cette dame, ou par d'autres vues peu connues, il leur communiqua un livre de doctrine qu'il avoit composé, dont le titre étoit *Maximes des saints*, et d'un style si élevé par sa sublimité, que ces Messieurs lui conseillèrent de ne le pas rendre public, à cause des interprétations dangereuses qu'on lui pouvoit donner. Mais l'amour qu'on a pour ses ouvrages lui fit passer par-dessus cette considération et sur la réflexion qu'il devoit faire d'avoir déplu à une dame toute puissante, qui avoit besoin de son suffrage pour réussir à une grande entreprise qu'elle méditoit[1]. Il rendit donc son livre public, qui parut à plusieurs digne de la réputation d'un tel auteur, mais à d'autres, et surtout à M. l'évêque de Meaux, semé de plusieurs propositions hétérodoxes. Là-dessus, il y eut plusieurs disputes entre ces deux prélats, qui tournèrent au désavantage de Monsieur de Cambray ; car il fut expulsé de la cour comme un homme dangereux à l'éducation des princes, perdit sa charge de premier aumônier de Mme la duchesse de Bourgogne, qui fut donnée à Monsieur de Meaux, et on le relégua à son archevêché de Cambray, avec ordre de n'en point sortir[2], ce qui subsiste encore aujourd'hui[3]. Mais cette affaire n'en demeura pas là : il courut quantité d'écrits de part et d'autre, où dans aucuns la charité chrétienne étoit un peu oubliée. Cependant, le livre fut déféré à la cour de Rome, qui fit traîner longtemps sa décision, malgré les vives représentations de Sa Majesté et les sollicita-

1. Mme de Maintenon, qui voulait faire déclarer son mariage avec le Roi.
2. En août 1697.
3. La rédaction de ce passage est donc antérieure à la mort de Fénelon, 7 janvier 1715.

tions des parties, qui y tinrent des députés. Enfin, elle parut cette année, et vingt-trois propositions extraites de ce livre furent condamnées, mais dans un style fort adouci.]

[Dès que Monsieur de Cambray en eut avis, il s'y soumit de bonne grâce, et fut le premier à défendre la lecture de son livre. Pour ce qui est de la dame Guyon, on la sortit d'un couvent où elle avoit été mise par lettre de cachet, et on la transféra à la Bastille, où elle a été plusieurs années. A la fin, elle eut permission d'en sortir pour se retirer dans une maison de campagne, où elle doit être encore dans le temps que j'écris ceci[1].]

[Après avoir exposé le précis et le motif de cette affaire qui fit tant de bruit, je ne puis m'empêcher de dire à ce sujet que M. l'évêque de Meaux, qui, à proprement parler, en fut le poursuivant, étoit un grand prélat, mais si persuadé de ses forces, que ceux qui le connoissoient particulièrement pensoient qu'il se croyoit suscité de Dieu en nos jours pour s'opposer à tout ce qui avoit la moindre apparence d'erreur et de nouveauté, et que personne ne pouvoit mieux que lui trouver le juste milieu entre les extrémités opposées ès matières de religion. Je le veux croire ; mais devoit-il profiter de la dépouille de Monsieur de Cambray, s'il ne vouloit passer que pour un véritable zélateur?]

Année 1699. — Au commencement de l'année 1699, le prince électoral de Bavière, [venu seul du mariage de l'Électeur de ce nom avec une fille de l'Empereur et de la seconde infante d'Espagne[2]], mourut à Bruxelles

1. Elle mourut à Blois en 1717.
2. Ci-dessus, p. 2.

dans la septième année de son âge, d'une espèce de maladie de venin, dont quelques-uns ont inféré qu'il avoit été empoisonné, ayant été désigné à la succession d'Espagne par le testament de Charles II[1]. Cette affaire revint dans son premier état et renouvela les craintes des uns et les espérances des autres. Le prince d'Orange, qui avoit obtenu par la paix de Ryswyk ce qu'il désiroit, savoir d'être reconnu par la France roi d'Angleterre, [avec la restitution de ce qui avoit été pris sur l'Espagne pendant la guerre dernière,] et qui avoit obtenu pour les États-Généraux une barrière dans les Pays-Bas espagnols, employa toute son industrie pour empêcher le renouvellement de la guerre au décès du roi d'Espagne, que l'on tenoit prochain à cause de ses rechutes continuelles et de la foiblesse de sa constitution. Il lui étoit facile de juger et de croire que, cet héritage étant trop beau, l'Empereur et Sa Majesté Très Chrétienne ne voudroient pas le céder l'un et l'autre. Il savoit de plus que l'Empereur briguoit fort à la cour d'Espagne, et qu'elle étoit disposée en sa faveur. Mais ce n'étoit encore que le premier pas; son compétiteur étoit trop puissant, et il étoit de l'intérêt des autres puissances de l'Europe, pour maintenir l'équilibre entre les deux maisons, que tous États de cette belle et vaste monarchie ne fussent pas dévolu à une seule. C'est pourquoi le roi d'Angleterre dressa, de concert avec les États-Généraux, une espèce de division et de partage de cette riche succession, pour la faire accepter aux concurrents quand elle seroit échue. [Mais il y avoit bien des difficultés à sur-

---

1. Il mourut le 6 février 1699 (*Mémoires de Saint-Simon*, t. VI, p. 114-115).

monter pour venir à bout de ce grand ouvrage, les principales pouvant venir des deux couronnes, dont chacune voudroit tout pour soi, et de la nation espagnole, qui ne pourroit souffrir qu'on démembrât sa monarchie. Mais, au milieu de ses extrémités, quel autre remède pour maintenir la paix et la sûreté de l'Europe?] Il fut donc résolu de travailler à ce grand ouvrage avec toutes sortes de précautions et de secret; et le roi d'Angleterre, ayant pressenti celui de France au sujet de ce partage, trouva qu'il y donneroit les mains [ainsi qu'il le désiroit, ce qui lui parut fondé sur la disposition présente alors du conseil d'Espagne en faveur de l'Empereur et sur les raisons que j'ai ci-devant alléguées]. Mais il ne pénétra pas que la nation espagnole, plutôt que de partager ses États, se donneroit au prince qu'elle jugeroit le plus capable de la conserver tout entière et sans aucun partage. Il peut bien être que ce fut dans cette vue que Sa Majesté, plus prévoyante, entra dans la négociation de ce partage. Quoi qu'il en soit, il fut dressé, puis signé à Londres le 3 mars 1700, et à la Haye le 25, par les ambassadeurs et plénipotentiaires de France et d'Angleterre, et par les députés des États-Généraux [1].

[La négociation de ce fameux partage se fit avec beaucoup de secret et donna peu de satisfaction au roi d'Angleterre, qui l'avoit entamée et mise à fin dans la vue du bien public, de la conservation de la paix et de l'intérêt de l'Angleterre et de la Hollande; car, bien

1. Ici, dans le manuscrit, il y a un résumé de ce second traité de partage, en seize articles, daté du 13 mars 1699 et dont le texte est dans le *Corps diplomatique* de Du Mont, t. VII, 2ᵉ partie, p. 477-479.

qu'il eût été convenu que ce secret demeureroit caché jusques à ce que le temps fût venu de mettre le partage à exécution], il ne fut pas possible de le soustraire à la connoissance des émissaires de la cour de Vienne [ou à l'indiscrétion de quelques-uns des plénipotentiaires qui l'avoient signé, ou à celle de leurs secrétaires]. Ainsi l'Empereur en sut bientôt le contenu, et ne manqua pas d'en informer la cour de Madrid, [avec toutes les circonstances qu'il estima capables de la faire déterminer en sa faveur au sujet de cette succession.]

Dans la colère où ce partage mit Charles II et son conseil, il envoya ordre à son ambassadeur en Angleterre[1] d'en porter ses plaintes dans les termes les plus vifs comme un attentat à sa personne, et de ne garder aucunes mesures. Ce ministre exécuta ponctuellement ses ordres, et, [le roi d'Angleterre étant alors en Hollande, il s'adressa aux régents[2] qu'il avoit laissés en son absence, à qui] il présenta un mémoire, par lequel il ne ménageoit ni le roi ni la nation et donnoit un libre cours à toute la fierté espagnole. Ce mémoire fut bientôt envoyé au roi d'Angleterre, qui fit répondre à l'ambassadeur par un de ses secrétaires d'État à peu près en ces termes : que, le roi son maître ayant considéré le mémoire qu'il avoit eu l'audace de présenter aux régents et, se sentant blessé des termes choquants et peu respectueux dont il s'étoit servi à son égard, et des expressions séditieuses qui y étoient insérées, il lui ordonnoit de sortir de ses États dans dix-huit jours[3].

1. Le marquis de Canalès.
2. C'était les lords Jersey, Halifax et Portland, dont il va être parlé ci-après.
3. *Gazette*, p. 501 ; *Gazette d'Amsterdam*, extr. LXXXIV.

Cette nouvelle étant venue en Espagne, l'ambassadeur d'Angleterre qui y résidoit[1] eut ordre d'en partir dans le même temps. Ainsi Sa Majesté Britannique se vit non seulement brouillée avec les cours de Vienne et de Madrid, mais encore avec son Parlement, qui désapprouvoit ce partage et cita pour comparoître devant lui les Mylords Halifax[2], Jersey[3] et Portland, qu'ils accusèrent de l'avoir négocié ou conseillé au roi d'Angleterre. Ils furent jugés dans la Chambre haute et renvoyés absous par les seigneurs, malgré les communes, qui étoient leurs accusateurs.

[Il survint un autre événement moins considérable, et que je ne laisserai pas de rapporter, quoiqu'il regarde particulièrement l'Empire. Dès l'an 1692, l'Empereur, qui vouloit s'acquérir les maisons les plus puissantes d'Allemagne, créa un nouvel électorat en faveur du duc d'Hanovre[4]; mais, comme on prétendoit que ceci étoit contre les statuts de l'Empire et qu'il y avoit plusieurs princes envieux de la grandeur de cette maison, une des plus anciennes et des plus puissantes d'Allemagne, il y avoit beaucoup de contredisants, et cette affaire ne put être terminée que quelque temps après en faveur du duc d'Hanovre, dont le roi des

---

1. C'était lord Stanley.
2. Charles Montagu (1661-1715), comte d'Halifax, clerc du conseil privé en 1689, avait été nommé lord de la trésorerie en 1692.
3. Édouard Villiers, créé comte de Jersey en 1698, secrétaire d'État en avril 1699, mourut en septembre 1711.
4. Ernest-Auguste de Brunswick, duc de Hanovre en 1680, avait été élevé à la dignité électorale en décembre 1692; il était mort le 3 février 1698 et avait pour successeur son fils Georges-Louis.

Romains épousa la nièce qui s'appeloit la princesse Amélie[1].]

[Mais il faut revenir aux affaires de France et parler de celle de Neuchâtel, qui fit trop de bruit et d'éclat dans le public pour être passée sous silence. Cette principauté souveraine confine les Suisses et est d'un revenu bien modique pour un si grand titre. Mme la duchesse de Nemours, de la maison de Longueville[2], en avoit pris possession et en avoit été reconnue souveraine par les États de cette principauté, incontinent après la mort de M. l'abbé d'Orléans, son frère[3], qui étoit un prince d'un esprit très foible et resté seul de mâle de cette maison. M. le prince de Conti avoit fait ses protestations au contraire, se croyant bien fondé sur un testament fait en sa faveur par le défunt, qui étoit son cousin germain par le côté maternel[4]; mais les États refusèrent d'admettre ce testament, prétendant que leur souveraineté étoit inaliénable et seulement dans le cas d'être dévolue aux héritiers du sang les plus proches, et que, par conséquent, ils avoient été fondés en droit d'en revêtir Mme de Nemours. Cette affaire en demeura là pendant le reste de la guerre, à

---

1. Joseph, fils aîné de l'empereur Léopold, qui lui succéda en 1705 et mourut en 1711, épousa le 15 janvier 1699 Wilhelmine-Amélie, fille de Jean-Frédéric de Brunswick, frère de l'électeur de Hanovre.

2. Marie d'Orléans-Longueville (1625-1707) avait épousé en 1657 Henri de Savoie, duc de Nemours.

3. Jean-Louis-Charles d'Orléans (1646-1694), qui s'était fait prêtre en 1669.

4. Il était fils d'Anne-Geneviève de Bourbon, seconde femme du duc de Longueville et sœur du grand Condé et du premier prince de Conti.

cause que cet État étoit allié des Suisses, qu'on avoit intérêt de ménager, et que le canton de Berne, qui est le plus voisin et le plus puissant, les avoit reçus en qualité de combourgeois. A quoi j'ajouterai que le Roi n'auroit peut-être pas voulu s'en mêler, avant que la prétention du prince de Conti eût été déclarée valable, tant par rapport à l'intérêt de Mme de Nemours qu'à celui de quelques seigneurs de ses sujets, tels que MM. de Lesdiguières, de Villeroy et de Matignon, qui avoient des prétentions sur cette principauté après le décès de Mme de Nemours, comme étant issus de la maison d'Orléans-Longueville par les femmes[1]. Mais, la guerre étant finie, et M. le prince de Conti s'y étant signalé et ayant rendu de grands services pendant icelle, il espéra tout de la protection de Sa Majesté en la poursuite de cette affaire. Pour agir juridiquement, il intima son testament à Mme de Nemours, par lequel M. l'abbé d'Orléans léguoit aussi à Mgr le prince de Conti plusieurs autres de ses biens situés en France.]

[Sur tous ces chefs, il intervint un gros procès au parlement de Paris, où le testament en question fut jugé bon et valable[2]. Incontinent après, Mgr le prince de Conti envoya un gentilhomme à Neuchâtel en faire part à Messieurs de la régence et demander l'investi-

1. Jean-François-Paul de Créquy, duc de Lesdiguières (1678-1703), était fils d'une Gondy, fille elle-même d'Antoinette d'Orléans-Longueville; — Louis-Nicolas de Neufville, duc de Villeroy (1663-1734), qui devint lieutenant général en 1703, était fils d'une Cossé, fille elle-même d'une Gondy, laquelle descendait de la même Antoinette de Longueville; — enfin, Jacques III Goyon, comte de Matignon (1644-1725), lieutenant général depuis 1693, descendait d'Éléonore d'Orléans-Longueville.

2. *Mémoires de Saint-Simon*, t. VI, p. 52-53.

ture de cette principauté en cette conséquence. Il lui fut répondu qu'ils l'avoient déjà donnée à Mme de Nemours, qui en étoit en possession comme héritière légitime du sang, et que, leur État étant souverain et inaliénable, le parlement de Paris n'avoit pu ni dû en disposer, et se tinrent ferme à cette réponse. Nonobstant icelle, Mgr le prince de Conti, peut-être en cela mal conseillé, ou bien s'y trouvant engagé par une puissance supérieure, comme aucuns l'ont voulu dire, prit le parti de se rendre à Neuchâtel en personne, où il fut reçu avec tout le respect dû à sa haute naissance et à son rare mérite, et y demanda d'abord une assemblée des États pour connoître son droit, ce qui lui fut refusé. Comme il étoit suivi de près par quelques troupes de Sa Majesté qui avoient filé vers la Franche-Comté, et comme le Roi demandoit fortement la décision de cette affaire, ayant pourtant déclaré qu'il vouloit être impartial, ceux de Neuchâtel jugèrent par cette demande qu'il inclinoit fort en faveur de M. le prince de Conti, et désiroit d'être satisfait. Mais la jalousie qu'ils eurent de leur souveraineté, et d'autres raisons par rapport à leur religion et à leur liberté les firent passer par-dessus ces considérations; et, pour se garantir de la force, ils demandèrent aux Suisses, et plus particulièrement à ceux de Berne, le secours qu'ils leur devoient donner comme combourgeois et en vertu de leur alliance. Ceux-ci envoyèrent d'abord deux cents hommes, qui entrèrent dans le château de Neuchâtel, et assemblèrent quelques milices, tellement que cette affaire se préparoit à avoir de grandes suites.]

[Cependant Mgr le prince de Conti se tenoit toujours à Neuchâtel, où, à force de caresses, de libéralités et de bonne chère, on lui gagna environ quatre-vingts personnes de cette principauté, dont aucuns avoient servi ou servoient dans les troupes suisses à la solde de la France. Ils signèrent un acte par lequel ils demandoient une assemblée pour connoître et décider du droit de ce prince, et des seigneurs françois qui étoient fondés sur celui de Mme de Nemours et qui avoient envoyé leurs députés. Cette princesse, étant avertie de ce qui se passoit, demanda permission à Sa Majesté de se rendre à Neuchâtel pour la défense de ses droits, et elle lui fut accordée, sous condition de n'en venir à aucune voie de fait. Cette princesse, y étant arrivée, y fut reçue en véritable souveraine, et par sa présence ranima fort ceux de son parti, qui étoit le plus considérable[1]. Il courut alors quantité d'écrits et de mémoires de part et d'autre, qui aigrissoient fort cette affaire, et au point que les cantons suisses, puissamment sollicités par les vives instances de l'ambassadeur de France près d'eux et par les lettres de Mgr le prince de Conti, qui offroit de s'en rapporter aux cantons, se portèrent à former une espèce d'assemblée, en un bourg du canton de Berne, appelé Longthal, pour apporter quelque tempérament, mais il n'en fut pas besoin; car, sur ces entrefaites, le roi d'Angleterre intervint et envoya ordre à son ambassadeur à la cour de France d'y représenter de sa part que, quoiqu'il eût des prétentions légitimes sur la principauté de Neuchâtel, il avoit bien voulu n'en point disputer la jouissance à Mme de Nemours, sa vie durant, et que, cet

1. Voyez ce que disent à ce sujet les *Mémoires de Saint-Simon*, t. VI, p. 105-108 et 205-206, et le commentaire qui y est joint.

État étant mentionné dans le dernier traité de paix, il avoit lieu d'espérer que Sa Majesté trouveroit bon de donner ses ordres pour la surséance de cette affaire jusques après le décès de cette duchesse, auquel temps il soumettroit ses prétentions au jugement des États de cette principauté et n'empêcheroit pas que les autres prétendants n'y vinssent poursuivre leurs droits. Ce prince donna aussi ordre en même temps à l'envoyé qu'il tenoit en Suisse de se rendre incessamment à Neuchâtel, et il délivra à Mgr le prince de Conti, à Mme de Nemours et aux Messieurs de la régence des mémoires dont la substance étoit à peu près pareille.]

[Mgr le prince de Conti reçut fort civilement cet envoyé et lui fit l'honneur de le faire manger avec lui; mais différa de répondre, jusques à ce qu'il eût informé le Roi. Il ne tarda guère à recevoir cette permission, ce qu'il fit par un autre mémoire à peu près en ces termes : que n'ayant pas encore connoissance des divers points contenus dans celui qui lui avoit été présenté, il n'avoit pas été en état d'y répondre plus tôt et sans avoir reçu préalablement les instructions de la cour de France; que cependant Son Altesse Sérénissime n'avoit pas cru préjudiciable à ses droits de différer encore quelque temps, par respect pour Sa Majesté Britannique, les procédures commencées à Neuchâtel pour faire valoir ses justes droits sur cette souveraineté; que, Son Altesse Sérénissime ayant reçu un courrier du Roi avec ordre de lui de se rendre près de sa personne, elle avoit jugé à propos de dire, en répondant au mémoire, qu'elle ne pouvoit croire que, si Sa Majesté Britannique étoit bien informée de ses justes droits, elle voulût s'opposer aux procédures commencées pour en voir une décision, Son Altesse Sérénissime se réservant d'en notifier à Sa Majesté Britannique les pièces et preuves évidentes, déclarant qu'elle ne prétendoit pas que cette surséance de poursuites lui pût préjudicier en aucune manière à l'avenir, ni autoriser la possession de Mme de Nemours, dont Son Altesse Sérénissime protestoit dans toutes les formes, tant pour les revenus que pour la propriété.]

[Ainsi cette affaire demeura sursise, et Mgr le prince de Conti et Mme de Nemours s'en revinrent en France; mais cette princesse n'en fut pas quitte pour la peur qu'elle avoit eue de perdre la principauté de Neuchâtel; car, immédiatement après son retour, Mgr le prince de Conti la poursuivit en exécution de son arrêt touchant les biens de la maison de Longueville situés en France, dont M. l'abbé d'Orléans avoit pu tester[1].]

[Par ressentiment, elle maria le chevalier de Soissons, homme de peu de mérite et bâtard de la maison de Soissons-Bourbon, avec Mlle de Montmorency-Luxembourg[2], lui fit prendre le nom de prince de Neuchâtel et lui donna par contrat de mariage tout ce qu'elle put de ses biens. A quelque temps de là, elle fut reléguée dans sa maison de Coulomniers, où elle a demeuré deux ou trois ans[3]. Beaucoup de gens crurent que Mgr le prince de Conti eut grand part à cet exil;

1. Ci-dessus, p. 17.
2. *En marge dans le manuscrit*: « Il n'avoit pas été reconnu jusqu'alors. » — Louis-Henri, fils naturel de Louis de Bourbon, comte de Soissons, né en 1640, épousa, le 7 octobre 1694, Angélique-Cunégonde de Montmorency-Luxembourg (1666-1736).
3. C'est seulement au commencement de janvier 1700 qu'eut

mais il est trop généreux[1] pour qu'on le lui puisse imputer avec fondement, et il y a plus d'apparence de croire que, pendant le cours de cette affaire, cette princesse tint quelques discours qui furent rapportés à Sa Majesté et ne lui plurent pas ou qu'elle fit quelques démarches qui ne lui furent pas agréables. Quoi qu'il en soit, elle passa deux ou trois ans à Coulommiers, et enfin elle eut permission de revenir à Paris, où elle mourut bientôt dans un âge fort avancé[2].]

[Son décès remit sur les rangs tous les prétendants à cette principauté. Aucuns y allèrent en personne; d'autres y envoyèrent leurs députés; chacun y débattit ses droits devant les États du pays. Mais le roi d'Angleterre se trouvant alors décédé, l'électeur de Brandebourg, aujourd'hui reconnu roi de Prusse, son principal héritier et son cousin germain, se servit utilement de ses droits dans un temps que nous soutenions une guerre malheureuse, et emporta cette principauté sur ses compétiteurs, dans laquelle il a été maintenu par le traité d'Utrecht, au grand contentement des sujets d'icelle, qui appréhendoient d'avoir un prince françois pour souverain[3]. Les Suisses, qui ne désiroient pas un tel voisin, n'en eurent pas moins de joie, se souvenant de la faute qu'ils avoient faite de nous laisser prendre la Franche-Comté.]

Vers la fin de cette année, Mgr le duc de Lorraine,

---

lieu cet exil, à la suite de divers incidents causés par le gouverneur qu'elle avait mis à Neuchâtel.

1. Le prince de Conti mourut en 1709; la rédaction de ce passage ferait croire qu'il a été écrit avant sa mort.
2. Elle fut rappelée en janvier 1704 et ne mourut que le 16 juin 1707.
3. Voyez les *Mémoires de Saint-Simon*, t. XV, p. 133-144.

qui étoit rentré dans ses États[1], vint trouver le Roi pour lui faire hommage de son duché de Bar, [qui relève de cette couronne; et, afin d'éviter le cérémonial,] ce duc arriva à Paris avec la duchesse son épouse sous le nom de marquis de Pont-à-Mousson, et vint loger au Palais-Royal, chez Monsieur, frère du Roi, son beau-père, qui le mena le lendemain à Versailles[2]. Sa Majesté le reçut dans son cabinet. Cette première entrevue étant finie, le duc alla dîner à Saint-Cloud, chez Monsieur, et revint coucher au Palais-Royal. Ce jour-là, Mme de Lorraine tomba malade de la petite vérole; et, trois jours après, Mgr de Lorraine retourna à Versailles dans les carrosses de Monsieur, pour rendre sa foi et hommage[3]. Il y arriva sur les trois heures après midi, et alla descendre à l'appartement de M. le comte d'Armagnac, prince de sa maison et grand écuyer de France[4]. Il y attendit que Monsieur, qui étoit allé trouver le Roi, l'eût fait avertir de se rendre dans l'appartement de Sa Majesté. Peu après, M. d'Effiat[5], premier écuyer de Monsieur, vint le chercher de sa part; et aussitôt Son Altesse, suivie des seigneurs de sa cour qui l'avoient accompagné en son

1. Léopold, duc de Lorraine (1679-1729), avait été rétabli dans ses États par le traité de Ryswyk; il avait épousé, le 13 octobre 1698, Élisabeth-Charlotte d'Orléans (1678-1744), nièce de Louis XIV (ci-dessus, p. 5).

2. Sur tous les incidents de cette visite, on peut voir le *Journal de Dangeau* et les *Mémoires de Sourches*, pour les mois de novembre et décembre 1699.

3. Cette cérémonie eut lieu le 25 novembre.

4. Louis de Lorraine, comte d'Armagnac (1641-1718), était grand écuyer depuis 1658; on l'appelait communément Monsieur le Grand.

5. Antoine Coiffier, marquis d'Effiat (1638-1719).

voyage, se rendit en l'appartement du Roi et quitta l'incognito à l'entrée de la chambre de Sa Majesté, dont les deux battants furent ouverts par les huissiers. L'ayant traversée, le duc se rendit dans le grand cabinet, où il trouva le Roi assis dans un fauteuil, ayant à ses côtés Mgrs les ducs de Bourgogne, d'Anjou et de Berry, Monsieur, Mgr le duc de Chartres, Mgrs les princes de Condé et de Conti, les ducs de Bourbon et du Maine, M. le comte de Toulouse, découverts. Son Altesse, s'étant approchée, remit son chapeau, ses gants et son épée entre les mains du duc de Gesvres[1], premier gentilhomme de la chambre, qui fit en cette occasion l'office de grand chambellan pour le duc de Bouillon[2], qui ne s'y trouva pas pour cause de cérémonial[3]. S'étant mis à genoux sur un carreau aux pieds du Roi, M. le Chancelier, qui étoit derrière le fauteuil, ayant à ses côtés MM. de Torcy[4] et de Pontchartrain, secrétaires d'État, lut l'acte de foi et hommage, dont la substance étoit que Mgr le duc de Lorraine juroit et promettoit au Roi le service et l'obéissance qu'il lui devoit et étoit tenu de lui rendre à cause du duché de Bar, comme aussi de le servir envers et contre tous, sans nul excepter, et ne permettroit jamais qu'il fût fait dans ses terres aucunes choses au préjudice de Sa Majesté et de son État. Le duc confirma ce serment par ces paroles qu'il adressa

1. Léon Potier, duc de Gesvres (1620-1704), était premier gentilhomme de la chambre depuis 1669.
2. Godefroy-Maurice de la Tour-d'Auvergne, duc de Bouillon (1640-1721).
3. Parce qu'il se prétendait issu de maison souveraine.
4. Jean-Baptiste Colbert, marquis de Torcy (1665-1746), avait succédé en 1697 à son père Croissy comme secrétaire d'État des Affaires étrangères.

au Roi : « Oui, sire, je promets de le garder. » Sa Majesté lui dit alors : « Levez-vous, M. le duc de Lor-« raine », et, s'étant levé en même temps, il se découvrit, lui fit une révérence, puis se recouvrit et fit couvrir le duc. En même temps, les princes du sang se couvrirent aussi, et Sa Majesté, ayant donné à Son Altesse des témoignages publics de sa bienveillance et de la satisfaction qu'elle avoit de le voir, le conduisit dans son cabinet, où ils furent seuls assez longtemps. Le duc, en étant sorti, revint à l'appartement de Monsieur le Grand, où Monsieur le vint reprendre et le ramena dans ses carrosses au Palais-Royal.

Mgr le duc de Lorraine resta encore cinq ou six jours à Paris et reçut toutes sortes d'honneurs et de bons traitements. Pendant ce temps, il alla à Marly, où le Roi l'attendoit, puis à Meudon et à la chasse avec les princes, et, Mgr le Dauphin s'étant trouvé à Paris à l'Opéra avec les trois princes ses fils, après le premier acte, M. le duc de Lorraine passa dans leur loge, où il prit congé d'eux, et partit la nuit suivante pour s'en retourner à Nancy. Le Roi et Monsieur lui firent de magnifiques présents. C'est ainsi que se passa cette cérémonie et cette entrevue, dont j'ai rapporté assez au long le détail pour en conserver la mémoire, ces sortes d'événements étant assez rares en France.

Le chancelier Boucherat mourut dans ce temps-là [1], et le Roi donna cette grande charge, la première de la robe, à M. de Pontchartrain, qui avoit les finances, et les finances à M. de Chamillart [2], quelques années

---

1. Il mourut le 2 septembre 1699 (*Dangeau*, t. VII, p. 141-143).
2. Michel Chamillart (1652-1721), conseiller au Parlement en 1676, maître des requêtes en 1686, intendant à Rouen en

auparavant conseiller au parlement de Paris, et qui, dans ce temps-là, avoit été produit à la cour comme un excellent joueur de billard, où le Roi s'amusoit assez souvent[1]. Le nouveau ministre, qui fut fort du goût de Sa Majesté, fit d'abord tout ce qu'il put pour redresser les finances; car il avoit les meilleures intentions du monde et étoit fort honnête homme. Il auroit peut-être réussi, quoiqu'il ne fût pas de ces esprits supérieurs, sans la guerre qui survint bientôt et qui réduisit le royaume à un si triste état qu'il ne s'en peut relever de longtemps et sans une espèce de miracle.

[Dans la conjoncture, qu'on jugeoit prochaine, de la mort du roi d'Espagne, on tint en France, cette année, beaucoup de vaisseaux armés, qui coûtèrent une grande dépense à cet État, dont il se seroit bien passé; car cet armement servit à peu de chose, et le roi d'Espagne ne mourut pas encore. Je vais présentement changer de sujet.]

[Quoique la matière où je m'en vais entrer ne soit guère de ma compétence par rapport à ma profession, je ne laisserai pas d'en donner le précis. C'est ici le commencement de l'époque des démêlés de l'archevêque de Paris avec les Jésuites, qui ont tant éclaté et eu tant de suites fâcheuses, et en auront peut-être encore, au grand scandale du public et de la religion.]

[Le prélat que les Jésuites attaquèrent est de la maison de Noailles, une des bonnes et des illustrées du royaume, dont le chef alors possédoit, avec l'estime

---

1689, était intendant des finances depuis 1690; contrôleur général en 1699, secrétaire d'État de la guerre en 1701; il sera disgracié en 1709.

1. *Mémoires de Saint-Simon*, t. VI, p. 293-295.

du Roi, les premiers emplois et les premières dignités de l'État. Celui dont je vais parler[1] ne paroissoit pas à la vérité pour être un esprit supérieur, quoiqu'il ait bien étudié, mais fort pieux, doux, affable, quoique un peu glorieux dans le fond, comme tous ceux de cette maison, d'ailleurs irréprochable dans ses mœurs et sa conduite, et fort attaché à remplir tous ses devoirs. Il avoit été quelque temps évêque de Châlons, et y avoit exercé les fonctions de l'épiscopat avec beaucoup de régularité et d'édification; mais il n'avoit pas paru ami des Jésuites. Cependant, quoiqu'ils aient beaucoup de crédit, le Roi ne laissa pas de lui donner l'archevêché de Paris, qui devint vacant par la mort de M. de Harlay de Champvallon[2]. Il entra dans le conseil de conscience et parut être fort bien dans l'esprit de Sa Majesté, qui le goûtoit, et, le fils du maréchal son frère ayant épousé la nièce de la plus puissante dame du royaume[3], son crédit augmenta beaucoup, et il devint bientôt cardinal.]

[Tant de fortunes coup sur coup ne manquèrent pas d'augmenter la jalousie et les craintes à plusieurs membres de cette Société, je veux dire ceux qui se gouvernent plus selon les saillies de leurs esprits tur-

---

1. Louis-Antoine de Noailles (1651-1729), évêque de Châlons en 1680, archevêque de Paris en 1695, fut élevé en 1700 au cardinalat.
2. François de Harlay de Champvallon (ci-dessus, p. 10) mourut le 6 août 1695.
3. *En marge* : « C'est Mme de Maintenon. » — Adrien-Maurice de Noailles, duc d'Ayen (1678-1766), qui devint maréchal de France en 1734, épousa, le 1er avril 1698, Françoise-Charlotte-Amable d'Aubigné, fille du frère de Mme de Maintenon, qui mourut en 1739.

bulents, leurs maximes générales, et ce qu'on appelle leur politique, que par une droiture tout à fait chrétienne. Ils tâchèrent donc de saper petit à petit le crédit du cardinal, et, ne pouvant rien trouver à redire à ses mœurs, ils ne se contentèrent pas d'insinuer et de faire répandre quelques bruits contre la pureté de sa doctrine, afin de la rendre tout au moins suspecte et qu'il en pût revenir quelque chose à Sa Majesté, fort susceptible sur cet article; mais, afin de parvenir plus tôt à leurs fins par un coup d'éclat, ils en prirent l'occasion sur ce que, en l'année 1695, qui fut la dernière que le nouvel archevêque avoit occupé le siège épiscopal de Châlons, il avoit approuvé un livre du P. Quesnel[1], de l'Oratoire, intitulé : *Morale chrétienne du Nouveau Testament de Jésus-Christ*, et que, en la suivante, qu'il fut devenu archevêque de Paris, il en parut un autre, que peut-être il fit courir exprès et que l'archevêque condamna, qui portoit pour titre : *Exposition de la doctrine chrétienne sur la grâce*, et qu'on prétendit contenir les mêmes propositions que la *Morale* du P. Quesnel. Sur ce fondement bon ou mauvais, ils firent courir un libelle diffamatoire contre l'archevêque, qui fut intitulé : *Problème ecclésiastique proposé par M. l'abbé Boileau, de l'archevêché*. Par ce problème, on demandoit malicieusement à qui on doit croire de Messire Louis-Antoine de Noailles, évêque de Châlons en 1695, ou de Messire Louis-Antoine de Noailles, archevêque de Paris en 1696. L'auteur anonyme y faisoit un parallèle odieux de ces deux livres, dont il concluoit qu'il n'est pas possible d'accorder

---

1. Pasquier Quesnel (1634-1719).

l'évêque et l'archevêque, et appeloit en jugement la foi, la religion, la raison même et la sagesse de ce prélat. Il l'accusoit tantôt d'hérésie et tantôt de variation ; puis il insinuoit qu'on le devoit regarder comme un archevêque qui devoit être mis au nombre des hérétiques convaincus d'une doctrine abominable et impie et comme un des plus déclarés Jansénistes qui aient jamais été dignes d'être mis à la tête de cette secte, champ de bataille ordinaire des Jésuites lorsqu'ils veulent faire querelle à quelqu'un. Il le dépeignoit, d'un autre côté, comme un prélat d'une doctrine chancelante, incertaine, contraire à elle-même, comme un juge qui approuve ce qu'il doit condamner et condamne ce qu'il a approuvé, en un mot hérétique quand il approuve, téméraire quand il condamne, également incapable de constance, et dans le parti de l'erreur et dans celui de la vérité.]

[Si le grand âge du P. de la Chaise[1], alors confesseur du Roi, lui eût permis d'entrer dans cette intrigue et de la pousser, ou bien s'il avoit ressemblé à celui qui lui a succédé dans ce ministère[2], il y a beaucoup d'apparence que le Roi auroit été dès lors fort prévenu contre l'archevêque ; mais le temps n'en étoit pas encore arrivé, ni les matières assez disposées ; car Sa Majesté reçut favorablement ce prélat lorsqu'il lui porta ses plaintes, et, regardant cette affaire comme une pièce maligne, il la renvoya au Parlement, qui a coutume de connoître des livres scandaleux et sans

1. François d'Aix de la Chaise (1624-1709) avait succédé en 1675 au P. Ferrier comme confesseur de Louis XIV.
2. Le P. Michel Le Tellier (1643-1719), qui succéda en 1709 au P. de la Chaise.

aveu. Celui-ci y fut regardé comme un libelle diffamatoire, et le Parlement donna son arrêt comme tel et le condamna à être brûlé par la main du bourreau devant le portail de l'église cathédrale de Paris[1]; ce qui fut exécuté et point pardonné, ainsi que j'espère de le dire en temps et lieu dans la suite de cet ouvrage.]

[Il se renouvela encore dans ces temps-ci une ancienne querelle entre les Jésuites et les autres missionnaires de la Chine[2], qui fut reprise de part et d'autre avec beaucoup d'animosité et de scandale pour le public par les libelles qu'ils répandirent de part et d'autre pour leur justification réciproque. Les missionnaires accusoient les Jésuites de tolérer à leurs néophytes de la Chine, par des intérêts particuliers, plusieurs cultes idolâtres, qui ne défiguroient pas seulement, mais détruisoient absolument la véritable religion chrétienne, qui ne doit nullement être mondaine, quoique instituée pour des hommes. Il arriva aussi qu'un certain P. Le Comte[3], de cette société, revint en France de ce pays-là et en publia une relation si bien écrite qu'elle lui attira avec beaucoup d'applaudissement la louange de bon auteur. Et, comme il venoit d'un pays lointain, qu'il avoit beaucoup d'esprit et débitoit fort bien sa

---

1. Voyez les *Mémoires de Saint-Simon*, t. VI, p. 98 et suivantes.

2. On trouvera dans Saint-Simon (*Mémoires*, t. VII, p. 165-170) et dans le commentaire de M. de Boislisle des renseignements précis sur cette affaire, que notre auteur va raconter sommairement.

3. Daniel-Louis Le Comte (1651-1728) avait pris part à l'expédition de Siam, mais n'alla pas en Chine; il fut nommé confesseur de la duchesse de Bourgogne en 1696; mais il fut renvoyé à la suite de cette affaire des cérémonies chinoises.

marchandise, on fut curieux de le voir à la cour, et on y intrigua si bien en sa faveur, qu'on le nomma confesseur de Mme la duchesse de Bourgogne. A peine fut-il en place, qu'il s'éleva de si furieux orages contre lui, qu'il n'y put tenir. Les missionnaires, d'un côté, publièrent des extraits de certains endroits de son livre qui dénotoient assez clairement que les accusations n'étoient pas frivoles, et, d'un autre, ce Père fut attaqué personnellement avec apparence de fondement et reçut ordre de se retirer brusquement de la cour et de sortir du royaume. L'archevêque de Paris, qui étoit dans ce temps-là très bien dans l'esprit du Roi et qui venoit d'être fait cardinal, fut accusé aussi par d'aucun d'avoir procuré cette disgrâce.]

[Quant à la grande affaire de la Chine, la cour de Rome en prit connoissance et reçut tant de mémoires et de relations différentes de part et d'autre que, pour avoir des éclaircissements plus au vrai, le Pape jugea à propos d'envoyer à la Chine le cardinal de Tournon[1]. On a prétendu que, quand il fut arrivé, il essuya bien des traverses de la part des Jésuites, très puissants en ce pays-là aussi bien qu'en beaucoup d'autres, et qu'il mourut à la peine, avec grand soupçon d'avoir été empoisonné. Mais le Pape, ayant été depuis informé pleinement par d'autres voies, décida cette affaire au désavantage des Jésuites, sans que la condamnation ait

---

1. Charles-Thomas Maillard de Tournon (1668-1711) fut envoyé en 1701 comme légat apostolique en Chine pour régler les différends qui s'étaient élevés entre les missionnaires; ayant promulgué en 1707 la bulle qui condamnait les cérémonies chinoises, il fut incarcéré par les Chinois et revint mourir au couvent des jésuites de Macao; il avait été promu au cardinalat en 1707.

été rendue publique. Ainsi, ces Bons Pères essuyèrent encore cette mortification, mais ne perdirent pas courage.]

[Présentement, il faut changer de matière et parler un peu des brouilleries qui survinrent entre les puissances du Nord, puisqu'elles ont eu des suites qui ont intéressé les autres princes de l'Europe. La première de ces brouilleries du Nord fut entre le roi[1] et la république de Pologne et l'électeur de Brandebourg, au sujet de la ville d'Elbing, qui avoit été engagée par la Pologne à l'Électeur pour une somme de quatre cent mille écus, dont il avoit demandé plusieurs fois le payement avec inutilité. Comme la Pologne étoit encore en guerre avec le Turc, l'Électeur voulut se servir de la conjoncture et fit assiéger Elbing, qu'il prit avec peu de résistance des assiégés. Incontinent après, la Pologne fit la paix avec les Turcs, et, pour tenir les puissances du Nord en paix entre elles, l'Empereur, la Suède, le Danemark et les États-Généraux des Provinces-Unies offrirent leur médiation pour faire terminer ce différend à l'amiable.]

[Le roi de Pologne, qui avoit déjà fait un traité secret avec le czar de Moscovie[2] et le roi de Danemark[3] pour faire la guerre à la Suède, y vouloit bien entendre; mais la république, qui avoit d'autres intérêts et qui se sentit piquée de cette invasion, refusa d'y déférer et prétendoit avant tout reprendre Elbing de vive force; tellement que cette diversité de senti-

---

1. L'électeur de Saxe, Frédéric-Auguste (tome II, p. 439), élu roi en 1697.
2. Pierre Ier le Grand, czar de Moscovie depuis 1689.
3. Frédéric IV, monté sur le trône en 1699, mort en 1730.

ments suspendit un peu les négociations. Enfin le traité ne laissa pas d'être conclu cette année[1] : l'Électeur restitua Elbing à la Pologne, moyennant une somme de trois cent mille écus, à quoi il se réduisit, et, pour la sûreté du payement, qui se devoit faire trois mois après la tenue d'une diète convoquée à terme préfix, le roi de Pologne lui engagea les joyaux de la couronne, sans en avoir rien communiqué à la noblesse, qui en fut fort mécontente.]

[Cette brouillerie étant finie, il s'en éleva d'autres bien plus considérables encore du côté du Nord, puisqu'elles ont produit de longues guerres remplies d'événements fameux et qui ont fait paroître sur le théâtre du monde un jeune héros, qui fit, par sa valeur, son courage sans pareil et ses victoires éclatantes, l'admiration de toute la terre dans un âge où à peine les autres ne font que commencer à paroître et à se montrer.]

[A cette description, je n'aurois que faire de nommer le jeune roi de Suède Charles XII[2]; on connoît assez que c'est de ce vaillant prince dont je vais parler, qui, à l'âge de dix-sept ans, se mit à la tête de ses armées pour protéger le duc de Holstein, son beau-frère[3], contre le roi de Danemark, qui fit une invasion dans ce duché sous prétexte de quelques forts que le duc y avoit fait réédifier, ce qu'il prétendit

---

1. Ce traité fut signé le 12 décembre 1699; le texte en est dans Du Mont, t. VII, 2ᵉ partie, p. 474.

2. Né en 1682, il monta sur le trône en 1697 et mourut en 1718.

3. Frédéric II (1661-1702), duc de Holstein-Gottorp en 1695, avait épousé Hedwige-Sophie, fille du roi de Suède Charles XI.

être une infraction aux précédents traités ; mais le véritable dessein de ce prince, en renouvelant les anciennes querelles du Holstein tant de fois assoupies par des traités solennels, étoit de mettre ce duché en sa main, d'en dépouiller le duc et d'occuper de ce côté-là le roi de Suède, contre lequel il avoit fait effectivement un traité avec le czar de Moscovie et le roi de Pologne, qui devoient attaquer la Livonie et la partager. Dans ce dessein, le roi de Danemark refusa d'abord la médiation de l'Empereur, du roi d'Angleterre et des États-Généraux des Provinces-Unies, qui lui fut proposée pour terminer les différends du Holstein. Ces puissances ne laissèrent pourtant pas d'envoyer leurs ministres, étant de leur intérêt autant que du bon office de tenir ces couronnes et puissances du Nord en paix, qui ne manqueroient pas d'en attirer d'autres dans leur parti, si cette guerre s'allumoit, et les priveroient des secours qu'ils en pourroient tirer selon les occurrences. Ainsi, quand ces deux dernières puissances virent que le roi de Danemark ne vouloit entendre à aucun accommodement et qu'au contraire il armoit puissamment par mer et par terre, le roi de Suède arma de même de son côté, et les Anglois et les Hollandois firent équiper aussi deux puissantes escadres pour contraindre le roi de Danemark à faire un traité. Cependant, il mit sa flotte en mer par deux motifs : l'un pour favoriser son entreprise sur le Holstein, l'autre pour tâcher d'empêcher de passer les secours que le roi de Suède envoyeroit en Livonie, lorsque le dessein du roi de Pologne éclateroit. Il fit aussi entrer son armée de terre dans le Holstein, qui s'empara des forts contestés avec peu de résistance,

d'autant qu'ils n'étoient pas encore tout à fait en état
de défense et que les ministres médiateurs, à leur arrivée, en avoient fait suspendre le travail, afin de faciliter l'accommodement. Le roi de Danemark les fit
incontinent raser, et ils crurent alors que, ce prétexte
étant anéanti, il entreroit en accommodement ; mais,
loin de là, il assembla de l'artillerie, envoya son général assiéger Tonning[1], capitale du duché. Le duc de
Holstein, ayant alors assemblé une armée composée
de quelques troupes à lui, de Suédois et de Lunebourgeois, s'avança pour secourir la place assiégée. Le
général danois ne l'attendit pas, leva le siège et se
retira, après avoir battu cette ville pendant trois
semaines. Cet événement fit consentir le roi de Danemark à une suspension d'armes pour le Holstein, qui
lui fut proposée par les ministres médiateurs, et l'armée du duc se jeta du côté d'Altona, ville ou gros
bourg situé dans le comté d'Oldenbourg, et mit le pays
à contribution. Pendant ce temps, les flottes angloise
et hollandoise voguèrent vers le détroit du Sund, et,
quand le roi de Suède les sut à la rade de Gothembourg,
il fit avancer la sienne vers Copenhague, capitale du
Danemark. La flotte danoise se retira sous le feu du
château, et les Suédois se mirent à bombarder la ville
et la flotte, ayant les Anglois et les Hollandois seulement pour spectateurs. Le roi de Suède suivoit de près
avec d'autres vaisseaux et quantité de bâtiments de
transport, sur lesquels il y avoit huit à neuf mille
hommes de troupes. Il s'approcha du rivage de l'île
de Seeland, où la ville de Copenhague est située, et,

1. Sur la mer du Nord.

voyant quelques troupes danoises qui vouloient s'opposer à la descente et que son vaisseau ne pouvoit approcher assez près, il se jeta dans une chaloupe, ordonnant à ses troupes de suivre; et, cette chaloupe ne pouvant encore avancer assez près ni assez vite à son gré, ce jeune héros, impatient d'en venir aux mains, se jeta le premier dans l'eau, l'épée à la main, et ses troupes, animées par un tel exemple, en firent incontinent de même et marchèrent aux ennemis, qui se retirèrent après une légère escarmouche. Le débarquement s'acheva tranquillement, et ce monarque s'avança jusques à deux lieues de Copenhague, où il fit retrancher sa petite armée, faisant dire aux habitants du pays qu'ils demeurassent tranquilles dans leurs maisons, et qu'il n'étoit pas venu pour faire la guerre, mais pour faire faire la paix. En effet, elle s'ensuivit bientôt, et ses troupes vécurent avec une discipline si exacte, qu'il ne fut fait aucun tort ni pillage, et que les habitants apportoient des vivres dans son camp avec autant de liberté que si c'eût été à leurs propres gens. Cet événement brusque fit consentir sérieusement le roi de Danemark à entendre à la paix, et les conférences pour en traiter furent reprises avec tant de vivacité que le traité fut arrêté et conclu à Travendal[1] en onze jours[2]. Il portoit en substance : 1° qu'il y auroit entre le roi de Danemark et le duc de Holstein un oubli général de tout le passé; 2° que les traités précédents seroient confirmés par celui-ci; 3° que le roi de

1. Travendal ou Traventhal, village et château du Holstein, à vingt-trois kilomètres ouest de Lubeck.
2. Ce traité fut signé le 18 août 1700 (Du Mont, *Corps diplomatique*, t. VII, 2ᵉ partie, p. 480).

Danemark ne conserveroit au-dessus du duc de Holstein d'autres prérogatives que celles *ratione ordinis;* 4° que le roi donneroit au duc, pour le dédommager des pertes qu'il avoit souffertes, une somme de deux cent soixante mille écus payable à Hambourg douze jours après la signature du traité, moyennant quoi le duc renonceroit à toutes autres prétentions; 5° que les sujets du duc seroient exempts à perpétuité de certains droits d'entrée et de sortie établis par le roi de Danemark dans le bailliage de Tunderen; 6° que ce prince n'auroit jamais de ressentiment de ce que les garants de la paix d'Altona, et particulièrement le roi de Suède, auroient fait dans cette conjoncture; et enfin que l'on prieroit l'Empereur et le roi de France d'être garants de cette paix, qui ne fut guère favorable aux Danois, en conséquence de laquelle les armées de terre et de mer se retirèrent[1].]

[Mais le roi de Suède, qui avoit déjà envoyé quelques troupes en Livonie pour s'opposer à celui de Pologne, qui, avec les Saxons et quelques seigneurs polonois, sans aveu de la république, avoit déjà fait une invasion dans cette province, et, après avoir pris quelques forts qui couvroient la ville de Riga, formoit le blocus de cette capitale, passa, dis-je, en personne dans la Livonie avec les troupes qu'il avoit occupées contre le Danemark. Le roi de Pologne rassembla toutes les siennes et marcha au-devant de lui; mais il fut battu,

---

1. Sur cette guerre entre la Suède et le Danemark, on peut voir la *Gazette d'Amsterdam*, année 1700, et la *Gazette de France*, correspondances de Hambourg. Le *Journal de Dangeau* en parle souvent : t. VIII, p. 217, 293, 299, 324, 325, 328, 337, 340, 349, 356, 360, etc.

et son armée obligée de se retirer fort en désordre. Les forts se rendirent au roi de Suède, et il poursuivit son ennemi avec tant de vivacité qu'il le chassa encore de la Courlande, où il prit la grosse artillerie que le roi de Pologne avoit assemblée à Mittau, capitale de cette province, pour faire le siège de Riga, ensemble tous les magasins qui avoient été faits de munitions de guerre et de bouche. Puis il marcha avec toutes ses troupes, qui ne faisoient qu'environ vingt mille hommes, droit à Narva[1], autre ville de Livonie que le czar assiégeoit avec une armée de cent soixante mille hommes. Ce prince en détacha trente mille pour aller au-devant du roi de Suède et lui disputer les passages; mais ce jeune Alcide les força incontinent et les mit en déroute, et, sans s'arrêter davantage, marcha droit aux retranchements des Moscovites devant Narva et les força à la tête de sa poignée de monde en comparaison de cette armée formidable, qui fut totalement défaite devant cette ville[2]. A leur retraite, ils eurent dix-huit mille hommes de tués sur la place et un grand nombre de blessés. Le roi de Suède fit vingt mille prisonniers, parmi lesquels se trouvèrent presque tous les officiers généraux du czar, prit cent cinquante pièces d'artillerie, cent drapeaux, le trésor des Moscovites, tous les bagages, et manqua de prendre le czar lui-même, qui eut bien de la peine à se sauver dans ses États avec le débris de son armée, dont la plupart avoient jeté leurs armes. De là le roi de Suède prit ses quartiers d'hiver dans la Courlande et la frontière moscovite, puis passa dans la Lithuanie, où il prit

1. Près du golfe de Finlande et sur la frontière moscovite.
2. Victoire du 30 novembre 1700.

le parti de la maison Sapieha contre le grand enseigne Oginski[1], qui fut battu et son armée dissipée. Puis il entra dans la Pologne, après avoir déclaré qu'il n'y venoit pas pour faire la guerre à la république, dont il séparoit la cause d'avec celle de leur roi, qui lui faisoit la guerre sans aucun sujet et qu'il étoit résolu de poursuivre jusques à ce qu'il eût vengé sur sa personne l'injure qu'il lui avoit faite. Ainsi il entra en Pologne, les partis de son armée victorieuse battant partout des corps entiers de Moscovites et de Saxons, et se rendit à Varsovie, capitale du royaume, se logea dans le château et déclara qu'il ne sortiroit pas de Pologne qu'il n'eût détrôné le roi son ennemi et fait élire un autre à sa place.]

[Nous laisserons présentement les affaires du Nord pour traiter annuellement les autres matières, ainsi que je me le suis prescrit, et, si en celle-ci je viens d'anticiper un peu sur cet arrangement, je dirai que je n'ai pu m'empêcher de suivre le torrent des victoires de ce jeune héros, que la postérité auroit peine à croire, si tous ceux qui en écriront n'étoient unanimes sur un aussi bel endroit de l'histoire, qu'ils rapporteront sans doute dans tout son jour et son détail et beaucoup mieux que je ne puis faire.]

Avant de revenir aux affaires de France, je ne puis m'empêcher de dire encore que la Prusse ducale fut érigée en royaume par l'empereur Léopold au commencement de 1700[2], en faveur de l'électeur de Bran-

---

1. Grégoire-Antoine Oginski, qui mourut en 1709. L'ambassadeur Bonnac a dressé un mémoire (encore manuscrit) sur ces rivalités (Arch. nat., K 1352, n° 59).

2. C'est dans un festin donné le 24 ou 26 novembre 1700

debourg, qui en étoit déjà possesseur. Il fut couronné à Königsberg, qui en est la capitale, avec toute la pompe et la solennité que le cas exigeoit[1], et reçut bientôt les compliments de conjouissance de la part de l'Empereur, du roi d'Angleterre, des États-Généraux des Provinces-Unies et de quelques princes d'Allemagne; mais la république de Pologne, à laquelle appartient la partie de la Prusse qu'on appelle royale, n'en fut nullement contente, et il y a bien de l'apparence qu'elle se seroit opposée par la voie des armes à cette prise de possession sous ce titre éminent si elle ne s'étoit trouvée épuisée de la dernière guerre qu'elle avoit soutenue contre les Turcs et qui ne venoit que de finir par le traité de Carlowitz, et si ses divisions domestiques et l'approche du roi de Suède, qui menaçoit hautement le roi de Pologne, lui eussent permis d'y employer toutes ses forces. Ainsi, son mécontentement à ce sujet s'exhala en paroles.]

Je vais parler maintenant des intrigues qui déterminèrent Sa Majesté Catholique à tester en faveur de la France, et, à ce sujet, je dirai que plusieurs gens qui prétendent le bien savoir assurent que, lorsque le grand-duc de Toscane[2] eut appris le traité de partage de la succession d'Espagne que j'ai rapporté ci-devant, il alla à Rome, sous prétexte de dévotion, mais en effet pour négocier avec le pape Pignatelli[3] et prendre

que l'électeur se proclama roi, après avoir obtenu le consentement de l'empereur Léopold.

1. Le couronnement eut lieu le 18 janvier 1701. Voyez le *Mercure* de février, p. 127-187.
2. Côme III de Médicis (1642-1723).
3. Innocent XII (tome II, p. 262), qui mourut en 1700.

des mesures pour tâcher d'empêcher qu'il n'eût lieu, [car il ne paroissoit pas de l'intérêt de l'un et de l'autre d'avoir les François si proches voisins en Italie et que les États dévolus à la France, au moyen de ce partage, fussent annexés à cette couronne pour toujours]. Dans cette extrémité, il étoit plus expédient que la succession d'Espagne ne fût pas divisée et tombât toute entière à un des princes de France, qui y avoit un droit naturel par sa naissance et que le Roi y maintiendroit vraisemblablement par sa grande puissance dès qu'il y seroit appelé par celui d'Espagne [et par la nation]. Cette monarchie ainsi dévolue seroit absolument séparée de celle de France et se gouverneroit et régiroit par les conseils et les forces de la nation espagnole et, par conséquent, demeureroit toujours dans sa foiblesse. Il n'étoit pas moins contre leurs intérêts que les États d'Italie appartenant à l'Espagne tombassent à l'Empereur en vertu de son droit, d'autant que, s'il en étoit une fois paisible possesseur, il ne manqueroit pas de faire valoir les anciennes prétentions des empereurs sur cette partie de la chrétienté. On prétend donc qu'après avoir bien pesé cette affaire, le Grand-Duc détermina le pape à faire agir le cardinal Portocarrero[1], premier ministre en Espagne, pour porter le roi et son conseil à faire un nouveau testament, à l'effet duquel toute la nation espagnole ne manqueroit pas de donner les mains plutôt que de voir sa monarchie démembrée et expo-

1. Louis-Emmanuel Fernandez Boccanegra y Portocarrero (1634-1709), cardinal en 1669 et archevêque de Tolède en 1677, était premier ministre de Charles II et chancelier de Castille.

sée à des guerres dont il n'y avoit que la grande et redoutée puissance de la France qui la pût garantir. On ajoute que Sa Sainteté voulut aussi employer à cette intrigue le P. Diaz, confesseur du roi d'Espagne[1], qui étoit moribond; mais que celui-ci, étant dans les intérêts de l'Empereur, n'y voulut point consentir, et en fut bientôt puni : car on ne lui substitua pas seulement un autre confesseur, mais il fut encore arrêté et conduit à Rome dans les prisons du Pape[2], où il fut si bien gardé qu'il n'eut de commerce avec qui que ce soit et que l'Empereur le réclama inutilement.

Cependant, le ministre de France à la cour de Madrid[3] pressoit fort le roi et son conseil de consentir au traité de partage et ne cessoit d'insérer dans les mémoires qu'il présentoit que le Roi son maître, étant bien informé du concert qu'il y avoit entre l'Espagne et l'Empereur, qui même se préparoit à envoyer de ses troupes du côté du Milanois, ne pourroit se dispenser d'y faire passer des siennes et de réclamer l'Angleterre et la Hollande de lui donner les secours promis pour le mettre en possession du lot qui lui étoit échu en partage. Les ministres de France dans les autres cours tenoient à peu près le même langage; mais l'Empereur étoit si persuadé des dispositions favorables de la cour de Madrid, qu'il ne douta pas que toute cette succession ne lui fût bientôt acquise.

1. Le P. Froylan Diaz, dominicain, nommé en février 1698.
2. C'est l'Inquisition qui le poursuivit pour avoir exorcisé le roi Charles II; on lui fit son procès, et il resta en prison jusqu'en 1704.
3. C'était le marquis d'Harcourt, comme notre auteur l'a dit ci-dessus, p. 4.

Cependant[1], la crainte que les Espagnols eurent de la division de leur monarchie, et les intrigues fines et adroites du duc d'Harcourt, ambassadeur de France à Madrid, réussirent si bien auprès de ceux qui avoient le plus de crédit sur l'esprit du roi Catholique, [et la reine sa femme[2], qui avoit un si grand ascendant sur lui, fut si bien gagnée par l'espérance qu'on lui donna de lui faire épouser Mgr le Dauphin après la mort du roi son mari, qu'il changea, pour ainsi dire, du blanc au noir, et] qu'il se détermina en faveur de la France[3]. Cette importante affaire fut conduite avec tant d'adresse

1. Sur toute cette affaire de la succession d'Espagne, il faut voir le tome VI des *Mémoires de Saint-Simon*, éd. Boislisle, et les ouvrages d'Hippeau, *Avènement des Bourbons au trône d'Espagne*, et de Legrelle, *la Diplomatie française et la succession d'Espagne*.
2. Marie-Anne de Bavière-Neubourg.
3. Dans le manuscrit appartenant à M. le marquis de Nicolay, est intercalé ici un double feuillet de papier de format plus petit que le manuscrit et d'une écriture différente, qui n'est ni celle d'un copiste, ni celle de Saint-Hilaire, mais peut-être celle du premier possesseur du manuscrit. Voici le texte de cette note, qui a été connue des éditeurs de 1766, puisqu'ils l'ont insérée dans leur tome II, p. 225-226 : « Le maréchal d'Harcourt, qui étoit de mes amis, m'a dit avoir été chargé de négocier en Espagne cette grande succession en faveur du duc d'Anjou, y avoir déterminé la reine par des espérances et les vrais Espagnols par l'intérêt de la monarchie, qui ne pouvoit conserver son intégrité que par la puissance du Roi. Quand il reçut l'ordre de signifier le traité de partage fait en Angleterre par le maréchal de Tallard, surpris de cet ordre, il en suspendit l'exécution pour envoyer un courrier au Roi lui représenter et le supplier de le dispenser de le faire, et demanda son congé et que cette signification ne se fît que quand il seroit sorti d'Espagne, ce qu'il obtint; et son successeur en fut chargé, ce qui piqua bien les Espagnols. Le maréchal d'Harcourt, en rendant compte au Roi, lui dit qu'il seroit peut-être

et de secret, que l'Empereur [n'en conçut aucun soupçon, tant il se tenoit assuré du conseil d'Espagne, et] n'en eut connoissance qu'après la mort du roi, qui survint à Madrid le 1ᵉʳ novembre 1700, sur les trois heures après midi. Son testament, qui étoit du 2 octobre de la même année, fut ouvert immédiatement avec toutes les solemnités de droit, en présence de la reine veuve et des seigneurs. Le même jour, la junte désignée par ce testament pour la régence de la monarchie, en attendant l'arrivée du nouveau roi, dépêcha un courrier au roi de France pour lui donner avis de la mort de celui d'Espagne et de la disposition testamentaire faite de tous ses États en faveur de Mgr le duc d'Anjou, second fils de Mgr le Dauphin. La lettre étoit signée par la reine, par le cardinal Portocarrero, par Don Manuel Arias[1], par l'évêque inquisiteur général[2] et par Don Rodrigue-Manuel Manriquez de Lara[3] et le comte de Benavente[4]. [La junte dépêcha un second courrier le 3, dont les dépêches étoient une répétition de la première et de la clause qui s'étoit trouvée

obligé d'accepter cette succession, que les Espagnols auroient toujours les mêmes raisons et ne changeroient point. La chose arriva. Chacun sait les conseils qui furent tenus à Fontainebleau et que feu Monseigneur détermina à accepter, se fâchant même contre ceux qui n'étoient pas de cet avis. On se souviendra que le maréchal d'Harcourt revint longtemps auparavant le testament. »

1. Jean-Manuel Arias, bailli de l'ordre de Malte, était gouverneur du conseil de Castille depuis 1699 ; il devint archevêque de Séville en 1702, cardinal en 1713, et mourut en 1717.

2. C'était Balthazar de Mendoza, évêque de Ségovie.

3. Titré comte de Frigilliana et d'Aguilar, il était président du conseil d'Aragon.

4. François-Antoine Pimentel, comte de Benavente (1655-1709), était sommelier de corps du roi.

dans le testament en faveur de Mgr le duc d'Anjou et de la junte déjà formée pour le gouvernement général de la monarchie jusques à ce que le successeur pût la gouverner lui-même. Le reste étoit des assurances de fidélité et d'une joie inexprimable, dans l'espérance d'avoir bientôt, après la perte qu'ils venoient de faire, pour leur roi, en la personne de Mgr le duc d'Anjou, un prince désiré unanimement de la nation et qui se trouvoit appuyé du sang, du droit et de l'inclination générale. Ils ajoutoient qu']ils demandoient à Sa Majesté que le digne successeur de Charles II commençât, sans différer, à disposer de ses États, afin qu'ils eussent bientôt la joie de jouir des douceurs de son gouvernement, et que, pour cela, ils lui offroient dès maintenant, comme chose à lui appartenant en propre, leurs soins, leurs services et tout ce qui lui pourroit faciliter les moyens de posséder ces royaumes avec la tranquillité et la félicité qu'ils lui annonçoient. Un troisième courrier fut encore dépêché le 7 par la junte de la régence, et on trouva dans le paquet qu'il apporta une copie authentique du testament et une lettre que je vais rapporter tout au long, afin de n'en point affoiblir en rien la substance[1].

A Sa Majesté Très Chrétienne.

Sire,

En conséquence de ce que nous écrivîmes à Votre Majesté par un courrier extraordinaire, dépêché le 3 de ce

1. Cette lettre et les précédentes de la junte, avec le testament de Charles II, furent imprimées aussitôt chez le libraire Léonard; on les trouve dans plusieurs mémoires du temps.

mois, au sujet de la mort de notre maître, que Dieu absolve, offrant de lui remettre le testament et le codicille qu'il a laissés, lesquels étoient prêts dès lors, nous lui envoyons l'un et l'autre par cet exprès, afin qu'elle ait une connoissance entière de toutes les circonstances qu'ils contiennent, nous servant de cette occasion, comme nous ferons de toutes les autres, pour dire à Votre Majesté que la noblesse et les peuples demandent leur nouveau roi avec des inquiétudes et des empressements inconcevables; de sorte que, bien loin de vouloir prêter l'oreille ni consentir à aucune nouveauté ni variation dans cette grande affaire, ils sont tous dans la même résolution de le soutenir et le maintenir, étant aussi persuadés qu'ils le sont de la justice et de la raison de cette cause. Ce que nous représentons à Votre Majesté pour la résoudre à donner présentement à nos prières et à nos instances réitérées un prince si désiré et attendu avec des acclamations qui augmentent de jour en jour, outre les avis que nous recevons à tout moment des applaudissements qu'on donne au testament du roi, accompagnés des louanges de celui que Dieu nous a donné et des vœux avec lesquels on aspire à le voir en possession du commandement. A ces vives et tendres expressions, nous ajoutons la ratification de toutes les offres sincères que ces royaumes font en général et en particulier de tout ce qu'ils pourront faire pour le service du roi qu'ils attendent, et la congratulation que nous devons à Votre Majesté de voir le second de ses petits-fils nommé et proclamé roi d'Espagne avec des circonstances aussi singulières que le sont celles qui se rencontrent en cette conjoncture. Dieu garde la personne de Votre Majesté, ainsi qu'il est besoin.

A Madrid, le 7e novembre 1700.

Je vais rapporter ensuite les articles du testament en vertu desquels notre prince a été appelé à la couronne de cette monarchie[1]; car les autres, pour la plupart, aussi bien que le codicille, sont des dispositions d'arrangement pour le gouvernement ou pour des legs pieux et autres qui sont étrangers au fait dont il s'agit et pourroient ennuyer le lecteur.

Article XIII.

En reconnoissant, conformément aux résultats de plusieurs consultations de nos ministres d'État et de Justice, que la raison sur quoi on a fondé la renonciation des dames Anne et Marie-Thérèse, reines de France, ma tante et ma sœur, à la succession de ces royaumes, a été d'éviter le danger de les unir à la couronne de France; mais, reconnoissant aussi que ce motif fondamental venant à cesser, le droit de la succession subsiste dans le parent le plus proche, conformément aux lois de nos royaumes, et qu'aujourd'hui ce cas se vérifie dans le second fils du Dauphin de France : pour cette raison, nous conformant aux susdites lois, nous déclarons notre successeur, en cas que Dieu nous appelle à lui sans laisser d'enfants, le duc d'Anjou, second fils du Dauphin, et, en cette qualité, nous l'appelons à la succession de tous nos royaumes et seigneuries, sans excepter aucune partie, et nous déclarons et ordonnons à tous nos sujets et vassaux de tous nos royaumes et seigneuries que, dans le cas susdit, si Dieu nous retire sans successeur légitime, ils aient à le recevoir et le reconnoître pour leur roi et seigneur naturel et qu'on lui en donne aussitôt la possession actuelle sans aucun délai, après le serment qu'il doit faire d'observer les lois, immunités et coutumes de nosdits royaumes et seigneuries.

1. Le texte du testament de Charles II, en espagnol, se trouve dans Du Mont, *Corps diplomatique*, t. VII, 2ᵉ partie, p. 485.

Et, parce que notre intention est qu'il est ainsi convenable, pour la paix de toute la chrétienté et de toute l'Europe et pour la tranquillité de nos royaumes, que cette monarchie subsiste toujours séparée de la couronne de France, et qu'il en préfère la jouissance à celle de cette monarchie, en tel cas, ladite succession doit passer au duc de Berry, son frère, troisième fils dudit Dauphin, en la même forme et manière. Et, en ce cas que le duc de Berry vienne à mourir aussi ou qu'il vienne à succéder à la couronne de France, en ce cas nous déclarons et appelons à ladite succession l'Archiduc, second fils de l'Empereur notre oncle. Et, venant à manquer ledit Archiduc, en tel cas nous déclarons et appelons à ladite succession le duc de Savoie et ses enfants; et notre volonté est que tous nos sujets et vassaux l'exécutent et s'y soumettent comme nous l'ordonnons et qu'il convient à leur tranquillité, sans qu'ils permettent le moindre démembrement et diminution de la monarchie fondée avec tant de gloire par nos prédécesseurs. Et, parce que nous désirons ardemment que la paix et l'union, si importantes à la chrétienté, se conservent entre l'Empereur notre oncle et le roi Très Chrétien, nous leur demandons et les exhortons d'affermir ladite union par le lien du mariage entre le duc d'Anjou et l'archiduchesse, afin que, par ce moyen, l'Europe jouisse du repos dont elle a besoin.

Article XIV.

Et, au cas que nous venions à manquer de successeur, ledit duc d'Anjou doit succéder à tous nos royaumes et seigneuries, non seulement à ceux qui appartiennent à la couronne de Castille, mais aussi à ceux de la couronne d'Aragon et de Navarre, et à tous ceux que nous avons dedans et dehors l'Espagne, notamment, à l'égard de la couronne de Castille, Léon, Galice, Tolède, Séville, Grenade, Cordoue, Murcie, Jaën, Algarves, Algésiras, Gibraltar, îles Canaries, Indes, îles et terres fermes de la mer Océane, du Nord et du Sud, des Philippines et autres îles, terres découvertes et qu'on découvrira à l'avenir, et tout le reste, de quelque manière qu'il appartienne à la couronne de Castille; et, pour ce qui regarde la couronne d'Aragon et nos États et royaumes d'Aragon, Valence, Catalogne, Naples, Sicile, Majorque, Minorque, Sardaigne et toutes les autres seigneuries et droits, de quelque manière qu'ils appartiennent à cette couronne royale, et dans notre État de Milan, duché de Brabant, Limbourg, Gueldres, Flandres et toutes les autres provinces, États, dominations et seigneuries qui nous appartiennent et peuvent nous appartenir dans les Pays-Bas, droits et autres actions qui nous sont échus en vertu de la succession des États. Nous voulons qu'aussitôt que Dieu nous aura retiré de cette vie, ledit duc d'Anjou soit appelé et soit roi, comme *ipso facto* il le sera, de tous, nonobstant toutes sortes de renonciations et actes qu'on ait faits au contraire, parce qu'ils manquent de justes raisons et de fondements. Nous ordonnons aux prélats, grands, ducs, marquis, comtes et personnes aisées, aux prieurs et commandeurs, gouverneurs de forteresses, aux chevaliers, chefs, justiciers, et à tous les conseils, administrateurs de justice, prévôts, échevins, officiers et gens de bien de toutes les cités, villes, paroisses et terres de nos royaumes et seigneuries, et à tous vice-rois et gouverneurs, châtelains, commandants, gardes des frontières deçà et delà la mer, et tous autres ministres et officiers, tant du gouvernement de la paix que des armées et flottes sur terre et sur mer, et aussi en tous nos royaumes et États de la couronne d'Aragon, de Castille, de Navarre, Naples et Sicile, et État de Milan, Pays-Bas, et en tout autre lieu à nous appartenant, et à tous nos autres vassaux et sujets naturels, de quelque qualité et prééminence qu'ils puissent être, en quelques lieux qu'ils habitent et se trouvent, pour la fidélité, loyauté et vasselage qu'ils nous doivent et sont obligés comme à leur roi et seigneur naturel, en vertu du serment de fidélité et hommage qu'ils nous ont fait et dû faire, que, lorsqu'il plaira à Dieu de nous retirer de cette vie, ceux qui se trouveront présents, sitôt qu'il viendra à leur connoissance, conformément à ce que les lois de nos susdits royaumes, États et seigneuries ordonnent en pareil cas et à ce qui se trouve établi par ce testament, qu'ils aient à recevoir le susdit duc d'Anjou (en cas que je vienne à mourir sans successeur légitime) pour leur roi et seigneur naturel, propriétaire de nosdits États, royaumes et seigneuries en la forme déjà réglée; qu'on arbore les étendarts pour son service en faisant les actes des solennités qu'on a coutume de faire en pareil cas, conformément à la coutume de chaque royaume et province; et qu'ils prêtent et fassent prêter et montrent la fidélité et obéissance que, comme sujets et vassaux, ils sont obligés à leur roi naturel. Et nous ordonnons à tous les commandants des forteresses, châteaux et maisons pleines et à leurs lieutenants, de quelques villes, villages et lieux que ce soit, qu'ils rendent hommage selon les coutumes d'Espagne, de Castille, d'Aragon et de Navarre, eux et tous ceux qui leur appartiennent; et, dans l'État de Milan et autres États et seigneuries, selon la coutume de la province et lieu où ils se trouveront, le gardant pour le service dudit duc d'Anjou tout le temps qu'il leur sera ordonné, pour le remettre par son ordre à celui qui leur sera envoyé, leur ordonnant de faire accomplir exactement tout ce qui a été dit, pour ne pas s'attirer les peines que méritent les rebelles et désobéissants à leur roi par leur violement de la foi et la loyauté qui lui est due.

[J'ai cru devoir rapporter à la lettre ces deux articles, afin que le sens n'en soit en rien altéré et d'autant qu'ils font partie d'un testament peut-être unique en son espèce et tout à fait singulier par rapport aux clauses qu'il contient et à l'éloignement qu'il y avoit eu de tout temps entre les deux nations, joint à cela que ces sortes de pièces deviennent fugitives par les laps de temps. Du reste, il ne m'appartient pas de décider si ce testament rappeloit avec justice l'héritier dans son ordre naturel, en annulant toutes les renonciations solennelles antécédentes et les dispositions testamentaires des autres rois d'Espagne, ces sortes d'affaires ne se disputant pas, comme celles des particuliers, par les règles de la jurisprudence, mais par la loi du plus fort.]

La première chose que fit Sa Majesté, après la réception des lettres de la junte ou régence d'Espagne et du testament, fut d'assembler son Conseil, devant lequel le fait fut exposé. Les sentiments se trouvèrent d'abord partagés; [les uns ne furent pas d'avis de l'accepter, à cause de l'engagement précédent du partage et des guerres que l'on voyoit bien qu'il faudroit soutenir contre le compétiteur et contre le reste de l'Europe, qui ne souffriroit jamais une telle résolution, et qui lui étoit si périlleuse, sans tâcher de l'empêcher de toutes ses forces par la voie des armes, dont le succès est incertain; ce qui pourroit bien mettre la France en grand danger, épuisée qu'elle étoit déjà des guerres précédentes, dont elle ne faisoit que de sortir, ou tout au moins la dénueroit tellement d'hommes et d'argent qu'elle n'en pourroit revenir de très longtemps; car l'extrême foiblesse des Espagnols, toujours à charge à leurs protecteurs, ne donnoit pas lieu d'espérer d'en tirer un secours qui pût servir à la décharge de la France. Au contraire, on jugeoit qu'il en faudroit faire tous les frais et diviser ses forces en autant de parties que la monarchie espagnole avoit d'États séparés. D'où on concluoit avec grande raison qu'il étoit fort difficile d'empêcher que l'Angleterre et la Hollande, secondées des forces de l'Allemagne, et deux États si puissants sur la mer et en argent, ne trouvassent un foible en quelque part où s'établir; ce qui pourroit, avec les malintentionnés au gouvernement présent, entraîner une perte totale de cette monarchie, avec la ruine évidente de la France, qui en auroit fait tous les frais.]

[D'un autre côté, le brillant et l'éclat de tant de couronnes qui s'offroient pour un cadet de la maison de France flattoient trop doucement les yeux et le cœur. Le moyen de résister à tant d'appâts et de gloire, quand on est naturellement prévenu par l'ambition et que le penchant d'y satisfaire est celui qui domine! Ainsi, tous les raisonnements plausibles y cédèrent; on n'en chercha plus que pour les détruire, et on alla se persuader que, si ce testament fatal n'étoit accepté par la France, il mettroit, par son refus, la maison d'Autriche en plein droit d'être appelée et reconnue par tous les peuples de cette vaste monarchie. Mais on ne voulut pas songer, tant on étoit prévenu, que la même raison, pour maintenir l'équilibre dans l'Europe, subsistoit à l'égard de la maison d'Autriche comme à celui de la maison de France et que les autres puissances, et notamment l'Angleterre et la Hollande, les deux plus puissantes, ne permettroient jamais, sans se forger des fers, que l'une ou l'autre maison possédât tranquillement la totalité de cette belle succession et qu'elles prendroient infailliblement, pour l'empêcher, le parti de l'une ou de l'autre et risqueroient le tout pour le tout.]

Toute cette probabilité ne servit de rien. La France étoit trop enchantée de ses prospérités dernières; les peuples en sont dociles; l'autorité despotique n'y est que trop bien établie. Il fut donc résolu dans le Conseil d'accepter le testament, sans aucune restriction. Le Conseil étant levé, Sa Majesté fit venir dans son cabinet Mgr le Dauphin, les princes ses fils, Mgr le duc d'Orléans, Mgr le duc de Chartres, MM. les princes du sang, l'ambassadeur d'Espagne résidant à sa cour[1] et quelques grands seigneurs, et, s'adressant à Mgr le duc d'Anjou, il lui dit ces paroles, ou l'équivalent : « Le feu roi d'Espagne vous appelle par son « testament pour être son successeur en tous ses « royaumes et pays. Il est mort; les peuples vous « demandent, et je vous salue roi de cette monarchie, « en vous souhaitant toute sorte de gloire, de bonheur « et de prospérité. » En même temps, il l'embrassa et lui donna la droite[2]. Mgr le Dauphin et les princes ses frères en firent autant, et le Roi, adressant la parole à l'ambassadeur d'Espagne, lui dit : « Monsieur, voilà « votre roi. » En même temps, ce ministre se jeta à ses genoux et fut le premier de tous les Espagnols qui lui

---

1. Manuel de Semmenat, marquis de Castel-dos-Rios, arrivé en 1698; Philippe V le fit grand d'Espagne en 1701 et vice-roi du Pérou en 1702.

2. C'est-à-dire : le fit placer à sa main droite. — Pour cette scène, voyez le *Journal de Dangeau*, t. VII, p. 417-422, les *Mémoires de Sourches*, t. VI, p. 308-310, ceux *de Saint-Simon*, t. VII, p. 320 et suivantes, etc.

rendit hommage. Peu après, les deux rois sortirent du cabinet, et toute la cour salua le nouveau roi.

Incontinent après cette démarche solennelle, Sa Majesté la notifia à la cour de Madrid par un courrier exprès, et, dès qu'il fut arrivé et eut remis ses dépêches, le nouveau roi y fut proclamé sous le nom de Philippe V, avec de grandes acclamations des peuples. Aussitôt, la régence envoya ordre à tous les vice-rois et gouverneurs de cette monarchie d'en user de même, chacun à part soi ; et tout cela s'exécuta universellement, sans la moindre contradiction et avec beaucoup de démonstration d'une joie extrême.

Dès que cela fut fait, on songea à faire partir le nouveau roi, qui fut accompagné par les princes ses frères jusques aux limites qui séparent les deux royaumes [1]. Étant arrivé à Madrid, il fut reçu et couronné avec toute la pompe, la solennité et les acclamations qu'il pouvoit désirer.

Sans qu'il soit ici besoin d'un ample récit, on peut facilement s'imaginer la surprise et l'étonnement de presque toute l'Europe sur un pareil événement, et si peu attendu. Le Roi, qui en étoit bien persuadé, et qui pourtant vouloit tâcher d'éviter une guerre dont il prévoyoit les conséquences, surtout dans le nouvel avènement du roi son petit-fils, dépêcha incontinent un ambassadeur en Hollande [2], avec une de ses lettres

---

1. Il y a diverses relations de ce voyage, notamment une du duc de Bourgogne lui-même, imprimée en 1759 dans les *Curiosités historiques ou Recueil de pièces utiles à l'histoire de France*, t. II, p. 93-250. Le départ eut lieu le 4 décembre 1700, et le Roi conduisit son petit-fils jusqu'à Sceaux.

2. Gabriel, comte de Briord, qui avait été envoyé à Turin en 1697 ; il fut fait conseiller d'État en 1701 et mourut en 1703.

et un mémoire qu'il présenta aux États-Généraux le 4 décembre.

[Comme ce sont des pièces principales qui deviennent fugitives, et que le mémoire est d'une tournure singulière, je ne puis m'empêcher de les rapporter ici; je vais commencer par la lettre.]

[Très chers grands amis, alliés et confédérés,

La tranquillité de l'Europe est si solidement établie par la juste disposition que le feu roi d'Espagne, notre très cher et très aimé frère, a faite de ses royaumes et États en faveur de notre très cher et très aimé petit-fils, Philippe V, présentement roi d'Espagne, que nous ne doutons pas de la part que vous prendrez à son avènement à la couronne d'Espagne. Nous lui avons déjà fait connoître ici l'affection véritable que nous avons pour vous, et, comme nous sommes persuadés que ses sentiments seront conformes aux nôtres, l'étroite intelligence qui sera désormais entre notre couronne et celle d'Espagne nous donnera de nouveaux moyens de vous marquer l'intérêt que nous prenons à ce qui vous regarde et l'amitié sincère que nous avons pour vous. Le comte de Briord, notre ambassadeur extraordinaire, vous en donnera de nouvelles assurances. Et cependant, très chers grands amis, alliés et confédérés, nous prions Dieu qu'il vous ait en sa sainte et digne garde. Écrit à Versailles, le 29 novembre 1700.]

[Pour ce qui regarde le mémoire, il étoit conçu en ces termes :

[Si Messieurs les États-Généraux des Provinces-Unies paroissent présentement surpris que le Roi ait accepté le testament du feu roi d'Espagne, ils remercieront bientôt Sa Majesté de préférer en cette occasion le repos public aux avantages de sa couronne. Il suffira qu'ils aient le sens d'examiner avec leur prudence ordinaire les troubles infinis que l'exécution du traité de partage produiroit, et cette même prudence les fera désister de la demande contenue dans le mémoire qu'ils ont remis à l'ambassadeur de Sa Majesté. Ils avoueront que le malheur de l'obtenir seroit commun à toute l'Europe, et certainement ils jugeront que rien n'est plus opposé au traité que d'en abandonner l'esprit pour s'attacher uniquement aux termes.]

[Car, enfin, il a fallu, dans cette conjoncture, distinguer l'un et l'autre. L'esprit et les termes du traité étoient unis pendant que le roi d'Espagne a vécu; mais les dernières dispositions de ce prince et sa mort y mettent une telle différence, que l'un est absolument détruit si les autres subsistent; le premier maintient la paix générale, les termes causent une guerre universelle. Cette seule objection vraie décide du choix à faire pour se conformer à l'objet principal du traité tel qu'il est exprimé par ses premiers articles.]

[Maintenir la tranquillité générale de l'Europe, conserver le repos public, éviter une nouvelle guerre par un accommodement des disputes et des différends qui pourroient résulter au sujet de la succession d'Espagne ou par l'ombrage de tant d'États soumis sous un même prince; c'est pour de tels motifs que le Roi a pris avec ses alliés les mesures nécessaires pour prévenir la guerre que l'ouverture de la succession d'Espagne sembloit devoir exiger.]

[La vue de Sa Majesté n'a pas été d'acquérir par un traité les royaumes de Naples et de Sicile, la province de Guipuzcoa et le duché de Lorraine; ses alliés n'avoient aucun droit sur ces États; peut-être auroit-elle obtenu des avantages plus considérables par ses armes si elle avoit eu dessein de les employer à l'occasion de la mort du roi d'Espagne; mais, son principal objet étant de maintenir la paix, elle a traité sur cet unique fondement et a permis à Mgr le Dauphin de se contenter du partage destiné à lui tenir lieu de tous ses droits sur la succession entière de cette monarchie.]

[Il arrive donc que les mesures prises dans la vue de maintenir la tranquillité publique produisent un effet tout contraire, qu'elles engagent toute l'Europe dans une nouvelle guerre, s'il devient nécessaire pour conserver la paix d'user de moyens différents de ceux qu'on s'y étoit proposé. Si cette route nouvelle ne cause aucun préjudice aux puissances alliées de Sa Majesté, le seul désavantage retombe sur elle. Qu'elle veuille bien sacrifier ses propres intérêts au bonheur général de la chrétienté, non seulement il dépend de Sa Majesté de le faire, mais encore a-t-elle lieu de croire que ses alliés loueront sa modération, son amour pour la paix, plutôt que de se plaindre d'un changement que le bien public demande; qu'ils la remercieront d'une résolution qu'il étoit impossible de différer sans s'exposer en même temps aux longues et sanglantes guerres que Sa Majesté, de concert avec eux, a voulu prévenir.]

[On en voyoit déjà les premières apparences : les Espagnols, jaloux de conserver leur monarchie entière, se préparoient de tous côtés à la défense; le Milanois, les royaumes de Naples et de Sicile, les provinces, les places comprises dans le partage, tout se mettoit en état de se maintenir unis au corps de la monarchie d'Espagne; la nation demandoit seulement pour s'opposer à la division un roi qu'elle pût légitimement reconnoître, et, quoique l'inclination de tous les États des royaumes d'Espagne fût universellement portée pour un prince de France, les sujets de cette monarchie auroient été fidèles à ceux que la disposition du feu roi Catholique leur indiqueroit, au refus d'un fils de Mgr le Dauphin.]

[Ils n'étoient plus incertains que sur l'acceptation; car, enfin, le feu roi ayant rendu justice au véritable héritier, son refus auroit autorisé l'Espagne à se soumettre à l'Archiduc. Personne apparemment ne doutera que l'Empereur n'eût accepté le testament; la succession d'Espagne pour son second fils auroit été le but de ses longues négociations à Madrid; ses traités dans l'Empire étoient pour la même fin; il n'auroit refusé de souscrire à celui de partage que dans cette unique espérance. Il seroit bien difficile de persuader que, prêt de recueillir le fruit de tant de peines, il eût voulu le perdre et se contenter des mêmes offres qu'il auroit constamment rejetées.]

[Ainsi, l'Archiduc devenant roi d'Espagne du consentement de toute la nation, il falloit, pour exécuter le traité, conquérir les royaumes et États réservés pour le partage de Mgr le Dauphin; il n'y avoit plus de lieu d'alléguer le sort fait aux légitimes héritiers; leurs droits avoient été reconnus; il falloit attaquer un prince déclaré successeur de tous les États de la monarchie.]

[Ses nouveaux sujets accoutumés à la fidélité envers leurs maîtres, instruits du refus des véritables héritiers, auroient été aussi zélés pour lui que toujours ils l'ont été pour les rois précédents. Messieurs les États-Généraux, informés par le Roi de toutes ses démarches pour l'exécution du traité, savent que Sa Majesté, sollicitant ouvertement les princes de l'Europe d'entrer dans les mêmes engagements, n'a jamais tenté par des voies secrètes la fidélité des sujets du feu roi Catholique. Elle n'avoit donc aucune intelligence, ni dans les royaumes de Naples et de Sicile ou dans aucun des États compris dans le partage de Mgr le Dauphin; la force ouverte étoit l'unique moyen de les attaquer; mais la guerre, une fois commencée, après avoir refusé la justice que le feu roi Catholique vouloit faire aux princes de France, étoit difficile à terminer; un roi possesseur de toute la monarchie d'Espagne et sans aucune condition auroit été réduit à de grandes extrémités avant que de céder les royaumes de Naples et de Sicile, la province de Guipuzcoa, le duché de Milan et les autres pays et places dont le partage de Mgr le Dauphin devoit être composé.]

[Il est inutile d'examiner quelles auroient été les suites de cette guerre; elle étoit inévitable, et cette certitude suffit pour faire voir que les sages précautions prises pour maintenir une paix inviolable en Europe étoient absolument renversées par les mêmes moyens qu'on auroit jugés seuls propres à l'entretenir.]

[On dira peut-être que l'Empereur, connoissant les inconvénients de la guerre, les incertitudes, les malheurs qu'elle entraîne avec elle, auroit accepté le traité; que, renonçant au testament, il auroit obligé l'Archiduc à se désister de ses droits et à se contenter du partage stipulé pour lui.]

[L'Empereur étoit véritablement maître de le faire; mais ses refus précédents, portés jusques à l'extrémité, permettoient-ils de croire qu'il prît ces résolutions? Quand même il les auroit prises, le repos public en étoit-il plus assuré? Le duc de Savoie est sans aucun engagement; il est appelé par le testament au défaut des princes de France et de l'Archiduc. Quelle offre pourroit-on lui faire assez considérable pour l'empêcher de faire valoir ses nouveaux droits et pour balancer les avantages qu'il en pouvoit espérer?]

[On ne dira pas que les puissances alliées l'auroient substitué à l'Archiduc, puisqu'on suppose que l'Empereur auroit accepté le traité, que l'échange à lui proposé est infiniment inférieur à ce que l'avenir lui présente; et son intérêt particulier ne l'obligeoit-il pas à faire valoir le testament en faveur du prince qui auroit voulu s'y conformer?]

[Enfin, la disposition faite par le roi Catholique produisoit encore de nouveaux embarras pour le choix du prince à substituer à l'Archiduc. Puisque Messieurs les États-

Généraux rappellent cet article secret du traité, ils auront apparemment examiné quel étoit le prince en état de soumettre les Espagnols à son obéissance; lequel auroit voulu, malgré la nation, monter sur le trône d'Espagne et soutenir les restes de la monarchie démembrée contre les entreprises de l'Archiduc, autorisé par testament du feu roi, et contre celles du duc de Savoie, intéressé à maintenir ses dernières dispositions. Il ne paroît pas qu'on eût aisément accommodé tant de différends, sans apporter le moindre trouble à la tranquillité générale; on ne pouvoit prévoir au contraire qu'une guerre universelle. Il falloit donc employer, pour conserver la paix, des moyens différents de ceux qu'on s'étoit proposé en signant le traité.]

[Le plus naturel, le plus conforme au maintien de la tranquillité générale, le seul juste consistoit dans la résolution que le Roi a prise d'accepter le testament du feu roi Catholique. Si quelque prince a droit de s'opposer à ses dernières dispositions, il suffit de les lire pour juger que ce droit appartient à Mgr le Dauphin. Lorsqu'il veut bien s'en désister en faveur de son fils, le testament s'exécute sans trouble, sans effusion de sang, et les peuples d'Espagne reçoivent avec la paix un prince que la naissance, la disposition du feu Roi, les vœux unanimes de tous les États de la monarchie appellent à la couronne.]

[Si quelque puissance entreprenoit d'attaquer autant de droits réunis, elle se chargeroit inutilement du nom odieux de perturbateur du repos public; elle commenceroit une guerre injuste, sans apparence de succès. Mais, si cette guerre paroissoit juste lorsqu'elle seroit entreprise par les puissances qui se croiroient intéressées à traverser les avantages d'un prince de France, seroit-il de l'équité du Roi, de sa tendresse pour le roi d'Espagne, de tourner ses armes contre une nation dont le seul démérite seroit d'apporter à son nouveau roi, petit-fils de Sa Majesté, la couronne d'une des plus puissantes monarchies de l'Europe et de lui demander pour toute grâce de vouloir bien l'accepter?]

[L'élévation des rois ne les peut dispenser de faire connoître l'équité des guerres qu'ils entreprennent. Quelles raisons Sa Majesté, juste comme elle est, pourroit-elle donner de reprendre les armes pour séparer une monarchie entièrement déférée au légitime héritier? On avoit voulu le priver de ses droits; l'Empereur, se croyant assuré des intentions du feu roi d'Espagne, se promettoit d'en recueillir toute la succession. La justice, l'honneur, l'intérêt de la couronne, la tendresse paternelle obligeant également le Roi à soutenir de toutes ses forces les droits de Mgr le Dauphin, les succès précédents instruisant de ce qu'on devoit craindre de l'effort de ses armes, le roi d'Angleterre et les États Généraux désirant également de prévenir la guerre, le Roi y consentit. Mgr le Dauphin voulut bien abandonner la plus grande partie de ses droits, à condition que les États qu'il s'étoit réservés lui seroient assurés. Ce désir égal de maintenir la paix produisit le traité, et c'est ainsi que, par de sages précautions prises pendant la vie d'un prince dont les fréquentes et dangereuses maladies annonçoient une mort prochaine, on crut rendre justice aux véritables héritiers et établir en même temps le fondement d'une paix solide dans l'Europe. Les disputes exécutées sur la validité de la renonciation de la feue Reine servirent de motif à cet accommodement.]

[En effet, il eût été inutile si la nullité de cette renonciation eût été aussi bien reconnue pendant la vie du feu roi Catholique qu'elle a été déclarée par son testament.]

[Enfin, il étoit nécessaire que le Roi voulût bien expliquer positivement s'il acceptoit le testament tel qu'il est en faveur du Roi, son petit-fils, ou bien si Sa Majesté le refusoit absolument. Il n'y avoit point de milieu, point de changement à proposer. Sa Majesté acceptant le testament, les droits sur toute la succession passent incontestablement à ce nouveau roi d'Espagne. Il ne lui est point permis de les séparer, d'accepter une partie de la succession et de refuser l'autre].

[Le refus du testament transportoit tous les droits à l'Archiduc, et il ne restoit pas même aux véritables héritiers de raison légitime de se plaindre si on leur eût fait quelque injustice. Par conséquent, en quelque cas que ce soit, Sa Majesté, voulant maintenir les conditions du traité, étoit obligé d'attaquer un prince légitime possesseur de la couronne d'Espagne, et toutefois les mesures qu'elle avoit prises avec ses alliés regardoient seulement le partage de la succession d'un prince dont la mort paroissoit prochaine.]

[Puisque la guerre étoit inévitable et injuste, si le Roi eût pris la résolution de s'en tenir aux termes du traité de partage, Messieurs les États-Généraux n'ont aucun sujet de se plaindre que Sa Majesté l'ait prévenue en acceptant le testament, à moins que cette résolution ne leur cause quelque préjudice. Jusques à présent, on ne le découvre point. La seule vue qu'ils ont eue est d'assurer la tranquillité générale, et on leur doit la justice de déclarer qu'ils n'ont stipulé pour eux-mêmes aucun avantage particulier : nulle province, nulle place, nul port de mer dépendant de la monarchie d'Espagne, soit dans l'ancien ou dans le nouveau monde, nul article écrit pour faciliter leur commerce. Ils ont proprement fait l'office des médiateurs désintéressés entre le Roi et l'Empereur; ils ont voulu pacifier les troubles que les différends réciproques sembloient devoir bientôt produire. Si l'Empereur eût marqué le même désir de maintenir la paix, il eût souscrit au traité. Les engagements pris alors entre les seules parties véritablement intéressées auroient été différents; mais il n'y a de traité qu'avec les médiateurs, et Messieurs les États-Généraux, informés de toutes les démarches du

Roi par rapport au traité, savent l'inutilité des instances faites à Vienne au nom de Sa Majesté; ils savent que l'Empereur, persuadé que l'Archiduc seroit appelé à la succession entière des royaumes d'Espagne, ne vouloit s'engager à la séparation des États de cette monarchie qu'autant qu'elle lui auroit été utile pour étendre son autorité en Italie. Qu'ils se plaignent donc de l'Empereur et de ses refus continuels, s'ils voient avec peine que Sa Majesté ait accepté le testament.]

[Quoique le mémoire remis par leur ambassadeur puisse donner lieu de le croire, elle veut cependant surseoir encore son jugement jusques à ce qu'ils aient fait de plus sérieuses réflexions sur ce grand événement. Elle connoît la sagesse des conseils de la République. Toutes choses bien examinées, Messieurs les États-Généraux trouveront peut-être que tant d'États considérables acquis à la France suivant la disposition du traité pouvoient donner une juste jalousie de sa puissance, et, s'il dépendoit d'eux de choisir, les apparences sont qu'ils préféreroient encore, à l'exécution du traité selon les termes, l'état présent de la monarchie d'Espagne gouvernée par un prince de France sans division de ses États. Les peuples, en Angleterre et en Hollande, prévenoient déjà ce que le gouvernement décideroit en cette occasion, et les plaintes sur l'union des royaumes de Naples et de Sicile à la couronne de France marquoient ouvertement leur inquiétude pour le commerce de la Méditerranée.]

[Si le roi d'Espagne est prince de France, sa haute naissance, son éducation et l'exemple lui font connoître ce qu'il doit à sa gloire, au bien de ses peuples, aux intérêts de sa couronne. Ces considérations seront toujours les mêmes dans son esprit; elles le porteront à relever la splendeur de sa monarchie; et d'ailleurs la tendresse du Roi pour Sa Majesté Catholique seront certainement la plus forte barrière, l'assurance la plus solide que l'Europe pouvoit désirer, et, si l'intention du Roi à maintenir la paix permettoit encore la moindre crainte des desseins de Sa Majesté, on prendroit bien plus d'ombrages de trop d'États réunis sous un même prince si le traité pouvoit avoir son exécution.]

[Ces réflexions persuaderont apparemment Messieurs les États-Généraux que la justice, le bien de la paix, l'esprit même du traité ne permettoient pas que le Roi prît d'autres résolutions que celle d'accepter le testament du feu roi d'Espagne, qu'elle convient aux intérêts particuliers de la république de Hollande, qu'elle est conforme à ceux de toute l'Europe.]

[Le malheur seroit donc général s'il étoit possible que Sa Majesté eût égard, après la déclaration qu'elle a faite, aux instances contenues dans leur dernier mémoire, et véritablement elle est persuadée que jamais ils n'ont eu intention d'en obtenir l'effet. Ils sont trop éclairés pour avoir formé des vœux contraires à leurs lumières et aux véritables intérêts de leur république. S'ils étoient capables de s'oublier assez pour souhaiter effectivement que Sa Majesté voulût exécuter les conditions du traité, ils auroient fait voir les moyens assurés de consommer le partage sans guerre, et du consentement général de toute l'Europe; ils auroient au moins nommé les princes prêts à joindre leurs forces pour en garantir les articles; ils auroient dénoncé celles que la république d'Hollande auroit données, soit par terre, soit par mer. Le mémoire, cependant, ne contient rien de semblable. Messieurs les États proposent seulement d'accorder à l'Empereur le terme de deux mois porté par l'article secret du traité. Ont-ils déjà perdu le souvenir qu'il y a sept mois que ce prince délibère, que ses réponses aux différentes instances qu'on lui a faites contenoient seulement un refus absolu de souscrire au partage? Qu'ils examinent quel auroit été le fruit de cette nouvelle proposition : l'Empereur refusoit le partage sur la simple espérance que le roi d'Espagne appelleroit l'Archiduc à la succession. Cette espérance étoit vaine alors, et l'effet l'a vérifié; cependant, si elle étoit capable de suspendre les résolutions de l'Empereur, que ne seroit pas à présent la certitude qu'il auroit de procurer à l'Archiduc toute la succession d'Espagne; car, enfin, le délai de deux mois proposé en cette occasion par les États-Généraux auroit été regardé avec raison par les Espagnols comme un refus que le Roi auroit fait du testament du feu roi Catholique. Il n'y avoit pas d'apparence d'exiger d'eux d'attendre une réponse pendant un si long espace de temps; encore cette réponse, suivant les termes du traité, ne pouvoit être qu'un refus. Ainsi, la régence d'Espagne étoit obligée, pour se conformer aux intentions du feu roi Catholique, de déférer la couronne à l'Archiduc, et l'Empereur obtenoit, par le simple délai que Messieurs les États proposent, ce qu'il a recherché avec tant de peine. Ainsi, sous le prétexte spécieux de l'exécution du traité, ils assuroient à jamais la grandeur et la puissance de la maison d'Autriche.]

[Sa Majesté veut bien croire qu'ils n'ont pas eu ce dessein; il connoît trop l'intérêt qu'ils ont de mériter par leur bonne conduite l'honneur de son affection et la continuation de sa bienveillance. Elle s'assure donc que, faisant plus de réflexion qu'ils n'ont faite aux témoignages qu'elle donne de son attention au maintien du repos public, au sacrifice qu'elle veut bien faire dans cette vue des États considérables qu'elle regardoit comme devant être unis à sa couronne, ils changeront leurs plaintes en remerciements, et, félicitant au plus tôt le roi d'Espagne sur son avènement à la couronne, ils tâcheront de mériter du Roi les mêmes marques de bonté qu'eux et leurs ancêtres ont reçues de Sa Majesté et des rois ses prédécesseurs.]

[Le comte de Tallard fut en même temps dépêché en Angleterre en qualité d'ambassadeur extraordinaire, où il présenta une lettre de Sa Majesté et un mémoire conçu dans le même esprit que ceux que je viens de rapporter. Cet ambassadeur n'y persuada rien; il prit bientôt son audience de congé et revint en France. On connoîtra dans peu les impressions que ces lettres et ces deux mémoires firent près de ces deux puissances, et les effets qu'ils produisirent. Après cette démarche de la part du Roi, venons à celles qui suivirent.]

Depuis le traité de Ryswyk, les États-Généraux avoient vingt-deux bataillons de leurs troupes répandus dans les places de la Flandre espagnole qui leur servoient de barrière. Il fut concerté avec l'électeur de Bavière, qui en étoit gouverneur, que le Roi y feroit passer de ses troupes ce qu'il conviendroit pour les assurer à Sa Majesté Catholique; et on prit sur cela de si justes mesures, qu'elles se trouvèrent en une même nuit aux portes de toutes ces différentes places, et y furent introduites à l'insu des troupes hollandoises par les ordres de l'Électeur; mais on fit dire à ces troupes qu'elles demeurassent tranquilles, et qu'elles étoient en une entière sûreté. Il me semble même qu'elles continuèrent quelque temps à y faire le service conjointement avec les Espagnols et les François qu'on y avoit introduits, tant elles furent dociles[1].

D'un autre côté, Sa Majesté fit négocier des alliances

1. C'est le 6 février au matin que les troupes françaises entrèrent par surprise dans les places des Pays-Bas espagnols qui avaient des garnisons hollandaises et les désarmèrent. Mais, au lieu de garder ces troupes prisonnières, Louis XIV

chez des puissances étrangères, [ou tout au moins des neutralités;] mais on ne put gagner en Allemagne, avec l'électeur de Bavière qui l'étoit déjà, que celui de Cologne, son frère, [et le duc de Wolfenbuttel[1], que l'Empereur remit bientôt dans son parti. Ainsi ce fut de l'argent et de la peine perdus.] Du côté d'Italie, le duc de Mantoue[2] entra dans les intérêts de la France et de l'Espagne, et il persévéra jusques à la fin. Le duc de Savoie n'en usa pas de même; car, quoiqu'il donnât la princesse sa fille en mariage au roi d'Espagne, et qu'il fût déclaré bientôt après généralissime des armées des deux Couronnes, et qu'on lui fît un parti très avantageux, il tourna casaque et se rangea dans la suite du côté de l'Empereur, où il crut mieux trouver son compte. C'est ce qu'on verra dans la suite de ces Mémoires.

Le Pape, le grand-duc de Toscane, les Vénitiens, qui favorisèrent pourtant sous main l'Empereur, et tous les autres États d'Italie, à l'exception du duc de Modène[3], demeurèrent neutres, [de même que les Suisses, qui ne laissèrent pas de donner des troupes aux Hollandois pour de l'argent, ainsi qu'ils faisoient à la France.]

[Pour fournir à tant de dépense, la capitation fut rétablie, et, comme elle n'étoit pas suffisante, elle fut

eut la magnanimité de les renvoyer libres dès le 11 février, ce dont les Hollandais profitèrent contre lui.

1. Rodolphe-Auguste, duc de Brunswick-Wolfenbuttel depuis 1666, mourut en 1704.
2. Ferdinand-Charles IV de Gonzague, duc en 1665, mort en 1708.
3. Renaud d'Este, duc de Modène depuis 1694, ne mourut qu'en 1737.

suivie d'une multitude d'édits bursaux qui ont toujours crû et augmenté jusques à présent au grand préjudice de cet État, et l'ont enfin affaissé à un point inexprimable, pendant qu'un tas de maltôtiers et de canailles de la lie du peuple se sont enrichis démesurément au dépens du plus pur sang de tout ce qui valoit incomparablement mieux qu'eux, et ont englouti tellement presque tout l'argent du royaume qu'on disoit alors qu'il falloit qu'il fût tombé dans un abîme, tant le discrédit et la disette en étoit grande. Mais finissons cette déplorable digression pour dire que l'Empereur tenta inutilement le prince de Vaudémont, gouverneur du Milanois pour le feu roi d'Espagne, de lui remettre cet État, et que, sur son refus, il se prépara à y envoyer une armée sous le prince Eugène de Savoie, un de ses généraux, qui s'est rendu si célèbre dans la suite.] Ceci fut cause que le Roi y envoya aussi une armée qui fut commandée d'abord par le maréchal de Catinat.

Pendant que tous ces préparatifs se faisoient de part et d'autre, Sa Majesté fit munir, à ses dépens, les places des Pays-Bas espagnols ; et l'on y fit une levée de quarante bataillons et de plusieurs régiments de cavalerie et de dragons, sous le nom postiche de troupes du cercle de Bourgogne. On ne cessoit de solliciter vivement les États-Généraux de reconnoître le nouveau roi d'Espagne, et, pour les y déterminer plus efficacement, Sa Majesté jugea à propos d'envoyer un autre corps de ses troupes dans la Gueldre espagnole, avec une grande quantité de grosse artillerie, d'autres attirails et des munitions de guerre et de bouche. Les Provinces-Unies se virent donc environnées de troupes presque de tous côtés, toutes prêtes à fondre sur elles.

Leur État étoit désarmé, aussi bien que l'Angleterre ; le premier, sous la bonne foi du traité de partage ; l'autre, par épargne, et par la jalousie de la nation, [et ce que les États-Généraux avoient conservé de meilleures troupes étoit encore dans les places des Pays-Bas espagnols comme détenues.] Toutes ces raisons, jointes au péril évident qu'ils couroient d'une seconde invasion de la France, plus facile que celle de 1672, parce qu'elle étoit maîtresse des places des Pays-Bas espagnols, et même de la Gueldre, où elle établissoit de gros magasins, engagèrent les États-Généraux des Provinces-Unies, pour gagner du temps, à faire deux démarches : la première, de reconnoître le nouveau roi d'Espagne ; l'autre, de demander à entrer en négociation, et qu'on laissât revenir dans leurs provinces les troupes hollandoises qui étoient dans les places des Pays-Bas espagnols. L'un et l'autre leur fut accordé, tant on avoit envie d'éviter la guerre. Le comte d'Avaux[1] fut dépêché en Hollande pour négocier ; mais l'événement a fait connoître qu'on s'étoit trop pressé de leur renvoyer leurs troupes, et qu'en cela on manqua de bonne politique.

Les États-Généraux firent part en même temps au roi d'Angleterre de ce qu'ils venoient de faire, et des raisons qui les y avoient engagés [et chargèrent leur envoyé extraordinaire près de sa personne de lui présenter le mémoire suivant :]

[« Le soussigné, envoyé extraordinaire des Provinces-« Unies, a ordre de représenter à Votre Majesté, avec

---

1. Tome I, p. 300. M. d'Avaux ne resta pas longtemps à la Haye ; il revint à Versailles dès le mois d'août 1701, ayant échoué dans ses négociations.

« tout le respect possible, que, Leurs Hautes Puissances
« ayant considéré que leur retardement à reconnoître le
« duc d'Anjou pour roi d'Espagne étoit mal interprété,
« comme si leur but n'étoit que de gagner du temps pour
« se mettre en état de prendre les armes, elles se sont
« crues obligées à reconnoître le duc d'Anjou, sans des
« restrictions qui n'eussent pu que leur attirer les irrup-
« tions de la France et la perte de leurs garnisons
« dans les places espagnoles dont elle s'est emparée;
« mais Leurs Hautes Puissances se réservent à stipuler
« dans les négociations prêtes à commencer avec leurs
« députés et ceux de France les conditions nécessaires
« pour assurer le repos de l'Europe.]

[« C'est dans ces conférences que les États-Généraux
« ont résolu de ne rien faire sans le consentement de
« Votre Majesté et des autres potentats intéressés à la
« conservation de la paix. Le soussigné envoyé extraor-
« dinaire a des ordres exprès d'en assurer Votre
« Majesté en particulier, et que les États ne feront
« aucune démarche que de concert avec elle, la priant
« qu'à cette fin, elle veuille envoyer les instructions et
« les ordres nécessaires à son ministre à la Haye pour
« agir conjointement en cette négociation, afin qu'il ne
« soit rien conclu sans la participation des uns et des
« autres, et jusqu'à ce que l'Angleterre et la Hollande
« trouvent également leurs sûretés. »]

[A quoi il ajouta que, « comme il peut arriver, dans
« la négociation, qu'il ne sera pas possible que les
« États-Généraux conviennent avec la France et l'Es-
« pagne sur des conditions raisonnables, et que, la négo-
« ciation étant rompue sur ces difficultés, les États pour-
« ront être attaqués par les nombreuses forces que la

« France a fait avancer jusque sur leurs frontières, ils
« auront alors besoin du secours de l'Angleterre. C'est
« dans cette pressante nécessité que leur envoyé a
« ordre de prier Votre Majesté d'ordonner que les
« secours leur seront envoyés en conformité des traités
« des deux nations afin qu'ils puissent compter
« là-dessus. »]

[Un prince moins sage que le roi d'Angleterre et aussi animé contre la France et son parti, ou bien qui auroit moins connu l'esprit et le génie de la nation angloise, auroit peut-être, en vertu des prérogatives royales, répondu de son chef à ce mémoire; mais, dans l'envie qu'il avoit de mieux réussir et de mieux frapper son coup, il en usa tout autrement, et, en le communiquant, comme il le fit, à son Parlement, c'étoit un moyen certain d'en tirer tous les secours et les subsides nécessaires en cas d'une rupture ouverte avec la France, contre laquelle il étoit extrêmement piqué à cause de la violation du traité de partage où il avoit eu tant de part dans l'envie qu'il avoit d'éviter une guerre certaine et générale dès que le décès de Charles II, roi d'Espagne, arriveroit, tout au moins de donner tant d'occupation à la France pour se maintenir dans les États qui lui étoient dévolus par ce partage, qu'elle ne pût, de longtemps, troubler et inquiéter ses voisins sur ce qui leur appartenoit. Dans le même temps que ce prince reçut ce mémoire de la part des États-Généraux, le jeune duc de Glocester vint à mourir[1]. Il étoit fils du prince de Danemark et

1. Guillaume de Holstein, duc de Glocester, né en 1689, mourut le 10 août 1700.

de la princesse Anne d'Angleterre, et par conséquent devenu, depuis la dernière révolution, héritier présomptif de ces couronnes; car le roi d'Angleterre n'eut point d'enfants de son mariage avec la sœur aînée de cette princesse.]

[Il se servit encore avec utilité de cet événement pour faire passer en manière de loi dans son Parlement la succession de ses royaumes dans la ligne protestante où nous la voyons aujourd'hui, avec peu d'apparence que le légitime héritier remonte jamais sur le trône de ses pères.]

[Le premier point du discours que le roi d'Angleterre tint à son Parlement roula sur ce sujet, et, dans le second, il n'eut pas moins d'efficace. Il leur représenta que la mort du roi d'Espagne, avec la déclaration de son successeur à cette monarchie, avoit fait un si grand changement dans les affaires de l'Europe, qu'il se trouvoit obligé de les prier de considérer fort mûrement l'état où elles étoient présentement, ne doutant pas qu'ils ne prissent là-dessus les résolutions les plus avantageuses qu'il seroit possible pour l'intérêt et la sûreté de l'Angleterre, pour la conservation de la religion protestante en général, et pour la paix de toute l'Europe. A quoi il ajouta, en s'adressant aux Communes, qu'il leur recommandoit d'accorder tels subsides qu'ils jugeroient à propos pour le service de cette année, par rapport à la conjoncture présente; d'avoir égard à l'état de la flotte, en considérant l'augmentation nécessaire à y faire; et, qu'étant le boulevard de la nation, elle devroit être augmentée et entretenue plus nombreuse et mise en bon état. Ce prince finit ce discours en exhortant le Parlement à prendre des résolutions si promptes, si unanimes et si vigoureuses sur des affaires aussi importantes que celles qui étoient devant eux, qu'il parût par ces résolutions, tant au dehors qu'au dedans, qu'ils étoient parfaitement unis ensemble, et que son sentiment étoit que rien ne pouvoit contribuer davantage à leur sécurité, que de se rendre considérables au dehors. Il en demeura là et ne s'ouvrit pas davantage.]

[La réponse du Parlement fut conforme aux désirs de Sa Majesté Britannique, et, après l'avoir remercié de la communication qu'il lui avoit plu de leur faire du mémoire des États-Généraux dont j'ai parlé, ils lui accordèrent non seulement des subsides considérables, mais consentirent de plus à ce que la flotte fût augmentée et mise en bon état, et le prièrent de faire, avec les princes et les puissances étrangères, tous les traités et alliances qu'il jugeroit bon être pour maintenir l'équilibre entre les puissances de l'Europe et la conservation de la paix.]

[Un autre événement concourut encore à faire obtenir à ce prince tout ce qu'il désiroit de son Parlement, et il sut sagement s'en prévaloir, quoiqu'il n'en fît pas grand cas : le duc de Melford, ministre et secrétaire d'État du roi Jacques[1], réfugié en France, écrivit une lettre en Angleterre par laquelle il donnoit de grandes espérances à ceux de son parti d'un prompt rétablissement du roi[2] son maître dans ses États, et surtout

---

1. Jean Drummond de Melfort (1650-1714), ancien secrétaire d'État de Jacques II, qui le créa duc en 1692, avait été disgracié en 1694 et relégué à Rouen.
2. La lettre était adressée, non pas en Angleterre, mais à son frère lord Perth à Saint-Germain. Elle alla à Londres par

en Écosse. Il n'est pas difficile de croire que, par là, il avoit envie de porter les Jacobites ou partisans du roi Jacques (c'est ainsi qu'on les nomma) à exciter quelques troubles qui divisassent l'Angleterre dans cette conjoncture. Quoi qu'il en soit, la lettre fut interceptée et ne fit d'autre effet que de faire exiler son auteur[1], afin de témoigner à l'Angleterre que la France le désapprouvoit et n'y avoit aucune part; mais le Parlement en prit occasion de supplier le roi d'Angleterre de donner les ordres nécessaires pour faire saisir les armes et les chevaux des catholiques et autres personnes suspectes, et de faire exécuter les lois en les faisant éloigner de la capitale, et d'abondant ils le supplièrent d'ordonner qu'on équipât incessamment telle flotte qu'il jugeroit nécessaire pour la défense de Sa Majesté et du royaume. Il lui fit incontinent réponse en leur témoignant que cette adresse lui étoit très agréable, et qu'elle ne manqueroit pas de satisfaire à tout ce qu'ils souhaiteroient pour leur défense et leur sûreté réciproque[2].]

[Ainsi tout sembloit accéder au roi d'Angleterre dans le Parlement, lorsqu'un nuage s'y éleva, qui menaçoit d'un prochain orage, que Sa Majesté Britannique ne laissa pas de dissiper par sa prudence.]

[Les seigneurs de la Chambre haute, puis les Communes, excités apparemment par le péril que leur

---

erreur, crut-on; mais on accusa Melfort de s'être laissé gagner par le roi Guillaume. Le texte de la lettre se trouve dans les *Mémoires de Lamberty*, t. I, p. 467-470.

1. On l'envoya à Angers.
2. Voyez les correspondances de Londres dans la *Gazette d'Amsterdam*, n°s XIX-XXIV.

royaume alloit courir par l'agrandissement de la maison de France, ou bien par une espèce de jalousie de leurs privilèges et de leur liberté, en ce que leur roi avoit fait négocier le traité de partage sans le leur avoir communiqué, et seulement par l'avis et le conseil des seigneurs de son conseil privé et notamment du Mylord Portland, qui l'avoit négocié et qui étoit Hollandois de nation, présentèrent à Sa Majesté Britannique des adresses très vives, en improuvant fort ce traité et disant, comme c'étoit la vérité, qu'il avoit donné lieu au testament du dernier roi d'Espagne, et qu'en mettant la France, au moyen de ce partage, en possession de tant de grands États de la monarchie d'Espagne, que cela ne s'étoit pu faire qu'avec la ruine de leur commerce, d'où elles concluoient avoir grande raison d'attribuer à ce traité les dangers qui menaçoient leur royaume et la paix de l'Europe. Mais le testament du feu roi d'Espagne et les dispositions de la France à n'en rien relâcher ayant tout à fait annulé ce partage, le roi d'Angleterre jugea très prudemment qu'il n'étoit pas à propos d'aigrir les esprits par des répliques inutiles, et, s'attachant uniquement au fait principal dont il s'agissoit alors, il chercha à les apaiser par une communication exacte de toutes les négociations qu'il faisoit et des mesures qu'il prenoit pour leurs intérêts communs. Cependant, le Parlement ne laissa pas de persister à supplier Sa Majesté Britannique d'éloigner pour toujours de ses conseils et de sa présence Mylord Sommers[1], grand chancelier, qui

1. Jean, lord Sommers (1651-1716), avait été nommé garde du grand sceau en mars 1693 et devint chancelier du royaume en décembre suivant.

avoit scellé le traité, Mylord Halifax et le comte d'Oxford[1], qui l'avoient aussi conseillé et approuvé, et le comte de Portland, qui l'avoit négocié, qu'ils exposoient par leur adresse[2] être si injuste de sa nature et si fatal à la nation pour les conséquences et à la paix de l'Europe. Mais, comme c'étoit s'adresser directement au roi, en la personne de ses ministres, ils voulurent, en quelque façon, adoucir une adresse si hautaine en la finissant par des assurances de l'assister toujours et de le soutenir de tout leur pouvoir contre leurs ennemis du dedans et du dehors.]

[Ce prince, pour calmer leurs agitations et les conduire à son but, ne blâma point l'aigreur de leur adresse, et chercha seulement à l'éluder, en les remerciant simplement des assurances, qu'ils lui avoient données si souvent et qu'ils venoient encore de lui réitérer, de l'assister toujours toutes fois et quantes il auroit besoin de leur secours, étant persuadé que rien ne pouvoit tant contribuer à leur affection et à leurs intérêts communs qu'une bonne correspondance entre lui et son peuple. « C'est pourquoi, con-
« tinuoit-il[3], vous pouvez vous assurer que je n'em-
« ploierai à mon service que les personnes qu'on jugera
« les plus propres à entretenir entre nous la mutuelle
« confiance si nécessaire dans cette conjoncture pour
« notre sûreté et pour la défense et la conservation de

---

1. Aubrey de Vere (1626-1703), dernier comte d'Oxford de cette ancienne famille, était membre du conseil privé.
2. Le texte de l'adresse est donné par la *Gazette d'Amsterdam* de 1701, n° xxxvii.
3. Le texte de cette phrase est copié par Saint-Hilaire dans la *Gazette d'Amsterdam*, n° xxxviii.

« nos alliés. » Quoique ce discours ne désignât rien de particulier, les Communes en parurent satisfaites et en remercièrent le Roi, qui d'ailleurs sembloit soumettre toute son autorité aux avis du Parlement, en ne faisant, comme dit a été, aucune négociation ni affaire d'importance sans leur consentement et sans la leur avoir communiquée.]

[Les affaires étoient en cet état en Angleterre, et on commençoit d'y armer lorsque Sa Majesté Britannique reçut une nouvelle dépêche des États-Généraux, par laquelle ils lui représentoient le grand besoin qu'ils avoient d'être secourus sans perte de temps, si on vouloit prévenir la ruine qui les menaçoit et le péril prêt à tomber sur leurs têtes. « C'est pourquoi, con-
« tinuoient-ils[1], Votre Majesté connoît parfaitement
« l'état de nos affaires, et elle pourra facilement juger
« s'il est possible de s'opposer aux forces de la France,
« si supérieures aux nôtres. C'étoit la raison qui nous
« a déjà obligés de représenter à Votre Majesté par notre
« envoyé près d'elle le besoin que nous avons de son
« secours dans cette nécessité si pressante, et d'être
« assistés selon les traités faits avec le roi Charles II en
« 1678 de l'approbation des Parlements. Nous réité-
« rons cette demande, afin que nous puissions avoir,
« le plus tôt qu'il sera possible, le secours stipulé par
« le traité. Nous espérons que Votre Majesté considé-
« rera mûrement l'état auquel nous sommes, et que
« votre Parlement s'intéressera avec vigueur à notre

---

1. Je ne sais où Saint-Hilaire a copié ce texte, que ne donnent pas les gazettes. On a déjà eu occasion de remarquer combien il était exactement renseigné sur les événements d'Angleterre.

« conservation. La nécessité ne peut être plus pres-
« sante. Que Votre Majesté en juge, aussi bien que son
« Parlement, par la conduite et les forces de la France :
« non contente de la possession qu'elle a prise de toutes
« les places des Pays-Bas qui appartiennent à l'Es-
« pagne, elle y met tous les jours des garnisons nom-
« breuses, et fait actuellement marcher des forces
« nombreuses et formidables de ces côtés-là. Ce n'est
« pas tout : ils tirent une ligne de l'Escaut, près
« d'Anvers, jusqu'à la Meuse, et ils en commencent
« une autre entre Anvers et Ostende, et ils envoient
« aussi une grande quantité de canons vers les places
« les plus à portée de nos frontières. Ils établissent
« des magasins en Flandre, en Brabant, en Gueldre et
« à Namur, et les remplissent de toutes sortes de pro-
« visions ; ils construisent des redoutes sous le canon
« de nos places. Outre cela, ils ont tâché et tâchent
« encore tous les jours de séparer de nos intérêts les
« princes nos amis, pour les attirer dans leur alliance
« ou les engager à la neutralité. Enfin, nos amis nous
« deviennent inutiles par leurs intrigues et les divisions
« qu'ils fomentent dans l'Empire; les leurs, au con-
« traire, augmentent, et nous sommes environnés de
« tous côtés; il n'y a que celui de la mer par où nous
« ne sommes pas renfermés. Notre état est plus dan-
« gereux que dans la guerre dernière, et pire que si
« nous étions actuellement en guerre ; car alors nous
« pourrions empêcher les François de construire des
« forts sous le canon de nos meilleures places, et de
« faire des lignes le long de nos frontières; mais la
« paix nous lie les mains. Que faire donc? Et quelles
« résolutions prendre? C'est qu'en cas que nous soyons

« attaqués, de submerger notre pays et de percer nos
« digues pour le mettre sous l'eau, afin que ces inon-
« dations nous servent de barrières contre l'invasion
« de l'ennemi.]

[« L'hiver nous a servi de quelque sûreté; mais,
« cette saison étant passée, nous sommes à la veille
« d'être envahis, si nous n'avons recours en cette
« extrémité à l'Angleterre, et si elle ne nous vient pas
« promptement secourir. Il est inutile, ajoutoient-ils,
« de représenter à Votre Majesté que la conservation
« de vos royaumes vous doit obliger à prévenir notre
« ruine, dont la leur est inséparable.]

[« Ces raisons, Sire, vous sont mieux connues qu'à
« nous, et nous sommes d'ailleurs persuadés que la
« générosité de Votre Majesté et l'affection qu'elle nous
« porte ne l'obligera pas moins que ses propres inté-
« rêts et ceux de la Grande-Bretagne à prendre soin
« de nous; qu'elle dirigera si bien les choses, par sa
« sagesse ordinaire et par les bonnes intentions de son
« Parlement, que l'Europe reconnoîtra qu'il n'y a rien
« qui contribue plus à sa sûreté que les alliances avec
« l'Angleterre et votre affection envers nous. » Cette
lettre étoit datée du 13 mai.]

[Le roi d'Angleterre l'envoya incontinent au Parlement, et l'accompagna d'un billet de sa main, écrit en
ces termes[1] : « Celle que je vous communique est de
« la dernière importance. Je connois parfaitement la
« Hollande, et je suis convaincu des motifs puissants
« qui ont obligé cette république à m'écrire en des
« termes si pathétiques, et je ne doute pas que les

1. Le texte de ce billet est donné, tel qu'il est ici, par la *Gazette d'Amsterdam*, n° XLII.

« Communes ne soient sensiblement touchées des dan-
« gers où sont exposés ses alliés, et ne prennent sur
« cela des résolutions efficaces, puisque de là dépend,
« non seulement le salut de la Hollande, mais aussi
« celui de l'Angleterre. »]

[Le Parlement, ayant lu cette lettre et le billet du roi, résolut unanimement de secourir incessamment les Provinces-Unies, et de mettre le roi au plus tôt en état d'appuyer ses alliés et de maintenir la liberté de l'Europe.]

[Mais, au milieu de tant de promesses, l'effet se trouvoit un peu lent. L'Angleterre voyoit avec peine la nécessité d'entrer dans une nouvelle guerre pour la sûreté de ses alliés et de leurs intérêts communs. Elle espéroit, dans le fond, que les négociations qui se faisoient en Hollande, auroient quelque succès qui pourroit détourner la guerre, et le Parlement, animé toujours contre le traité de partage, quoique devenu nul, et contre les quatre seigneurs qui l'avoient conseillé ou négocié, reprit feu tout de nouveau là-dessus, et les assigna à comparoître par devant lui, pour rendre compte de leur conduite, et commença de faire instruire leur procès; mais le roi d'Angleterre, jugeant sainement de l'intérêt de ne point aigrir cette affaire davantage, ne s'en voulut en rien mêler et les laissa débattre, et, ayant obtenu les subsides nécessaires et les autorisations pour faire toutes les alliances et prendre les autres mesures qu'il conviendroit à l'état présent des affaires, il prorogea le Parlement. Ainsi l'affaire des quatre seigneurs tomba d'elle-même, et il n'en fut plus parlé.]

[Pendant que tout ceci se passoit en Angleterre, le

comte d'Avaux arriva en Hollande, avec le caractère d'ambassadeur extraordinaire de France[1]. Les États-Généraux témoignèrent de la satisfaction de son arrivée par deux raisons : la première, parce que son mérite leur étoit connu par ses précédentes ambassades; la seconde, qu'ils espéroient que, puisque Sa Majesté leur envoyoit un tel homme, elle avoit envie d'éviter, de son côté, une guerre à laquelle ils répugnoient, cela étant fort naturel à un État qui ne désiroit pas de s'agrandir aux dépens de ses voisins, mais seulement de faire fleurir son commerce de plus en plus en se procurant une bonne et durable sûreté. Ils pouvoient encore en avoir une troisième, en cherchant à temporiser et à éviter le péril évident d'une seconde invasion de la part de la France, dont ils n'étoient pas encore en état de se garantir par la force des armes.]

[Le comte d'Avaux tâcha d'abord de leur faire goûter les raisons que le Roi avoit eues, disoit-il, pour le maintien de la paix, d'accepter le testament du feu roi d'Espagne et de ne s'en point tenir au traité de partage, qui, de soi, auroit occasionné une guerre indubitable. Mais son principal objet étoit d'employer toute la délicatesse de la négociation dont il étoit très capable, pour les maintenir en la bonne amitié du Roi et les séparer des intérêts des autres puissances, en leur donnant à espérer que le Roi leur accorderoit toutes sortes de sûreté pour leurs frontières du côté des Pays-Bas et tous les avantages qu'ils pouvoient raisonnablement désirer pour l'augmentation de leur com-

---

1. Il alla remplacer Briord malade.

merce; et c'étoit là les prendre par un endroit bien sensible.]

[Ils nommèrent donc des députés pour conférer avec lui, et on en espéroit quelques apparences de succès, qui s'évanouirent bientôt; car, dès les premières conférences, le comte d'Avaux refusa d'y admettre le ministre d'Angleterre, disant qu'il n'avoit d'ordre que de traiter avec eux, et qu'il ne le pouvoit faire sans des ordres particuliers du Roi son maître. Ainsi il y eut plusieurs courriers dépêchés en France à ce sujet.]

[Le roi d'Angleterre, étant informé parfaitement de ce qui se passoit en Hollande, rassembla son Parlement, et, dans l'exposition qu'il y fit, il n'oublia ni raison ni éloquence pour les porter unanimement à effectuer tous les subsides et secours qu'ils jugeroient nécessaires pour faire vigoureusement la guerre à la France, si on ne pouvoit la porter à un accommodement raisonnable qui pût assurer le repos et la tranquillité de toute l'Europe.]

[Le Parlement confirma de bonne foi tout ce qu'il avoit promis, et dressa les bills pour lever les subsides. Cela étant fait, le roi d'Angleterre prorogea de nouveau le Parlement et lui déclara qu'il alloit passer la mer pour se rendre en Hollande, où il jugeoit que sa présence étoit nécessaire pour prendre de plus près toutes les mesures convenables selon les occurrences.]

[Ces nouvelles, étant bientôt répandues, semblèrent changer un peu la disposition des affaires en leur donnant chaleur, en ce que le Roi consentit à la fin que le ministre d'Angleterre entrât aux conférences qui s'étoient entamées en Hollande. Dès les premières, il survint de la difficulté, en ce que les États-Généraux demandèrent que l'ambassadeur de France s'expliquât sur les sûretés que Sa Majesté voudroit bien leur donner et les propositions qu'il avoit à faire de sa part. Le comte d'Avaux leur répliqua qu'il avoit seulement ordre d'écouter les leurs et d'en rendre compte. Par ce moyen, la négociation fut encore accrochée, mais elle se reprit quelques jours après, les États-Généraux et le ministre du roi d'Angleterre s'étant déterminés à faire leurs propositions, qui consistoient principalement à ce que le Roi voulût bien donner une satisfaction raisonnable à l'Empereur sur la succession d'Espagne, et en particulier aux États-Généraux plusieurs places de Brabant, de la Flandre et de la Gueldre *sub presidii jure*, c'est-à-dire d'y mettre tel nombre de troupes en garnison qu'ils jugeroient à propos, et d'y ajouter toutes les fortifications nouvelles qu'ils estimeroient nécessaires, afin que, par ce moyen, ils pussent avoir une barrière solide, dans laquelle ils comprirent aussi Ostende et Nieuport, deux ports de mer à portée de l'Angleterre.]

[Pendant le temps qui se consomma à porter ces propositions à la cour de France et à recevoir la réponse, le roi d'Angleterre arriva en Hollande, où il fut reçu des États-Généraux et des peuples avec une joie inexprimable. On lui rendit compte de la situation des affaires, et, le Roi ne s'étant en rien voulu relâcher pour la satisfaction de l'Empereur, ni s'ouvrir sur la barrière demandée par les États-Généraux, les conférences se rompirent quelques jours après l'arrivée du roi d'Angleterre en Hollande. On jugea alors la guerre inévitable, le Roi ayant de plus jugé à propos de rappeler de Hollande le comte d'Avaux, qui y prit son audience de congé et s'en revint en France[1]. Cependant, on demeura dans l'inaction tout le reste de la belle saison sur la frontière des Pays-Bas, quoique le Roi y eût une belle armée qui pouvoit agir utilement, puisque la guerre étoit inévitable et que les Hollandois avoient très peu de troupes sur pied. Mais, à mon avis, le Roi hésitoit à la commencer par deux raisons principales : l'une, qu'il avoit en tête les deux plus habiles politiques de l'Europe, qui étoient l'Empereur et le roi d'Angleterre, lequel possédoit encore les vertus militaires dans un degré éminent; l'autre, la ruine apparente de son État, pour soutenir la monarchie espagnole, dont la protection avoit été depuis longtemps très onéreuse et très funeste à ceux qui la lui avoient donné, et que, cette monarchie étant composée de plusieurs parties fort éloignées les unes des autres, de difficile accès, où l'Empereur avoit des partisans et où il pourroit envoyer commodément des forces, ou ses alliés, il étoit moralement hors d'apparence de les soutenir également, étant si fort hors de portée de ses États, et presque impossible que ses ennemis ne trouvassent un foible en quelque endroit, ce qui causeroit infailliblement une longue et coûteuse guerre, dont il faudroit qu'il fît toutes les avances et tous les frais à cause de la foiblesse où étoit l'Espagne.]

[Malgré ces considérations, le Roi se résolut à ne rien relâcher de cette monarchie, et à préférer la guerre à tout accommodement. Ainsi les parties intéressées

---

1. Il rentra à Versailles le 21 août 1701 : *Dangeau*, t. VIII, p. 162, 163 et 174.

se disposèrent à tenter la fortune des armes et d'y mettre le tout pour le tout avant que la nouvelle domination d'Espagne fût solidement établie.] Dans cet esprit, on répandit de part et d'autre des manifestes dans toutes les cours, et on tâcha de se procurer des alliances, ou tout au moins des neutralités.

Le roi d'Angleterre et les États-Généraux firent plusieurs traités en Allemagne. Dix mille Anglois débarquèrent en Hollande; et ce prince y dressa ce fameux plan de guerre qui fut suivi après sa mort avec tant d'avantage pour son parti; [il repassa en Angleterre après avoir visité les places et les troupes des États-Généraux.]

Pendant son séjour en Hollande, la nouvelle y vint, aussi bien qu'à Londres, de la mort de Jacques II[1], roi seulement titulaire d'Angleterre, à qui le Roi avoit donné retraite avec une subsistance raisonnable en son château de Saint-Germain-en-Laye. Cet événement fut encore accompagné d'un autre qui acheva de déterminer absolument la nation angloise à la guerre et à fournir libéralement à cette dépense immense que nous lui avons vu faire depuis sans aucun murmure : le Roi, dans l'instant de cette mort, reconnut le prince de Galles, fils du défunt, pour roi d'Angleterre, le salua pour tel et lui donna tous les honneurs de la royauté[2]. Cette démarche, faite dans un temps où il

1. Il mourut le 16 septembre 1701, étant malade depuis plusieurs mois (*Dangeau*, t. VIII, p. 194; *Sourches*, t. VII, p. 118).

2. Louis XIV alla le 13 septembre à Saint-Germain pour annoncer au roi mourant qu'il reconnaîtrait son fils pour roi d'Angleterre, et il l'annonça à toute la cour (*Mémoires de Saint-Simon*, éd. Boislisle, t. IX, p. 287-288).

sembloit qu'on devoit ménager cette nation, que le roi Guillaume ne gouvernoit pas si aisément depuis la dernière paix, fut assez généralement improuvée, et irrita à un tel point tous les esprits des Anglois, qu'ils se livrèrent entièrement au roi Guillaume, et ne gardèrent plus de mesures dans leurs actions, ni de respect dans leurs paroles. Ils accusoient notre Roi, dans les termes les plus irrespectueux, de violer légèrement et de n'avoir aucun égard pour les traités les plus solennels, et disoient que sa gloire et son ambition étoient si véhémentes, qu'il se vouloit mettre en possession de donner des rois aux nations, afin d'opprimer totalement la liberté des peuples, renverser les lois, abolir le protestantisme dans les États où il est établi et parvenir à la monarchie universelle. Je ne sais si le Roi eut envie d'adoucir les esprits, ou de tâcher de sauver les apparences; quoi qu'il en soit, il écrivit au roi d'Angleterre, qui étoit encore en Hollande, et aux régents de ce royaume en son absence, que, n'ayant pu se dispenser de reconnoître le fils du roi Jacques en qualité de titulaire de ce royaume par droit de succession, cela ne devoit intéresser en rien cette couronne, d'autant qu'il avoit reconnu le roi Guillaume à la dernière paix; qu'il observeroit religieusement ce traité, et ne se mêleroit en rien de ce qui regarderoit l'Angleterre[1]. Mais ceci, bien loin d'adoucir en quelque façon les esprits agités de cette nation, ne servit qu'à les irriter davantage, [et tellement, que, quand même la querelle pour la succession

---

1. La *Gazette d'Amsterdam*, n° LXXVII, donne la nouvelle de cette lettre comme douteuse et sans aucun détail.

d'Espagne n'auroit pas déjà été émue, celle de cette reconnoissance étoit plus que suffisante pour allumer une sanglante guerre.] La première démarche des régents d'Angleterre fut de faire mettre en prison le sieur Poussin, résident de France[1]. Ils l'envoyèrent le surlendemain à Douvres, accompagné de deux membres des Communes, qui le firent embarquer et repasser en France. Ils envoyèrent en même temps ordre au comte de Manchester[2], leur ambassadeur en cette cour, d'en partir sur-le-champ et de s'en revenir en Angleterre[3].

Le roi, y étant de retour, y reçut des adresses de toutes les villes et communautés, du style le plus vif et le plus animé, contre la France, dont la conclusion étoit de faire incessamment la guerre à la France à toute outrance, de prendre sur cela tous les engagements qu'il jugeroit à propos pour venger l'injure qu'elle lui venoit de faire et à toute la nation, et qu'ils lui offroient à cet effet tous leurs biens et jusques à la dernière goutte de leur sang.

Il n'est pas difficile de croire que ce prince fut ravi de trouver une pareille disposition dans les esprits de sa nation, et qu'il sut s'en prévaloir utilement par le discours animé qu'il tint au premier Parlement qu'il convoqua. Aussi ce ne fut qu'une acclamation de tous les suffrages, et il en obtint tout ce qu'il voulut.

1. Jean-Baptiste Poussin, d'abord secrétaire à Rome, puis à Londres, fut envoyé en 1702 en Danemark, puis à Hambourg, où il mourut en 1749 à plus de cent ans.
2. Charles Montagu, comte de Manchester, était arrivé à Paris en août 1699; il devint secrétaire d'État en 1702, fut créé duc en 1719 et mourut en 1722.
3. Il partit le 2 octobre, sans prendre congé (*Dangeau*, t. VIII, p. 206).

[Voilà comme cette reconnoissance prématurée du Prétendant acheva de déterminer une nation naturellement en garde, et jalouse de l'autorité de ses rois, à une nouvelle guerre, quoi qu'il lui en pût coûter, et à laisser celui-ci le maître absolu de sa destinée. On verra dans la suite ce qu'il en coûta à la France par une guerre qui lui a été si funeste, et qui, avec la ruine et l'épuisement presque entier de ce beau royaume, lui a fait perdre la réputation que tant de victoires rapides sous ce règne lui avoient acquise. Aussi ce n'étoit plus les mêmes capitaines ni les mêmes ministres. Le Roi, quoique sur son retour, se confia sur sa longue expérience et sur son courage, qui, à la vérité, ne l'abandonna jamais. Le désir peut-être immodéré d'un bonheur continuel lui en donna trop d'espérance, et il crut apparemment que la même main qui lui avoit donné tant de prospérité ne songeroit pas à l'humilier. Mais il faut briser là-dessus et venir présentement à ce qui se passa en Italie pendant la campagne de l'année 1701, où la guerre ouvrit cette même année.]

Campagne d'Italie, 1701. — Les nouvelles étant venues à la cour de France que l'Empereur envoyoit en Italie un corps considérable de troupes sous le commandement du prince Eugène de Savoie, [qui depuis s'est rendu un des plus grands et des plus hardis capitaines de l'Europe,] le Roi y envoya le maréchal de Catinat avec un corps d'armée supérieur, qu'il fortifia ensuite au fur et à mesure que l'Empereur envoyoit de nouvelles troupes au prince Eugène.

Ce général entra dans l'Italie par le Trentin, après avoir vaincu, par son habileté, des obstacles que l'on croyoit insurmontables, à travers des défilés de montagnes âpres et stériles, pour arriver dans un pays où il n'y avoit aucunes villes ni places qui tinssent pour l'Empereur, ni aucun moyen apparent de faire subsister une armée nombreuse qu'à force de vigilance et d'industrie. Toutes ces difficultés, que l'on croyoit en France encore plus grandes qu'elles n'étoient, firent qu'on y traitoit quasi cette entreprise de chimère, et qu'on n'y écouta pas le maréchal de Catinat lorsqu'il proposa de faire passer l'Adige à son armée, de la mener à travers le Véronois droit à Trente et d'attendre les Impériaux au débouché des montagnes, après leur longue et pénible marche, dans quelque poste avantageux et bien choisi, pour les empêcher d'en sortir, ou leur livrer un combat, qui, selon les apparences, lui devoit être favorable. Sa proposition ne fut point goûtée; on ne voulut point commencer la guerre, dans l'espérance que les affaires pourroient s'accommoder. On ménagea à contretemps les Vénitiens, dont on attendoit une exacte neutralité; mais on s'y trompa. Il est vrai qu'ils ne livrèrent aucune de leurs places aux Impériaux; mais, sous main, ils les aidèrent abondamment pendant tout le cours de cette guerre de ce qui étoit nécessaire à leur subsistance, et de barques pour faire leurs ponts sur les rivières. Ainsi les Impériaux entrèrent paisiblement dans le Véronois, et s'y rafraîchirent pendant que leur général songeoit à s'approvisionner de vivres, de barques et de tout ce qu'il lui falloit pour entrer en action. De son côté, le maréchal de Catinat, au hasard de ce qui pourroit arriver de funeste, exécuta les ordres de la cour de défendre seulement le passage des rivières qui couvroient le Milanois, et de tâcher d'empêcher les Impériaux de pénétrer dans le royaume de Naples, s'ils en avoient le dessein. [Cependant, il connut bien toutes les difficultés presque insurmontables qu'il trouveroit d'empêcher les Impériaux de lui dérober des ponts en quelque endroit, sur de longs cours de rivières dont les rives sont fort couvertes et les pays contigus coupés de navilles, de bocages, et pleins de chicanes et de bons postes qu'on ne peut attaquer qu'avec désavantage, et par ces raisons l'empêcheroient d'en venir aux mains avec les Impériaux, comme la cour le souhaitoit, en cas qu'ils lui surprissent le passage de la première rivière.] Mais il fut obligé d'obéir et de partager son armée en plusieurs campements, depuis le dessus de Vérone, appartenant aux Vénitiens, jusques au Pô, et de faire établir de petits postes en avant dans les lieux les plus convenables, afin d'être averti et s'opposer, en attendant qu'il eût fait rejoindre tous ses quartiers, et qu'il pût se rendre avec eux à l'endroit où les Impériaux se seroient déterminés de passer l'Adige. Mais ils étoient mieux avertis qu'il ne pouvoit l'être : les François n'ont jamais été aimés en Italie; les Impériaux avoient des intelligences et des partisans secrets, qui les informoient exactement de toutes les démarches des François, et les habitants du plat pays leur fournissoient des espions et des guides fidèles et autres secours qui dépendoient d'eux et dont ils pouvoient avoir besoin.

Le prince Eugène de Savoie, ayant reçu toutes ses troupes et son artillerie d'Allemagne, et pourvu à ses vivres et à tout ce qui lui étoit nécessaire, avec une prudence et une activité admirables, commença d'entrer en action vers les premiers jours de juillet. Il fit faire des ponts sur le Pô, hors de la portée des François, et y fit passer un corps de troupes, qui se logèrent sur les lisières du Ferrarois, afin de tâcher de donner le change au maréchal de Catinat, [et jalousie sur le Modénois, dont le duc étoit dans l'alliance de l'Empereur, et ensuite sur la partie du Milanois qui est au-delà de ce fleuve, et, pour parvenir à son dessein véritable, qui étoit de passer l'Adige,] il fit faire plusieurs marches et contremarches à ses troupes au delà de cette rivière, et enfin y vint établir deux ponts [près de Castelbaldo et de Villabuona, et deux autres sur le Tartaro], sans que les François les eussent découverts.

Les Impériaux qui avoient passé dans le Ferrarois vinrent passer le Tartaro sur ces ponts et rejoignirent au delà leur armée principale, qui passoit l'Adige sur les ponts que j'ai déjà désignés. Aussitôt la tête de cette armée, étant suivie du reste, marcha, à travers un pays couvert et coupé, le long de l'Adige, sans être aperçue, et vint à Castagnaro, sur le canal Bianco, où les François avoient un poste et où ils firent peu de résistance, ayant été surpris, et de là à celui de Carpi, qui en étoit proche, et où Saint-Frémond, lieutenant général, s'étoit fortifié le mieux qu'il avoit pu avec cinq ou six mille hommes qu'il commandoit. Il y fut attaqué vivement et mis en désordre, [et il auroit été tout à fait mis en déroute, si toute l'armée impériale, qui avoit marché par des défilés et des chemins difficiles, avoit pu arriver assez à temps, ou bien si le comte de Tessé, avec les troupes du quartier le plus voisin qu'il commandoit, n'étoit accouru assez à temps pour le dégager et favoriser sa retraite.] Cette première action se passa le 9 juillet, et coûta cinq à six cents François, quelques bagages et quelques officiers ; les Impériaux en perdirent moins[1].

Le prince Eugène se campa contre Carpi, qu'il avoit derrière lui ; et le maréchal de Catinat, ayant levé ses quartiers et rassemblé son armée, s'ébranla pour venir le combattre ; mais la situation des Impériaux, quoique inférieurs en nombre, fut jugée si avantageuse, qu'on ne le fit pas et qu'on se réduisit à attendre une conjoncture plus favorable.

Cependant, le prince Eugène envoyoit à la guerre de forts partis, bien guidés, qui battoient toujours ceux des François, souvent plus foibles, ou les escortes de leurs convois, et il manœuvra si bien, qu'il déroba deux ou trois marches au maréchal, et arriva sur le bord du Mincio, qu'il passa sans opposition[2]. De là il vint à l'Oglio, sans que le général françois pût le joindre ni interrompre sa marche. M. de Catinat passa cette rivière pour barrer l'entrée du Milanois aux Impériaux, qui profitèrent des magasins de vivres qu'il avoit faits dans les pays qu'il avoit été forcé de quitter et qu'il n'avoit pu enlever ni faire détruire en se retirant.

Dès que le Roi eut appris ces mauvaises nouvelles, il envoya hâtivement de nouvelles troupes en Italie

---

1. Sur ce combat de Carpi du Véronais, qu'il ne faut pas confondre avec le bourg du même nom dans le Modénois, on peut voir la relation officielle publiée dans les *Mémoires militaires*, t. I, p. 273-277, les *Mémoires de Catinat*, t. II, p. 439-441, et l'*Histoire militaire*, t. III, p. 467-471.

2. Le 27 juillet.

pour fortifier son armée, affoiblie par les événements passés, les longues marches et les maladies, et crut avec cela y remédier entièrement en envoyant le maréchal de Villeroy pour la commander sous M. le duc de Savoie, qu'il pria de la venir joindre avec sept à huit mille hommes de ses troupes, qu'il s'étoit engagé de fournir par le traité qu'il avoit fait avec le Roi. Cette armée devint dans peu si supérieure à celle du prince Eugène, qu'il ne pût exciter aucun soulèvement notable dans le Milanois par son approche, ni passer l'Oglio; et le maréchal de Catinat se trouva en troisième dans une armée qu'il venoit de commander en chef. Il ne parut pas que cette disgrâce l'abattît; au contraire, il se ranima par une vertu dont, en pareil cas, on trouve peu d'exemples, et résolut de bonne grâce à servir utilement le Roi et sa patrie le reste de la campagne en Italie.

Tous les secours qu'on attendoit étant joints, le maréchal de Villeroy, voulant signaler son avènement par quelque action d'éclat[1], proposa de passer l'Oglio et d'aller forcer le prince Eugène dans son camp. Il exécuta le premier sans aucun empêchement; [mais, pour le second, ce ne fut pas la même chose; car il manqua d'y faire périr toute l'infanterie de l'armée.]

Combat de Chiari. — Le prince Eugène se tenoit si assuré et si précautionné dans son camp, qu'il [ne daigna pas seulement disputer le moins du monde le passage de l'Oglio, non plus que celui du ruisseau de Rudiano, où l'armée vint camper, quoique l'un et l'autre fussent assez près de son camp et qu'on s'y attendît;

---

1. Il avait joint l'armée le 22 août au camp d'Antignaro.

il] se contenta d'envoyer aux nouvelles sur le chemin de Chiari à Rudiano, qui étoit le seul que les François pussent tenir pour venir à lui, la droite et la gauche étant si couvertes et si coupées de marécages, que son camp n'étoit abordable que par cette avenue; mais on y trouvoit en tête quelques cassines fortifiées, et la petite ville de Chiari, bien retranchée, et où il restoit encore quelques vestiges d'anciennes fortifications. De plus, elle étoit défendue par derrière par trois bons retranchements, qui se dominoient les uns sur les autres, et qui étoient garnis de quantité de canon et de la meilleure infanterie impériale, soutenue de l'élite de la cavalerie. Malgré une disposition si avantageuse, le duc de Savoie et le maréchal de Villeroy, à l'insu du maréchal de Catinat, [qui mettoit l'armée en bataille à mesure qu'elle arrivoit, selon que le terrain le pouvoit permettre,] firent attaquer à la chaude les cassines, qui furent emportées, et ensuite Chiari par plusieurs bataillons, où ils eurent d'abord quelque avantage; mais ils ne purent le conserver, à cause du grand feu qui partoit des retranchements des Impériaux et des troupes fraîches qu'ils jetoient facilement dans Chiari[1]. [Ces premiers bataillons furent soutenus par d'autres, encore avec moins de succès.]

Les affaires étoient en cet état, quand le maréchal

---

1. Chiari est un gros bourg du pays de Brescia. Le récit du combat, 1ᵉʳ septembre 1701, est dans le *Mercure* de septembre, p. 322-367, dans les *Mémoires militaires*, p. 310-323, dans l'*Histoire militaire*, p. 474-479; la version des ennemis fut donnée par la *Gazette d'Amsterdam*, nᵒˢ LXXIV-LXXVI; les relations et correspondances sont dans le volume 1515 du Dépôt de la Guerre.

de Catinat accourut au bruit du feu et arriva à l'endroit où l'on combattoit. Son premier mouvement fut de continuer les attaques; et il s'y comporta avec toute la valeur et la capacité possible; mais, ayant reconnu par lui-même la témérité de les continuer [avec une opiniâtreté qui feroit perdre sans aucun succès toute l'infanterie de l'armée, et de suite le Milanois], il en représenta vivement le péril évident au duc de Savoie et au maréchal de Villeroy; ce qui fut cause qu'on retira les troupes des attaques. Je dis que cette représentation fut vive, parce qu'on soupçonnoit déjà le duc de Savoie d'être meilleur ami des Impériaux que des François, et qu'on avoit appris qu'avant de partir pour l'armée, il avoit ébauché un traité avec l'Empereur, par l'entremise d'un de ses ministres, qui s'étoit rendu à Turin, et s'y tint caché pendant quinze jours ou trois semaines; que ce ministre alloit tous les soirs dans le jardin d'un particulier affidé, où se trouvoit M. de Savoie, et qu'ils avoient ensemble de longues conférences, qui n'empêchèrent pas ce prince de venir commander l'armée des deux Couronnes; mais cela y causa beaucoup de défiance. Ainsi il est vrai de dire à son sujet que, si la dissimulation est une vertu des souverains, comme quelques politiques peu scrupuleux le veulent faire croire, celui-ci la poussa à l'excès dans cette occasion qui coûta à la France trois ou quatre mille de ses meilleurs soldats et quantité de bons officiers.

Cette tentative n'ayant pas réussi, l'armée des deux Couronnes revint camper à Rudiano et à Urago pour consommer les fourrages des environs et resserrer les Impériaux. Enfin, après avoir bien pâti des mauvais temps et des fatigues, qui engendrèrent beaucoup de maladies, elle repassa l'Oglio sans être inquiétée que de quelques partis qui suivoient de loin, par un desquels le maréchal de Catinat, qui se promenoit le long des bords de cette rivière, fut blessé au bras d'un coup qui fut tiré de l'autre bord.

Cette armée, ayant repassé l'Oglio, demeura encore quelque temps campée au delà, et s'y retrancha, se trouvant fort affoiblie; mais, le mois de novembre étant venu avec le vilain temps, les généraux françois, ayant jugé que le prince Eugène ne pourroit plus rien entreprendre de ce côté-là le reste de la campagne, ni y établir aucuns quartiers par défaut de subsistances, décampèrent les premiers pour aller prendre des quartiers d'hiver, [les troupes espagnoles dans le Milanois et celles de France du côté de Pizzighitone et du Bas-Adda, dans le Crémonois, jusque devers le Mantouan, où on tenoit encore divers postes avec la capitale. On y fit encore entrer quelques régiments, et une partie de la cavalerie, faute de subsistances, fut envoyée dans le Montferrat et dans l'Alexandrin.]

Pendant ce temps-là, le prince Eugène étoit resté avec son armée du côté de Chiari, où il fut joint par quelques nouveaux régiments impériaux qui lui vinrent d'Allemagne, et il n'en décampa que le 20 novembre. Il marcha dans le Mantouan, et y força d'abord Canneto[1], où il y avoit cinq ou six cents François ou Mantouans en garnison. Il les fit prisonniers de guerre,

---

1. Petit bourg fortifié, sur l'Oglio, où il y avait une faible garnison commandée par M. de Maulévrier; il fut pris le 3 décembre.

et se saisit de tous les autres postes qu'ils occupoient de ce côté-là, à la réserve de Goïto, près Mantoue, qu'ils bloquèrent[1], dont la garnison nombreuse faisoit souvent des sorties sur les quartiers les plus voisins pour se donner du large. Il n'en demeura pas là; car il étendit rapidement ses quartiers dans le Modénois, et s'y fit livrer Bercello, place fortifiée appartenant au duc de Modène[2], Guastalla et plusieurs autres bons postes, où ses troupes se trouvèrent à merveille. Il envoya des troupes contre la Mirandole, où les François tenoient trois ou quatre cents hommes, du consentement forcé de la princesse[3], qui trouva moyen de s'en défaire et de livrer la place aux Impériaux par la sottise de celui qui y commandoit[4]. Il fit aussi passer dans le Parmesan quelques régiments, et avoit grande envie de se saisir de la capitale, où il y a une citadelle, si le duc, qui étoit porté pour la France, y avoit voulu consentir, et si le Pape, qui l'avoit prévu, n'y avoit fait entrer un légat avec quelques milices, en

1. Ici, dans le manuscrit Nicolay, il y a une feuille volante intercalée après coup, sur laquelle Saint-Hilaire a écrit de sa main : « Année 1701. Le prince Eugène se saisit de tous les postes qui étoient sur l'Oglio et dans le Mantouan, à la réserve de Goito et de Mantoue, en sorte que nos quartiers d'hiver établis entre l'Oglio et le Pô et à Crémone n'avoient aucune communication avec Mantoue, ni Mantoue avec Goito, qui est sur le Mincio, au-dessus de Mantoue. »
2. Le vrai nom de cette localité est Brescello; mais, au xviie siècle, on disait plutôt Bercello.
3. Brigitte Pic, fille du prince Galeotto III et tutrice de son petit-neveu, François-Marie.
4. Le commandant était M. de la Chétardye, et l'entrée des Impériaux eut lieu le 24 décembre 1701 : voyez les *Mémoires du chevalier de Quincy*, t. I, p. 253-254.

qualité de seigneur suzerain. Elles y arborèrent l'étendard de l'Église, avec laquelle il n'étoit pas temps que l'Empereur se brouillât.

[*Entreprise de Crémone, 31 janvier 1702.* — Ces établissements achevés, les armées étoient en quelque repos et ne s'inquiétoient plus que par quelques partis qui couroient de part et d'autre,] lorsque le prince Eugène, toujours attentif aux intérêts de son maître, forma un projet des plus hardis et des plus surprenants, et qui l'auroit infailliblement rendu maître du Milanois avant le commencement de la campagne suivante et coupé toutes les troupes françoises : c'étoit de surprendre Crémone, place médiocrement fortifiée, mais où il y avoit une garnison de sept à huit mille hommes, et où le maréchal de Villeroy avoit établi son quartier général[1]. A cet effet, il avoit pratiqué des intelligences dans la ville avec un certain curé[2] dont la maison et l'église étoient près du rempart, où aboutissoit un aqueduc ou égout, nettoyé depuis peu à ce dessein. On avoit négligé de le faire garder, et l'issue par dehors donnoit dans le jardin d'un particulier à quelque distance de la ville. Ce curé fit savoir au prince Eugène que cet égoût étoit assez spacieux pour y faire couler des hommes à la file les uns des autres et les introduire dans la ville, où il se faisoit fort de les tenir cachés dans des maisons de gens affi-

---

1. Sur cette affaire de Crémone, qui se passa le 1er février 1702, on peut voir les relations données dans le *Mercure*, numéro supplémentaire de février, et dans les *Mémoires militaires*, t. II, p. 658-689, la *Gazette d'Amsterdam*, n[os] xiv à xix, les *Mémoires de Saint-Simon*, éd. Boislisle, t. X, p. 67-80, et ceux *de Sourches*, t. VII, p. 206-211.
2. Il s'appelait Cassoli et était curé de Santa Maria Nuova.

dés jusqu'au point de l'exécution ; qu'ils en sortiroient de nuit avec leurs armes pour se rendre maîtres du corps de garde de la porte prochaine, qu'ils ouvriroient aux troupes qu'il lui plairoit d'envoyer. Cette proposition étant examinée, et le prince Eugène ayant envoyé dans la ville des gens déguisés pour la vérifier, jugea, par leur rapport, que l'entreprise réussiroit s'il pouvoit surmonter une autre difficulté, qui étoit d'assembler les troupes nécessaires assez secrètement, de les faire passer l'Oglio et marcher jusques à Crémone en côtoyant les quartiers des François dans le Bas-Crémonois, où ils avoient dix à douze mille hommes sous le marquis de Créquy, lieutenant général, et de faire assez de diligence pour qu'ils ne fussent pas avertis de sa marche. Il crut y remédier par son habileté et par la négligence des autres, quoiqu'il lui fallût faire six à huit lieues de chemin, et il ne s'y trompa pas. Pour marcher plus lestement, il ne prit avec lui que six à sept mille hommes des troupes qu'il avoit dans le Mantouan. Comme ce nombre n'étoit pas suffisant pour une action qui pouvoit être disputée, il avoit concerté avec le prince Thomas de Vaudémont[1] qu'il lui amèneroit pareil nombre de troupes de celles qu'il avoit à ses ordres dans le Modénois et le Parmesan, et se rendroit tel jour, à telle heure, à la redoute que les François avoient à la tête de leur pont sur le Pô, vis-à-vis de Crémone, et qu'il la feroit insulter au premier signal qu'il lui en donneroit quand il seroit dans la ville ; qu'il se rendroit ensuite

---

1. En marge dans le manuscrit Nicolay : « Il étoit au service de l'Empereur et fils du prince de Vaudémont, gouverneur du Milanois pour le roi d'Espagne. »

maître du pont, y feroit passer ses troupes et qu'arrivé à la porte du pont de Crémone, il la trouveroit ouverte pour entrer dans la ville. Enfin, le 31 janvier, que les nuits sont longues, le prince Eugène arriva sur les deux heures du matin à la porte de Crémone sans avoir été découvert; et, le signal étant donné, les grenadiers qu'il tenoit cachés sortirent, surprirent le corps de garde du dedans de la porte et l'ouvrirent. Les Impériaux entrèrent aussitôt et parvinrent, sans faire aucun bruit ni être découverts, jusque sur la place de la ville, tout le monde étant dans un profond sommeil. Dès qu'ils y furent, l'alarme se donna de toutes parts; le maréchal de Villeroy sortit de sa maison et monta à cheval pour aller donner ses ordres; mais il n'eut pas fait cinquante pas dans la rue qu'il fut investi par un gros d'Impériaux qui le firent prisonnier.

On peut facilement s'imaginer combien la surprise fut grande quand on vit les Impériaux dans la ville. On ne perdit pourtant point courage; chacun courut aux armes, et le bonheur voulut que les bataillons du régiment des Vaisseaux, logés à une des extrémités de la ville, les prenoient déjà pour faire l'exercice. Entragues, leur colonel [1], se mit à leur tête et marcha droit à la place d'armes, chargeant tout ce qu'il trouvoit devant lui pour se faire passage. Un régiment irlandois, qui étoit logé contre la porte du Pô, en chassa les Impériaux qui y vouloient prendre poste et la faire ouvrir; il y combattit pendant tout le jour

---

1. Hyacinthe de Montvallat, chevalier d'Entragues, était colonel du régiment des Vaisseaux depuis 1699; il fut tué dans cette affaire de Crémone.

avec toute la valeur possible. Le reste de la garnison prit les armes chacun dans son quartier, et l'on se battit dans toutes les rues avec un acharnement terrible.

Les affaires étoient en cet état lorsque le prince de Vaudémont, qui n'avoit pu arriver à l'heure marquée, parce que ses guides l'avoient égaré en chemin, parut à la redoute du pont avec ses troupes et la fit attaquer. Il se trouva là un capitaine d'infanterie de bon esprit qui vit bien que ceux qui la défendoient seroient bientôt forcés et que le salut de la ville étoit d'empêcher que les Impériaux ne se rendissent maîtres du pont et n'y passassent pour entrer dans Crémone, qui pour lors auroit été perdue. C'est pourquoi il eut la présence d'esprit de faire couper les cordages qui amarroient les bateaux du pont et les faire aller à vau-l'eau, tellement que, n'y ayant plus de pont, les Impériaux ne purent passer et demeurèrent au delà du pont, sans pouvoir se joindre à ceux qui étoient dans la place, et qui étoient inférieurs en nombre aux François. Ceux-ci combattoient avec un courage sans pareil et chassoient les ennemis de plusieurs postes; le combat avoit commencé au jour et avoit duré avec la même vigueur jusques à trois ou quatre heures après midi. Le prince Eugène, voyant le pont du Pô rompu et que les troupes du prince Thomas ne le pouvoient joindre, et jugeant que le marquis de Créquy, ayant appris ce qui se passoit dans Crémone, ne manqueroit pas de marcher diligemment au secours de cette place avec toutes ses troupes, prit le parti de se retirer sur les cinq heures du soir, avec toutes ses troupes fatiguées d'un si long combat, emmenant avec lui le maréchal de Villeroy, qu'il envoya en Allemagne[1]. Ainsi finit l'action de Crémone, qui fut des plus mémorables pour la hardiesse de l'entreprise et la manière dont elle fut exécutée. Elle paroîtra sans doute plus glorieuse pour les François que pour les Impériaux, en ce que les premiers furent surpris, et qu'étant logés dans différents quartiers d'une ville où les derniers avoient pris les postes, ils ne purent rassembler leurs forces ensemble et combattirent séparément dans presque toutes les rues avec un courage et une valeur héroïque. Aussi y perdirent-ils bien deux mille hommes, avec quantité de bons et braves officiers, entre autres le marquis de Crenan[2], lieutenant général, Presle, mestre de camp et brigadier de cavalerie[3], d'Entragues et Montendre[4], colonels d'infanterie. Toutes les troupes y firent des merveilles; Fimarcon[5] et son régiment de dragons se signalèrent; le marquis de Revel[6], lieutenant général, y paya bien de sa personne [et eut l'honneur et la récompense de

---

1. On chansonna la mésaventure du maréchal de Villeroy, dont la valeur militaire était peu appréciée :

> « Notre bonheur est sans égal :
> Nous avons conservé Crémone
> Et perdu notre général. »

2. Tome II, p. 375.
3. N. de Vienne, marquis de Presle, était colonel du régiment de Cambrésis depuis 1694. Ses deux frères étaient Louis de Vienne, conseiller au Parlement en 1684, et Pierre de Vienne, abbé de Saint-Martin de Nevers, conseiller-clerc à la grand'chambre.
4. Isaac de la Rochefoucauld, marquis de Montendre, avait eu le régiment de Médoc en 1691.
5. Tome II, p. 241.
6. Tome I, p. 91.

cette action[1], quoique jusque-là il n'eût pas passé pour un grand clerc].

Les Impériaux perdirent de leur côté plusieurs officiers et environ quinze cents hommes, et, en se retirant, ils se démêlèrent adroitement, et à la faveur de la nuit, de la marche du marquis de Créquy, qui avoit levé ses quartiers et accouroit à grands pas au secours de Crémone. Ils profitèrent des postes en deçà de l'Oglio qu'il avoit abandonnés et de quelques provisions de vivres qui y étoient. Voilà tout ce qu'ils retirèrent d'une entreprise hardie, téméraire, qui leur auroit pourtant réussi si le prince Thomas de Vaudémont étoit arrivé à l'heure marquée [et n'eût pas été égaré par ses guides, toutes les apparences étant que, pendant la nuit et le tumulte de Crémone, personne ne se seroit avisé de faire rompre le pont sur le Pô et qu'il y auroit fait passer librement ses troupes et se seroit joint au prince Eugène, soit par la porte du Pô, soit par celle dont celui-ci se seroit rendu maître en entrant dans la ville, y ayant entre les murailles et le bord de la rivière un espace de terrain suffisant pour couler hâtivement. A quoi j'ajouterai que cette entreprise, quoique téméraire et des plus hasardeuses, valoit bien la peine d'être tentée, puisque le gain du Milanois dépendoit de son bon succès, ce qui doit servir de leçon aux généraux capables de vues pour ne point feindre de tenter des occasions de cette importance, qui profitent le plus souvent mieux que des gains de batailles, qu'on donne quelquefois fort mal à propos et qu'on hasarde avec beaucoup d'indiscrétion].

1. Le Roi lui donna le cordon du Saint-Esprit.

Les Impériaux, par la position de leurs quartiers autour de Mantoue, dans le Modénois, le Parmesan et le Plaisantin, s'étant un peu approchés du royaume de Naples, dont l'Empereur et le roi d'Espagne demandoient chacun l'investiture au Pape, [de qui il relevoit, et qui temporisoit toujours sans se déclarer,] faisoient ce qu'ils pouvoient pour y exciter quelque soulèvement en leur faveur [et pratiquoient plusieurs seigneurs de ce royaume, leur faisant espérer de leur envoyer des troupes pour les favoriser. Mais, comme ils ne le pouvoient faire sans trop affoiblir leur armée d'Italie et qu'ils jugeoient sainement que, s'ils pouvoient une fois se rendre maîtres du Milanois en tout ou en partie, ils le deviendroient bientôt du royaume de Naples, ils n'y envoyèrent point de troupes. Ceux qui étoient du complot furent découverts, et quelques-uns des principaux arrêtés et envoyés en France; d'autres se sauvèrent[1]. Le comte d'Estrées, vice-amiral de France[2], fut envoyé à Naples avec quelques vaisseaux et quelques troupes pour affermir ce royaume au roi d'Espagne, qui y passa lui-même l'année suivante; et le calme s'y rétablit].

Dès l'année 1700, la Prusse brandebourgeoise avoit été érigée en royaume par l'Empereur, en faveur de l'électeur de Brandebourg[3]. Il s'acquit par ce moyen un prince puissant, qui le secourut utilement pendant le cours de cette guerre, aussi bien que l'électeur d'Hanovre. Leurs premières démarches

---

1. Sur cette conspiration de Naples, voyez les *Mémoires de Saint-Simon*, éd. Boislisle, t. X, p. 165-170.
2. Tome II, p. 198.
3. Ci-dessus, p. 40-41.

furent d'entrer dans le pays du duc de Brunswick-Wolfenbuttel, où ils occupèrent quelques-unes des villes du duc pour lui faire rompre le traité qu'il avoit fait avec la France[1], [au moyen duquel on avoit espéré que quelques autres princes d'Allemagne se joindroient à lui pour faire une puissante diversion du côté de la Basse-Allemagne en faveur des deux couronnes de France et d'Espagne; mais, l'Empereur ayant gagné ceux-ci, aucun des autres n'osa branler. Le duc fit son accommodement et licencia sept à huit mille hommes qu'il avoit déjà mis sur pied aux dépens de la France, qui, depuis du temps en pareil cas, a presque toujours été la dupe des princes d'Allemagne. L'Empereur profita de ces troupes levées de l'argent du Roi, et d'Usson, lieutenant général[2], qu'il avoit envoyé au duc pour les commander, fut contraint de s'en revenir en France avec sa courte honte.]

Pendant cette année 1701, le nouveau roi d'Espagne épousa la seconde princesse de Savoie, sœur cadette de Mme la duchesse de Bourgogne[3]. Le Roi préféra cette alliance à celle de l'Empereur, que le feu roi d'Espagne avoit recommandée par son testament. Les événements ont fait connoître qu'on auroit mieux fait de le suivre; car si le roi d'Espagne avoit épousé une des archiduchesses, ce mariage n'auroit pu se faire sans un bon accommodement, et on auroit évité une guerre longue et périlleuse, qui a ruiné le royaume

1. Ci-dessus, p. 68.
2. Tome II, p. 420.
3. Marie-Louise-Gabrielle de Savoie, seconde fille du duc et d'Anne-Marie d'Orléans, épousa Philippe V à Turin par procuration le 11 septembre 1701; elle mourut le 14 février 1714.

et l'a mis à deux doigts de sa perte, [dont il ne s'est sauvé que par miracle. Mais la Providence en avoit ordonné autrement, et voulut humilier un grand roi, trop fier de sa grandeur, de la docilité de ses peuples, de sa puissance et de ses prospérités, jusques ici presque continuelles. Le Roi aima mieux marier son petit-fils avec la fille du duc de Savoie et se fier à lui, quoiqu'il l'eût déjà trompé.] Il fit un traité avec lui et le mit à la tête de ses armées en Italie. Il ne tarda pas à s'apercevoir qu'il avoit eu tort; cependant, il devoit mieux connoître ce prince ambitieux, qui préféroit l'agrandissement de ses États à une somme d'argent, qui étoit tout ce que Louis XIV vouloit et pouvoit lui donner.

L'Empereur, par son traité de 1702 avec lui, lui assura le Montferrat, une portion dans le Milanois, avec le royaume de Sicile et d'autres avantages. Ç'en fut assez pour lui faire prendre son parti, et il devint un des plus grands ennemis de la France, malgré les alliances qu'il avoit contractées avec elle; on le verra plus loin dans la suite de ces Mémoires.

Année 1702. Dispositions des affaires. — Au commencement de cette année 1702, il n'y avoit encore aucune guerre déclarée entre la France, l'Angleterre et la Hollande. Le Roi faisoit lever quantité de troupes et d'argent sur les peuples, et il en faisoit passer en Espagne, [quoiqu'il fût bien rare et difficile à percevoir dans le royaume, les peuples étant épuisés de longue main ou rebutés d'en fournir; mais, comme l'autorité royale étoit très grande, que la nation aime son prince aussi bien que les nouveautés, on créa quantité de charges de toutes espèces, dans lesquelles elle donna de gré ou forcément. On en fit de grosses sommes, aussi bien que des nouveaux impôts, et des anciens, qui furent fort augmentés.]

D'un autre côté, l'Angleterre faisoit des levées d'argent, que le Parlement avoit accordé avec profusion, et des traités pour prendre à sa solde force troupes étrangères; elle armoit des vaisseaux, levoit quantité de soldats dans ses pays; et les États-Généraux des Provinces-Unies faisoient chez eux les mêmes préparatifs [et songeoient à pourvoir leurs places les plus exposées de ce qui étoit nécessaire à leur défense]. Toutes ces dispositions se faisoient de part et d'autre, lorsque Guillaume III, prince d'Orange et roi d'Angleterre, vint à mourir à Londres, le 19 du mois de mars, âgé de cinquante-deux ans moins quelques mois. Le 4, étant à la chasse, son cheval mit le pied dans un trou et s'abattit. De cette chute, ce prince se démit la clavicule, qu'on lui remit bientôt; et, quoique cet accident l'obligeât à garder la chambre, il ne laissa pas de donner la même application aux affaires. Ses chirurgiens crurent que son mal ne seroit rien, et, en effet, il se trouva si bien le 15 qu'il se préparoit pour aller au Parlement lorsque la fièvre le prit et le mit au tombeau[1]. On ouvrit son corps, et on lui trouva si peu de sang qu'on jugea qu'il n'auroit pu vivre que fort peu de temps s'il étoit réchappé de cette maladie. Ce prince étoit d'une constitution assez foible, mais d'un courage et d'un esprit supérieurs; malheureux à la

---

1. Saint-Simon a donné dans ses *Mémoires* (t. X, p. 129-131) des détails assez circonstanciés sur la maladie et la mort du roi Guillaume; voyez aussi le commentaire que M. de Boislisle y a joint.

guerre, quoique très brave et grand capitaine, sans jamais se décourager ni perdre ses projets de vue; habilissime dans le cabinet et dans l'art de commander; sans dissipation, laborieux, de bonnes mœurs, attaché à sa religion sans bigotisme, et d'un accès facile, honnête homme et sans faste; et, enfin, il auroit pu servir d'un bon modèle aux rois qui viendront après lui s'il s'étoit contenté de rétablir le gouvernement en Angleterre, conformément aux lois du royaume, sans en usurper la couronne sur son beau-père.

On crut que cette mort alloit changer la face des affaires; mais le plan qu'il avoit formé de son vivant étoit si bien fait, et les mesures si justes et si bien prises, qu'il n'y eut qu'à les suivre. Ainsi, la princesse Anne d'Angleterre[1] fut incontinent proclamée reine de ces royaumes, sans aucune contradiction, [et tout ce que ce changement produisit fut que cette nouvelle reine ne put faire passer d'abord ses troupes en Hollonde au secours des États-Généraux, qui s'en seroient mal trouvés si on avoit su ou voulu en profiter, comme on le verra bientôt.]

Les électeurs de Bavière et de Cologne s'étant alliés avec les deux Couronnes, le premier avoit quitté son gouvernement de Flandres dès l'année précédente pour repasser en Bavière, où il levoit des troupes, et l'autre en avoit reçu des françoises et des espagnoles dans ses places au commencement de cette année, et

---

1. Elle était mariée, comme on l'a vu, au prince Georges de Danemark. Reconnue reine au moment même de la mort de Guillaume, elle fut proclamée solennellement le 22 mars et couronnée le 4 mai.

notamment dans la citadelle de Liège, Kayserswert et Rheinberg, sur le Bas-Rhin. Pour ne point trop effaroucher les princes d'Allemagne, on donna à ces troupes le nom frivole de « Cercle de Bourgogne », apparemment parce que l'électorat de Cologne, dont ces places faisoient partie, avoit été jadis Cercle de l'Empire. [On déclara, au surplus, qu'elles n'étoient entrées dedans ces places que pour la manutention de la tranquillité publique et les assurer à l'Électeur, qui en auroit pareillement fait entrer à Cologne s'il en avoit été le maître; mais, comme cette ville s'est toujours tenue sur ses gardes contre ses électeurs et maintenue ville impériale, elle ne le reconnoît guère que pour le spirituel et ne permet pas, de crainte d'usurpation, que l'Électeur, qui y a un palais, y séjourne plus de vingt-quatre heures. Dès que les magistrats virent donc que l'Électeur recevoit des troupes étrangères dans ses places, ils appelèrent dans leur ville, pour leur sûreté, celles des princes de l'Empire les plus voisins, et même des hollandoises, qui étoient plus à portée, en attendant que les autres pussent y arriver.]

Pendant que tout ceci se passoit dans l'électorat de Cologne, l'électeur de Bavière, frère de celui de Cologne, étant de retour en ses États de son gouvernement des Pays-Bas espagnols, ne donnoit pas peu d'inquiétude à l'Empereur, par les levées de troupes qu'il y faisoit, ce qui dénotoit une parfaite intelligence et une partie faite avec l'Électeur son frère et la France pour lui faire la guerre du côté de l'Allemagne, [ce qui pouvoit devenir une affaire très sérieuse.] Il chercha vainement à s'expliquer avec lui par voie de négociation ou à le faire déclarer; mais l'Électeur, dont les préparatifs de guerre ne faisoient que commencer, tiroit toujours en longueur, [et l'Empereur, qui avoit besoin de ses troupes ailleurs pour l'exécution de ses projets, laissa là l'Électeur pour toute cette année, qui n'agit point aussi de son côté.]

Il faut venir à présent à ce qui se passa sur les frontières de Flandre et de Hollande; mais, avant d'en entamer la relation, j'estime à propos de dire que le maréchal de Boufflers, gouverneur de la Flandre françoise, ayant passé tout l'hiver dans son gouvernement, concerta avec le marquis de Bedmar, qui commandoit aux Pays-Bas espagnols, pour faire tirer des lignes de fortification depuis l'Escaut à Anvers jusques à la Meuse, un peu au-dessous de Namur, et d'autres à la tête du pays de Waes, de l'autre côté de l'Escaut, qui furent protégées par des fortins ou redoutes dans des situations avantageuses[1]. On prétendit par là mettre ces provinces à couvert et hors de contributions, la guerre survenant, et de les garder avec un petit corps d'armée, quoique d'une étendue de plus de vingt lieues, tandis que l'armée principale agiroit au dehors, suivant les occasions. Mais on ne se contenta pas de ces ouvrages; on commença un fort en un endroit nommé Selzaete, à la vérité sur un terrain de la dépendance d'Espagne, [mais sous la portée du canon du Sas-de-Gand[2] et sous le feu du mousquet du fort Saint- (*en blanc*), places appartenant aux États-

---

[1]. L'*Histoire militaire*, p. 491 et 493, donne le tracé de ces lignes.

[2]. Le bourg de Selzaete est à quelques kilomètres au sud du Sas-de-Gand; la frontière hollando-belge passe encore de nos jours entre les deux localités.

Généraux, dont on prétendoit si bien resserrer les garnisons, au moyen de ces nouveaux ouvrages, qu'il n'en pourroit sortir aucun parti pour faire des courses dans les pays des dépendances d'Espagne et les mettre à contribution.]

Les États-Généraux, informés de ces nouveaux ouvrages, en portèrent leurs plaintes à la cour de Bruxelles, prétendant que c'étoit faire insulte à leur souveraineté [et une infraction manifeste à l'article 58 du traité de Munster, qui porte qu'on ne pourra faire aucun nouveau fort ni de l'un ni de l'autre côté; qu'aussi on ne pourra creuser nouveaux canaux ni fossés par lesquels on pourroit repousser l'un ou l'autre parti]. Ils représentèrent que, pour ne point rompre la bonne intelligence, ils étoient prêts d'entrer en une négociation brève et limitèrent un temps, passé lequel ils se serviroient des moyens que Dieu leur avoit mis en main pour repousser l'insulte et ne permettroient pas que l'on élevât des batteries impunément sous le feu de leurs forteresses pour les battre et les assiéger commodément. Comme on ne fit pas grand cas de leurs remontrances, dès que le temps qu'ils avoient donné fut expiré, le gouverneur du Sas-de-Gand fit tirer son canon sur les travailleurs du fort de Selzaete, après avoir pourtant fait dire au commandant françois de les faire retirer si bon lui sembloit. Ce travail fut interrompu de cette manière, et les États-Généraux, qui ne vouloient pas rompre ouvertement avec la France avant d'avoir reçu les secours qu'ils attendoient d'Angleterre et l'exécution des traités qu'ils négocioient en Allemagne, de concert avec cette couronne, firent présenter au Roi, par leur résident à la cour, une espèce de mémoire justificatif sur ce qui s'étoit passé à Selzaete. Ils offrirent de nouveau d'entrer en conférence sur cette affaire, et Sa Majesté se radoucit et envoya ordre qu'on cessât le travail, [soit qu'il crût par cette condescendance regagner les Hollandois, ou qu'il jugeât que ce fort ne lui seroit pas fort utile et qu'on y suppléeroit en faisant de nouvelles lignes fortifiées à la tête de Gand, entre le canal de Bruges et celui du Sas, qui furent protégées par quelques petits forts.]

[L'occasion de la mort du roi d'Angleterre, survenue au mois de mars de l'année que je décris, et dont j'ai déjà parlé, donna un nouveau rayon d'espérance au Roi de détacher les Hollandois de leurs alliés et de traiter avec eux séparément. Il leur écrivit donc le 27 dudit mois et adressa sa lettre à Barré, secrétaire de la précédente ambassade de France, qui étoit resté en Hollande[1]; et cette lettre étoit accompagnée d'un mémoire qu'il lui commanda de présenter aux États-Généraux. La lettre n'étoit que de créance et donnoit le titre de résident audit Barré. Pour ce qui est du mémoire, il étoit conçu en ces termes et fut présenté le 31 mars[2] :]

[Le soussigné, résident du Roi Très Chrétien auprès de Vos Seigneuries, a ordre de leur représenter qu'avant que les nombreuses armées que le Roi a sur pied soient obligées d'entrer en action, Sa Majesté veut rappeler à Vos Seigneuries le souvenir de ce qu'elles doivent à l'affection des rois, ses prédécesseurs, et celui des dernières dé-

---

1. Ce Barré avait déjà rempli diverses missions diplomatiques en Allemagne et dans les Pays-Bas.
2. Voyez les textes donnés dans les *Mémoires de Lamberty*, t. II, p. 90-91 et 94-96.

marches qu'elle a faites pour maintenir la paix rétablie par le traité de Ryswyk. Il n'a pas tenu au Roi que cette florissante république, toujours heureuse pendant qu'elle regardoit son étroite union avec la France comme une des maximes fondamentales de son gouvernement, ne jouît longtemps de la tranquillité et des avantages que Sa Majesté avoit bien voulu lui accorder pour son commerce par les derniers traités. Vos Seigneuries ont vu jusques à quel point elle a porté sa patience et sa modération. Elle a même aimé mieux souffrir jusques à l'extrémité les vains reproches de foiblesse et de défiance de ses forces que désabuser vos peuples, en tournant ses armes contre un État qu'elle regarde encore avec affection. Persuadée qu'il est de l'intérêt de Vos Seigneuries d'y répondre, elle a jugé qu'elles le feroient aussitôt qu'elles auroient recouvré ce temps de liberté où elles regardoient le maintien d'une bonne intelligence avec la France comme le plus solide appui de leur République, et certainement les démarches opposées étoient l'effet d'un état violent. C'est ainsi que Sa Majesté a considéré la rupture des conférences demandées par Vos Seigneuries pour la confirmation de la paix; les traités faits avec les ennemis du roi d'Espagne contre elle et le roi son petit-fils; les assistances secrètes qu'elles ont données pour envahir les États soumis au roi Catholique; les actes d'hostilité exercés en pleine paix contre les troupes de Sa Majesté; le refus d'examiner les droits du roi d'Espagne et ceux des Provinces-Unies, après avoir demandé des conférences pour en convenir et pour faire cesser les plaintes de part et d'autre; les entreprises faites contre les alliés de Sa Majesté; le secours donné pour les attaquer. Présentement que la République est rendue à elle-même, que son esprit va gouverner, que ses seuls intérêts seront consultés, sa conduite réglera les sentiments de Sa Majesté pour elle; tous sujets de plainte seront à jamais ensevelis, et le Roi m'ordonne d'en assurer Vos Seigneuries. Si elles veulent enfin se confier en son ancienne et sincère amitié pour elles, rien ne troublera le commerce de leurs sujets; elles auront le plaisir de les voir jouir sans trouble de tous les privilèges qu'ils ont obtenus en différents temps de la France et de l'Espagne. Sa Majesté le promettra pour elle; elle en sera garante pour le roi son petit-fils, assurée que ce prince voudra bien confirmer le traité de Münster et ceux dont il a été suivi, comme Sa Majesté promet de sa part de confirmer ceux de Nimègue et de Ryswyk. La sûreté de vos provinces bien loin d'être menacée par Sa Majesté deviendra le principal sujet de son attention, et, pour l'affermir plus solidement, elle fera savoir à Vos Seigneuries ses intentions, soit que vous nommiez un ministre pour les apprendre de Sa Majesté, soit qu'elle en choisisse un pour venir reprendre auprès de Vos Seigneuries la qualité et la fonction de son ambassadeur. Qu'elles cessent de craindre le voisinage de tant de troupes qu'elles voient sur leurs frontières. Il dépend d'elles, non seulement de les avoir pour amis, mais de les faire sortir entièrement des Pays-Bas espagnols.]

[La paix rétablie, et Vos Seigneuries désarmant, la garde des provinces du roi Catholique ne sera plus confiée qu'à ses propres troupes. Une prompte résolution rendra le calme à vos provinces; la paix et la liberté renaîtront ensemble; c'est à Vos Seigneuries, seules présentement consultées sur le gouvernement de la République, à décider ce qu'elles doivent préférer : ou le repos et la liberté, ou la guerre et la ruine de leur commerce sacrifié à des intérêts étrangers. Le temps de la campagne approche, les armées de Sa Majesté sont en état d'agir; la prudence de Vos Seigneuries leur fera voir, dans le peu de temps que la saison laisse encore à délibérer, le parti qu'elles doivent prendre pour le bien de la patrie et pour la gloire immortelles de Vos Seigneuries.]

[Le 28 avril suivant, les États-Généraux répondirent à ce mémoire par un autre qu'ils remirent entre les mains du résident Barré. Il portoit :

[Qu'après avoir examiné le mémoire dudit Barré, Leurs Hautes Puissances se souvenoient toujours du temps heureux où leur République a été étroitement alliée avec la couronne de France, quand leurs intérêts les unissoient ensemble, qu'elles n'ont jamais fait quoi que ce soit qui y pût apporter quelque changement ou altération, mais qu'à leur grand regret, elles n'ont pu avoir l'honneur de conserver continuellement l'affection de Sa Majesté comme elles ont joui de celle de ses prédécesseurs de glorieuse mémoire, quoiqu'elles aient toujours fait une très haute estime de son amitié et qu'elles en aient donné des preuves en toute occasion autant qu'on le pouvoit désirer et attendre d'une république souveraine et libre; que semblablement Leurs Hautes Puissances ont toujours tâché de contribuer de tout leur pouvoir à la conservation de la paix générale, moyennant une sûreté raisonnable pour leur État, et ce qu'elles ont fait, tant avant qu'après le décès du dernier feu roi d'Espagne, pour parvenir à une fin salutaire, est assez connu, en sorte qu'elles sont bien assurées que leur bonne volonté et droite intention à cet égard a paru aux yeux de tout le monde ; mais, la négociation entamée, afin de trouver les moyens convenables, s'il avoit été possible, pour la conservation de la paix générale, étant rompue par le rappel du comte d'Avaux, ambassadeur extraordinaire de Sa Majesté, et Leurs Hautes Puissances n'étant nullement sûres de la bienveillance de Sa Majesté, voyant de plus, dans leur barrière occupée par ses troupes, les préparatifs de guerre sur leurs frontières s'augmenter de jour en jour, leur État environné et comme bloqué de toutes parts, les efforts que l'on a faits pour l'enfermer entièrement, aussi bien que pour leur ôter leurs amis, elles ont été nécessitées à armer aussi de leur part, pour se mettre en état de défense et sûreté mutuelle.]

[Leurs Hautes Puissances voient présentement d'une manière assez claire que les précautions qu'elles ont prises ne sont ni inutiles, ni superflues, puisqu'il paroît par le mémoire que Sa Majesté est résolue à la guerre, et qu'elle n'attend que la saison propre pour faire agir ses nombreuses armées; que, d'un côté, Leurs Hautes Puissances n'ont aucune connoissance, ni ne se trouvent coupables des reproches qu'on pose dans ledit mémoire être faits à Sa Majesté, et que, d'un autre, elles pensent n'avoir point mérité qu'on les taxe, comme on a fait dans le mémoire, de plusieurs choses à l'égard desquelles elles n'ont agi qu'avec toute la modération qu'on peut exiger d'une République qui aime la paix et le repos, n'ayant fait que ce qu'on les a contraints de faire pour leur défense, en quoi elles ont été bien fondées par toute sorte de droit, de manière qu'elles pourront s'en justifier devant toute personne raisonnable.]

[Les affaires étant dans cette situation, Leurs Hautes Puissances ne voient pas de quelle utilité il seroit d'envoyer quelqu'un vers Sa Majesté, ou que Sa Majesté leur fît l'honneur de leur envoyer un ambassadeur de sa part, puisque Leurs Hautes Puissances, par les alliances qu'elles ont été nécessitées de faire pour leur défense et sûreté, se sont engagées de n'entrer en aucune négociation particulière; qu'étant accoutumées à observer exactement leurs alliances, elles n'ont plus présentement la liberté de traiter sans la participation de leurs alliés, et, en effet, la paix générale qui devoit être le résultat de cette négociation ne sauroit être conservée sans eux. Au reste, Leurs Hautes Puissances ont été bien surprises de voir que tout ce mémoire semble n'avoir été dressé que sur ce fondement : à savoir qu'elles auroient présentement plus de liberté à prendre leurs résolutions que non pas ci-devant; qu'il est hors de doute que cela ne peut s'entendre que de la mort du feu roi de la Grande-Bretagne d'immortelle mémoire. Mais ledit sieur résident se trompe extrêmement en cela, faute de connoître la constitution de leur État et de leur gouvernement; qu'il doit savoir que Leurs Hautes Puissances ont eu ci-devant autant de liberté que présentement pour délibérer et prendre toutes telles résolutions qu'elles ont jugées nécessaires et utiles pour le bien et la conservation de leur État. Il est vrai qu'elles ne sauroient assez déplorer le malheur de se voir privées de la direction et de la conduite d'un prince dont la sagesse, la modération et la valeur seront renommées autant que le monde durera, prince dont les actions héroïques et les mérites envers cette République ne seront jamais mis en oubli, et dont enfin la mort est regrettée en ce pays depuis le plus petit jusques au plus grand. Mais les conseils de Sadite Majesté n'ayant toujours eu pour but, tant de fait que de parole, que la conservation de leur liberté et de leur religion, et Leurs Hautes Puissances étant pleinement convaincües de cette vérité, comme s'en étant bien trouvées, elles sont résolues de suivre les mêmes principes et de ne point se départir des alliances contractées pendant la vie de Sadite Majesté, mais de persister aux mesures prises conformément à ces alliances, et enfin de se servir, en quelque temps que ce soit, pour le maintien de leur liberté et de leur religion, des moyens que Dieu leur a mis en main.]

[J'ai cru devoir rapporter ici tout du long cette réponse au mémoire de Barré afin de n'en point affoiblir le sens. On y peut remarquer deux choses principales : la première, une grande fidélité pour leurs alliés, et l'autre, un beau panégyrique du feu roi d'Angleterre, dont on n'étoit pas curieux en France.

Dans celui de Barré, des promesses vagues et des reproches peu fondés, comme s'il n'étoit pas connu universellement que les princes ou les États ne sont amis des uns des autres et ne s'assistent mutuellement que quand il s'agit de leurs intérêts. Il est vrai que la France a secouru utilement la république de Hollande dans le temps de sa naissance et de son accroissement; mais on auroit tort de croire que ç'eût été purement pour ses beaux yeux et par une amitié de fantaisie. Les princes ne pouvant être portés naturellement à secourir les sujets rebelles les uns des autres, on doit conclure que c'est par animosité et pour y trouver leur compte. Et c'est ce qui arriva en cette affaire; les Espagnols soutenoient la Ligue en France, dans l'envie de se rendre maîtres de ce beau royaume, et y auroient réussi sans la protection divine, et peut-être sans l'avènement de Henri IV à la couronne. Ce prince, devenant au-dessus de ses affaires, par sa valeur et sa bonne conduite, et par rapport à ses intérêts, secourut les Hollandois, qui lui rendirent souvent la pareille, contre leur ennemi commun. Louis XIII, qui lui succéda, suivit les mêmes errements, dont il se trouva bien. Louis XIV en prit d'autres, conformes à son humeur belliqueuse, et pensa subjuguer toute la Hollande avec beaucoup de rapidité. Elle arma l'Allemagne et l'Espagne et se délivra du joug. Du depuis, ayant trouvé le moyen de s'unir fortement avec l'Angleterre, elle s'est mise à couvert de l'appréhension qu'elle avoit que la couronne d'Espagne, tombée dans la maison de France, ne se servît de ses forces, alors formidables, pour faire revivre utilement les droits naturels de cette couronne sur les Provinces-Unies, que tout le monde sait s'être soustraites de sa domination. Ont-ils bien ou mal faits pour leurs intérêts? Je le laisse à penser.]

Les États-Généraux, conjointement avec l'Angleterre, et en conformité du plan de cette guerre, que le feu roi d'Angleterre avoit dressé, étoient convenus avec leurs alliés qu'on la commenceroit par nettoyer les places de l'électorat de Cologne, où les François avoient des garnisons. Ils se souvenoient du préjudice qu'ils en avoient reçu en 1672, quand le Roi fit, avec tant de rapidité, la conquête de presque toutes les Provinces-Unies. Mais, comme ils ne s'étoient pas encore ouvertement déclarés contre la France, ils étoient convenus entre eux que les troupes qu'ils fourniroient pour cette expédition seroient réputées « troupes auxiliaires de l'Empereur », et que, comme telles, elle lui prêteroient serment, aussi bien que leurs officiers généraux.

Les électeurs de Brandebourg et d'Hanovre, le Palatin, avec le landgrave de Hesse, fournirent aussi des troupes, et tout cela, joint ensemble, composa une armée d'environ trente mille hommes, avec lesquels ils vinrent investir Kayserswert, petite place sur le bord du Rhin appartenant à l'électeur de Cologne. Le comte de Tilly[1], général hollandois, se posta à Xanten[2], un peu au-dessous de Wesel, avec un corps de

---

1. Claude de Tserclaes, comte de Tilly, était lieutenant général dans l'armée hollandaise, tandis que son frère aîné, le comte de Tserclaes, servait Philippe V; il mourut, en 1723, gouverneur de Maëstricht.
2. Ville du pays de Clèves, non loin de la rive gauche du Rhin.

dix-huit à vingt mille hommes, pour faciliter ce siège et couvrir le pays de Clèves, appartenant à l'électeur de Brandebourg, et, par conséquent, Nimègue et Grave, qui sont un peu derrière. Le comte d'Athlone[1], autre général hollandois, étoit du côté d'Anvers avec un autre corps de troupes hollandoises pour couvrir les places de ce côté-là, dans l'attente où ils étoient que les François y feroient leur premier effort.

L' « armée auxiliaire de l'Empereur » ouvrit la tranchée devant Kayserswert dès le 18 avril[2] et battit la place avec quantité d'artillerie. Le marquis de Blainville-Colbert[3] y commandoit avec six bataillons françois, et cette petite place étoit pourvue de toutes les choses nécessaires à une bonne défense, [et avoit encore cela de favorable qu'elle pouvoit être rafraîchie de monde et autres commodités à travers le Rhin, en ce que les ennemis n'avoient point de pont sur ce fleuve et n'étoient pas assez forts pour avoir un corps suffisant en deçà; mais la même difficulté étoit à notre égard, qui ne pouvions en faire lever le siège de vive force, à moins de passer le Rhin, ce qui n'étoit pas possible.]

Sur les nouvelles de ce siège, le maréchal de Boufflers, qui avoit déjà fait passer à Ruremonde, [ville de la Gueldre espagnole, au-dessous de Maëstricht, que les Hollandois tiennent à présent, une grande quantité

---

1. Tome II, p. 348.
2. Voyez les *Mémoires militaires*, t. II, p. 11 et suiv.; l'*Histoire militaire*, t. III, p. 527-537, et les relations de la *Gazette* et de la *Gazette d'Amsterdam;* les correspondances sont dans les volumes 1552-1553 du Dépôt de la Guerre.
3. Tome II, p. 16.

de grosse artillerie, qui y fut perdue cette même campagne,] avec laquelle il prétendoit intimider toute la Hollande, assembla une grosse et bonne armée, qu'il commanda sous Mgr le duc de Bourgogne, marcha droit à Xanten, où le comte de Tilly étoit posté, et y arriva d'assez bonne heure pour l'attaquer le même jour, et même pour le battre; mais au lieu de cela il tâtonna et consuma le reste du jour à faire des dispositions inutiles. Le lendemain, le comte de Tilly leva son camp et se retira habilement, sans rien perdre, derrière Clèves, où le comte d'Athlone le joignit en grande diligence avec ses troupes.

On voulut excuser le maréchal de Bouflers d'avoir manqué une si belle occasion sur ce qu'il attendoit ce même soir Mgr le duc de Bourgogne, qui n'avoit pas encore joint l'armée, pour lui donner tout l'honneur de cette première action[1]. On en inféra sans doute que c'étoit un tour de bon courtisan, et non celui d'un grand capitaine, qui ne doit jamais, pour quelque cause que ce soit, laisser échapper son ennemi, surtout quand c'est un coup sûr; car l'occasion perdue ne se retrouve plus.

Ce général séjourna quelques jours au camp de Xanten, que le comte de Tilly avoit quitté, [ou aux environs, et on ne peut l'en excuser qu'en disant qu'il attendoit quelques convois de vivres qui lui manquoient pour pousser en avant.] Enfin il en décampa et s'avança vers l'ennemi, qui étoit à Cranenbourg[2], où il avoit été joint par sept mille Anglois et quelques

1. Les *Nouvelles des cours de l'Europe*, pamphlet périodique rédigé en Hollande par un réfugié français, appela cette action manquée la « faillite » du maréchal de Boufflers.
2. Entre Clèves et Nimègue.

autres troupes. Le malheur voulut encore que le maréchal perdit du temps en délibérations, [étant fort incertain de son naturel,] et laissa échapper une seconde fois l'ennemi, qui leva son camp, passa tranquillement un long défilé, qu'il mit entre lui et les François, envoya quelques bataillons à Grave, sous le général Fagel[1], et dirigea sa marche droit à Nimègue. Le maréchal l'y suivit et prit en chemin quelques bagages mal attelés, qui étoient demeurés derrière. Quand il fut arrivé devant cette ville, il trouva que le général d'Athlone avoit mis toute son infanterie dans les dehors et son artillerie sur les remparts, à la faveur de quoi il faisoit entrer sa cavalerie dans la ville. Elle auroit assurément été défaite, si le maréchal l'avoit pu joindre plus tôt; mais il perdit encore du temps à faire mettre son armée en bataille, et, quand il voulut faire charger cette cavalerie, qui ne pouvoit défiler que lentement, il n'étoit plus temps. [Tout ceci se passa en rude canonnade de part et d'autre pendant le reste du jour, aux dépens de quelques officiers, cavaliers et chevaux, qui furent tués[2].]

L'armée françoise passa la nuit en bataille dans le même terrain qu'elle avoit occupé la veille, et en partit le matin pour aller camper à Clèves, au lieu d'aller assiéger Grave. Je ne sais ce qui l'en empêcha (car elle avoit tout l'attirail nécessaire à Ruremonde), non plus que les raisons qu'eut ce maréchal de ne point

1. François-Nicolas, baron Fagel (1645-1718), était général-major des troupes hollandaises.
2. C'est ce qu'on appela la canonnade de Nimègue; elle eut lieu le 11 juin. M. de Boislisle, dans l'appendice XIV du tome X des *Mémoires de Saint-Simon*, en a donné une relation inédite du duc du Maine.

faire ce siège, si ce n'est qu'il n'en avoit point d'ordre de la cour, ou bien appréhenda-t-il que, le siège de Kayserswert étant sur ses fins, l'armée qui le faisoit ne joignît celle de Hollande et ne vînt le lui faire lever. Quoi qu'il en soit, il eut bientôt sujet de se repentir de n'avoir pas tenté l'entreprise ; car il fut ramené bien loin cette même campagne et perdit bien des places. J'en parlerai tantôt.

Pour ce qui est du général d'Athlone, après s'être échappé heureusement des mains du maréchal de Boufflers, qui étoit bien plus fort que lui, il passa le Wahal à Nimègue et étendit son armée tout le long jusques au fort de Schink, où il fit passer le Rhin à un petit corps de troupes qui se tint entre ce fort et Wesel, afin d'ôter aux François l'envie de passer ce fleuve pour aller secourir Kayserswert, en cas qu'ils eussent des bateaux pour faire un pont.

J'ai dit que la tranchée y fut ouverte dès le 18 avril, et que celui qui y commandoit étoit le marquis de Blainville, [homme de courage, aussi bien que tous ceux de cette famille jusques ici, et fort entendu ;] il tint deux mois moins trois ou quatre jours de tranchée et retarda les approches des ennemis par plusieurs sorties vigoureuses faites à propos et avec avantage ; mais la place se trouvant ouverte, par la grande quantité d'artillerie et de bombes que les ennemis avoient employées à ce siège, il capitula le 15 juin ; on lui accorda tous les honneurs de la guerre, il sortit de Kayserswert avec la garnison le 17 ; elle fut conduite à Venloo[1].

1. Les principales conditions de la capitulation sont dans l'*Histoire militaire*, p. 537.

[Pendant que ce siège se faisoit, l'Angleterre et la Hollande déclarèrent la guerre à la France et à l'Espagne le 15 et le 25 mai[1], l'Empereur le 15 du même mois, et les trois collèges de l'Empire au mois de septembre. La déclaration de la France contre ces trois puissances ne fut publiée que le 3 juillet, le Roi voulant témoigner par ce retardement que ce n'étoit pas lui qui avoit commencé la guerre, ce qui fut une foible ressource pour le persuader à tout le monde, attendu les actes d'hostilité précédents.]

Ce siège étant fini, l'armée de Hollande se grossit de la plupart des troupes qui y avoient servi, et de sept à huit mille Anglois, que le lord Marlborough y mena. Les États-Généraux le firent général de cette armée, qui se rassembla incontinent, et vint passer la Meuse à Grave le 25 juillet et dirigea sa marche vers la seigneurie de Ravestein[2]. [Le lendemain, elle passa la petite rivière d'Aa, marcha les deux jours suivants jusques à Geldrop et Mierlo[3], où elle séjourna jusques au 30.]

[Le maréchal de Boufflers, qui étoit campé à Goch et Gennep, entre le Niers et la Meuse[4], où il s'étoit posté avantageusement et avoit fait faire quelques retranchements, les ennemis étant devenus plus forts que lui, apprit, le même jour 25, sur l'après-midi,

1. Les textes des déclarations de guerre sont dans le tome II des *Mémoires de Lamberty*, p. 107 et 129.
2. Sur la Meuse, au nord de Grave.
3. Villages du Brabant hollandais, sur les limites de la Campine.
4. Goch et Gennep sont deux petites villes du pays de Clèves, sur la rive gauche du Niers, petit affluent de droite de la Meuse.

qu'ils passoient la Meuse. Aussitôt il leva son camp et marcha sans s'arrêter jusques auprès de Venloo, où, ayant appris que le Mylord Marlborough s'avançoit sur Mierlo, il continua sa marche vers Ruremonde et y passa aussi la Meuse sur plusieurs ponts qu'il avoit fait faire, et se campa à Horn et Weert[1], où il fut joint par le camp volant du comte de Tallard. Le 30, l'armée ennemie, après une longue marche, se vint loger à Achel, où elle fut renforcée de quelques troupes. Mylord Marlborough fit attaquer par un détachement le château de Grevensbroeck, où il y avoit un poste de soixante à quatre-vingts hommes, qui servoit à assurer les convois qui venoient du Brabant à l'armée de France. Ce poste fut bientôt expédié et la garnison prise à discrétion.

Le maréchal de Boufflers, craignant alors que le Mylord ne pénétrât dans le Brabant, ou tout au moins qu'il ne lui coupât les vivres qu'il en tiroit, vint se poster à Brée[2] après une longue marche. Il abandonna ainsi à leurs propres forces les places de la Gueldre et Rheinberg[3] qu'il tenoit. Le lord Marlborough marcha aussitôt de ce côté-là; le maréchal de Boufflers en décampa pour s'approcher du Brabant. Le lord le suivit, et, les deux armées s'étant trouvées en présence, un défilé entre deux, il y eut une forte canonnade de part et d'autre pendant le reste du jour ; mais le maréchal se retira à l'entrée de la nuit [du côté d'Eindho-

---

1. Dans le Limbourg hollandais, tandis qu'Achel, dont il va être question, est dans le Limbourg belge.
2. Dans le Limbourg belge, à quelques lieues à l'ouest de Maaseijk.
3. Sur le Rhin, en amont de Wesel.

ven¹]. Le lord fit un gros détachement de son armée pour aller investir Venloo, ville de la Gueldre, sur la Meuse, où nous avions une forte garnison et une grande quantité de grosse artillerie, de munitions et de préparatifs de guerre qui y furent perdus. Le prince de Nassau investit cette ville du côté de la Meuse [avec les troupes de Prusse et d'autres princes de l'Empire, tellement que toutes ces troupes jointes ensemble firent une assez grosse armée, qui parut devant Venloo le 29 août]. La tranchée ne fut ouverte que le 4 septembre²; le fort Saint-Michel, qui lui sert d'une espèce de citadelle, ne tint que deux ou trois jours de tranchée ; car les ennemis, ayant fait pendant ce temps-là leurs approches, prirent la contrescarpe et la demi-lune avec beaucoup de facilité, et en trouvèrent encore davantage, par la faute des assiégés, à passer le fossé du corps de la place et à y entrer. Une partie de la garnison, qui étoit de quatre à cinq cents hommes, fut passée au fil de l'épée, et l'autre fut faite prisonnière de guerre. La ville ne se défendit guère mieux, quoique la garnison fût nombreuse et ne manquât de rien. A la vérité, les fortifications en étoient médiocres. Elle se laissa pourtant battre d'un bon nombre de pièces d'artillerie pendant huit ou dix jours ; mais les assiégeants, ayant reçu la nouvelle de la reddition de Landau, mirent leur armée en bataille pour en faire la réjouissance ; les assiégés, en inférant qu'ils alloient être attaqués de vive force et seroient

1. Dans le Brabant hollandais, en remontant vers Bois-le-Duc.
2. La place était mauvaise, et la garnison, peu nombreuse, était commandée par M. de la Badie, qui capitula le 23 septembre.

pris d'assaut comme ceux du fort, battirent la chamade, et comme les travaux des assiégeants n'étoient pas encore fort avancés, et qu'ils vouloient dépêcher la besogne pour suivre leurs autres projets, ils accordèrent à cette garnison qu'elle sortiroit de la ville avec tous les honneurs de la guerre qu'elle avoit demandés et qu'assurément elle n'avoit pas mérités.

Cette armée, ayant pris Venloo, se présenta devant Stevensweert[1], qui est une petite ville fortifiée seulement de terre, dans une île que la Meuse fait en cet endroit; elle étoit alors fort basse, et on la passoit à gué en plusieurs endroits. Celui qui y commandoit, intimidé par la prise subite de Venloo et du fort Saint-Michel, fit une très foible défense, et capitula que lui et sa garnison sortiroient avec armes et bagages et seroient conduits à Namur, ce qui lui fut accordé.

Ruremonde, capitale de Gueldre, qui est une espèce de villasse mal fortifiée, fut attaquée presque en même temps et ne se défendit guère mieux. Le comte de Hornes, lieutenant général espagnol[2], capitula le 7 octobre et fut conduit à Louvain. On acheva de perdre avec ces deux places le reste de la grosse artillerie et des attirails que le maréchal de Boufflers avoit fait passer dans ces villes pour la prétendue exécution de ses projets.

Pendant que le prince de Nassau-Sarrebruck[3] faisoit le siège de ces places, le lord Marlborough, avec son

1. En amont de Ruremonde; la place capitula le 2 octobre.
2. Philippe-Maximilien, comte de Hornes, devint lieutenant général français en 1704 et mourut en 1709.
3. Charles-Louis (1665-1723). Son frère aîné, Louis-Craton, servait dans les troupes de France.

armée d'observation, se vint poster aux environs de Maëstricht, [après s'être saisi chemin faisant de la petite ville de Maaseijk et du château de Stockheim sur la Meuse[1], où il fit jeter des ponts, afin d'ôter au maréchal de Boufflers toute communication avec les villes assiégées.]

Celui-ci, craignant que les ennemis n'assiégeassent la citadelle de Liège, comme il arriva effectivement, vint camper auprès de Tongres, avec son armée, alla visiter cette citadelle menacée, y donna tous les ordres qu'il jugea nécessaires, augmenta la garnison de deux bataillons et s'en revint à son camp de Tongres, où le lord ne le laissa pas fort tranquille. Dès que Ruremonde fut pris, la meilleure partie de l'armée qui en avoit fait le siège vint investir Liège de l'autre côté de la Meuse, et le lord fit passer le Jeker, près de Maëstricht, à sa grande armée, [et marcha le long d'icelui, ayant la Meuse à sa gauche,] droit à la citadelle de Liège, dont il fit commencer le siège, après s'être saisi de la ville sans coup férir, parce qu'elle n'étoit d'aucune défense. Alors le maréchal décampa de Tongres et entra dans les lignes du Brabant, [qu'on appela les lignes de Wasseiges[2],] où il acheva sa malheureuse campagne, [après avoir fait occuper le château de Dinant, qui n'étoit plus guère qu'un poste à contenir environ deux cents hommes.]

[Le lord Marlborough fit mener brusquement le siège de cette citadelle, qui n'étoit pas bonne, quoique revêtue;] mais on crut y avoir suppléé en y mettant

---

1. Ces deux places sont situées entre Maëstricht et Ruremonde.
2. Bourg sur la Méhaigne, au nord de Namur.

sept à huit bons bataillons et toutes les choses nécessaires à une bonne défense. Les canons et les mortiers commencèrent à battre le 20 octobre. Le soir du même jour, la tranchée y fut ouverte, et s'avança tellement, que le 23, sur le midi, les ennemis se trouvèrent en état d'attaquer la contrescarpe, où on ne les attendoit pas ce jour-là, par une négligence qu'on ne peut excuser. Aussi trouvèrent-ils si peu de résistance que, rencontrant une brèche praticable au corps de la citadelle et point de défenseurs, ils y montèrent et entrèrent dans la place. Le gouverneur, qui s'appelloit Violaine[1], y accourut avec ce qu'il put ramasser de monde. Il y eut une espèce de petit combat qui ne dura guère. Le gouverneur fut fait prisonnier de guerre sur la brèche, où il fut mal secondé dans une pareille surprise[2]. Les ennemis, dont le nombre augmentoit à tous moments, tuèrent ceux qui se mirent en défense, et tous les autres furent faits prisonniers. Ce sinistre événement doit servir de leçon à ceux qui pourront commander dans une place assiégée : celui-ci étoit un vieil officier et brave soldat, et même très entendu ; mais il fit la faute de ne point vouloir fatiguer sa garnison en la tenant sous les armes, surtout voyant sa place ouverte et l'ennemi près de lui. D'où je conclus, au hasard de tout ce qu'on en peut dire, qu'il vaut mieux, dans certaines occasions de la guerre, passer pour inquiet qu'être trop compatissant ou trop indulgent.

1. Daniel de Violaine, brigadier en 1691, gouverneur de Philippeville en 1696, avait eu en 1701 le commandement de la citadelle de Liège.
2. Voyez l'*Histoire militaire*, p. 571-572.

Les François occupoient encore un poste dans la Chartreuse de Liège, située au delà de la Meuse et à la tête du faubourg de Jambe, et l'avoient assez bien fortifié. Ils y tenoient trois ou quatre bataillons, la plupart des troupes de Liège, pour la défendre. Le prince héréditaire de Hesse, avec un détachement considérable de l'armée principale, vint l'assiéger et n'y prit pas grande peine ; car celui qui y commandoit la rendit par capitulation, après quelques volées de canon[1]. Les Liégeois et quelques Suisses, qui composoient la plus grande partie de la garnison, prirent parti avec les ennemis ; le reste sortit avec armes et bagages et fut conduit à Anvers. Après ces actions, les deux armées se séparèrent et allèrent prendre leurs quartiers d'hiver.

Il y eut encore quelques autres expéditions militaires du côté de la Flandre et de l'électorat de Cologne. Coehorn[2], fameux ingénieur et officier général hollandois, attaqua et prit, pendant le mois de mai, le fort Isabelle et Saint-Donat[3], où nous avions quatre ou cinq cents hommes. Il mit par ce moyen la châtellenie de Bruges sous contribution et auroit pu faire de plus grands progrès de ce côté-là, si le marquis de Bedmar, commandant des Pays-Bas espagnols, n'y avoit pourvu, en y envoyant un corps de troupes plus considérable que le sien.

1. La garnison sortit le 31 octobre.
2. Menno, baron de Coehorn (1641-1704), rival de Vauban, avait fortifié la plupart des places hollandaises ; il avait le titre d'ingénieur général.
3. Sur l'extrême frontière maritime, entre Westcappelle et la Kenocke.

Le marquis forma dans ce temps le dessein de surprendre Hulst, place aux Hollandois[1]; mais il ne réussit pas. Quelques officiers généraux françois qui servoient sous lui et qui avoient grande envie de se signaler lui en avoient fait l'exécution facile, d'autant que la garnison n'étoit pas nombreuse; mais peut-être n'avoient-ils pas compté qu'avant d'arriver à la place il falloit emporter d'assaut quatre forts situés le long de la digue, dont le dernier et le plus près de la place étoit bon et bien muni. On prit bien les trois premiers l'épée à la main; mais on ne put parvenir au quatrième. Les Hollandois eurent le temps de jeter par la mer des troupes à suffisance dans la place, qu'on ne sauroit aborder que par cette digue; ainsi il fallut s'en revenir avec sa courte honte, et c'est ce qui arrive ordinairement aux entreprises hardies, quand elles sont mal concertées, et qu'on a affaire à un ennemi vigilant.

Pendant que le maréchal de Boufflers étoit aux environs de Clèves avec l'armée qu'il commandoit, le marquis de Bedmar, avec un petit corps de troupes, observoit les ennemis de la frontière de la Flandre et faisoit garder les lignes pour tenir le pays à couvert et à l'abri de la contribution. Toutefois, la garnison de Maëstricht, qui étoit nombreuse, voulut faire une tentative sur celles de Wasseiges et les pénétra avec huit ou dix escadrons. Le marquis de Bedmar, qui se trouva alors logé à l'abbaye d'Heilissem[2], où ces lignes

1. Dans le sud de la province de Zélande, sur un bras de l'Escaut, depuis ensablé.
2. Aujourd'hui Neierheilissem, au sud de Tirlemont; il ne s'y trouvait au plus qu'un prieuré.

passoient, ramassa ce qu'il put de troupes et marcha à eux. Dès qu'ils l'aperçurent, ils songèrent à se retirer, et furent suivis jusqu'à Tongres, où ils avoient posté quelque infanterie pour favoriser leur retraite. [Néanmoins, ils ne purent si bien faire que leur arrière-garde ne fût un peu pelotée au passage des défilés et qu'ils ne perdissent quelque monde.]

[Il me reste à dire ce que fit le comte de Tallard avec un corps de huit à dix mille hommes, qu'il commanda séparément de la grande armée. Il s'occupa d'abord, le Rhin entre deux, à jeter dans Kayserswert, pendant le siège, les provisions nécessaires, à la rafraîchir de troupes quand il en fut besoin et à recueillir les blessés. Tout cela se fit au moyen de plusieurs bateaux qu'il avoit rassemblés et dont les ennemis ne purent jamais lui interdire le passage. Il prit aussi des revers sur eux, où il fit établir des batteries qui tiroient à travers le Rhin et les incommodèrent dans leur camp et dans leurs attaques, de manière qu'ils furent obligés d'en changer la disposition[1]. De là, il s'avança, le Rhin entre deux, vis-à-vis Düsseldorf, ville de l'Électeur palatin, et fit mine de la bombarder. Puis il joignit le maréchal de Boufflers toutes les fois qu'il s'approcha des ennemis ou qu'ils l'approchèrent. Enfin, il revint à Bonn avec ses troupes, y passa le Rhin et entra dans le duché de Berg à l'Électeur palatin, qu'il ravagea, puis s'en vint devant Cologne avec l'électeur de ce nom, qui étoit très mécontent des habitants de cette ville et de son chapitre depuis longtemps et s'étoit préparé à les faire bombarder, lors-

1. Ces batteries se voient sur le plan de Kayserswert donné dans l'*Histoire militaire*, p. 527.

qu'il fit un traité avec eux qui les en sauva; mais ce traité devint dans peu fort inutile, car les Alliés, ayant fini leurs expéditions du côté de Flandre, envoyèrent force troupes prendre leurs quartiers d'hiver dans l'électorat de Cologne et se rendirent maîtres de toutes les places de cet électorat à la réserve de Rheinberg, qu'ils bombardèrent et bloquèrent, et de Bonn, dont l'Électeur fut contraint de sortir, après y avoir introduit une garnison d'environ cinq mille François. Il se réfugia d'abord à Namur, puis à Lille et à Valenciennes, où il a demeuré jusques à la paix, qui le rétablit dans ses États[1].]

[*Siège de Traërbach*. — Le comte de Tallard, ayant mis une garnison dans Bonn et en ayant retiré l'Électeur, vint, avec le résidu de ses troupes et quelques autres qui étoient à Metz et sur la Sarre, assiéger le château de Traërbach sur la Moselle[2], où les Alliés avoient jeté trois ou quatre cents hommes, et y arriva le dernier octobre. Sept ou huit jours après ceux de dedans le rendirent par capitulation[3].]

[*Prise de possession de Nancy par les François*. — Cette expédition finie, il mena ses troupes droit à Nancy, que le Roi avoit fait demander à M. le duc de Lorraine pour y tenir garnison jusques à la paix, de peur que les Impériaux ne s'en emparassent, ce qui auroit porté un grand préjudice à ses affaires. La ville neuve avoit été démolie par le dernier traité de paix,

---

1. Cette phrase montre que Saint-Hilaire rédigeait ses Mémoires, ou du moins les revisait, après 1713.
2. Petite ville dans une situation très importante entre Clèves et Coblentz et au milieu des électorats ecclésiastiques.
3. La ville, investie le 27 octobre, capitula le 6 novembre.

et les fortifications extérieures de la vieille ville entièrement rasées, tellement qu'elle n'auroit pu faire une longue défense et tenir jusques à ce que les Impériaux l'eussent pu secourir. Le duc, étant dénué de troupes et de moyens, remit donc sa ville au comte de Tallard, qui y mit garnison à la fin de novembre, et se retira à Lunéville avec sa famille et sa cour, jouissant toujours de l'utile de son duché et de sa souveraineté, hors de Nancy[1].]

Campagne d'Allemagne, 1702. Siège de Landau. — La campagne fut assez mémorable en Allemagne. Le roi des Romains[2] assiégea Landau avec une forte armée, dont le prince Louis de Bade, qui commandoit sous lui l'armée impériale, lui avoit déjà aplani les premières difficultés. Ce général avoit passé le Rhin dès la fin de mai, [contre la coutume des Impériaux, qui se mettent ordinairement assez tard en campagne,] et s'étoit avancé du côté de la Basse-Alsace, laissant Landau derrière lui, comme bloqué, et tenant devant lui tous les défilés par où le maréchal de Catinat, qui commandoit l'armée de France, beaucoup inférieure en nombre, pouvoit venir à lui pour empêcher ce siège ou pour y introduire les secours qui y étoient nécessaires; [car la garnison n'en étoit pas nombreuse et manquoit de plusieurs choses essentielles, comme d'argent, de sel, d'armes et de médicaments.] Ce ne fut pas sa faute s'il ne put secourir cette place; [il se

---

1. Cette occupation, obligatoire pour la sûreté de la frontière du nord-est, fut faite « au cuisant regret de M. et de Mme de Lorraine », dit Saint-Simon (*Mémoires*, t. X, p. 383), qui se retirèrent à Lunéville et ne revinrent plus dans leur capitale.

2. Joseph, archiduc d'Autriche, empereur en 1705.

donna tous les mouvements nécessaires ; mais son armée étoit si foible, en comparaison de celle de l'Empereur, qui avoit déjà passé le Rhin et occupoit les postes avant qu'il eût pu rassembler la sienne,] qu'il lui fut impossible d'y réussir, et il l'auroit été à tout autre. Mélac[1] étoit gouverneur de Landau et la défendit pendant près de trois mois de tranchée, et d'une vigoureuse attaque, avec toute la science, la valeur et la capacité possibles, quoique dépourvu d'une garnison suffisante, et de plusieurs choses utiles ; il capitula le 10 septembre[2]. Cependant on ne lui en témoigna pas beaucoup de gré à la cour quand il fut de retour ; au moins en parut-il assez mal récompensé : on lui laissa seulement jusqu'à sa mort ses appointements et ses pensions, et il n'eut de satisfaction que de finir sa carrière par un si bel endroit[3].

Surprise d'Ulm par l'électeur de Bavière. — Après ce siège, le roi des Romains s'en retourna à Vienne et ramena une partie de ses troupes en Allemagne pour les opposer à l'électeur de Bavière et le faire expliquer nettement. Jusques-là, l'Électeur avoit temporisé et paru incertain entre l'Empereur et la France. Il levoit toujours des troupes, ce qui donnoit de grands ombrages à l'Allemagne et lui causoit une diversion de forces. A la fin, il leva le masque et se détermina pour la France par la surprise d'Ulm, ville impériale

1. Tome II, p. 329.
2. Sur le siège et la prise de Landau, on peut voir un journal publié dans le *Mercure* d'octobre, 2ᵉ partie, les *Mémoires de Catinat*, t. III, p. 152-153 et 163-165, et l'*Histoire militaire*, p. 579-592, avec un plan. La capitulation est dans les *Mémoires de Lamberty*, t. II, p. 202-204.
3. Saint-Simon dit la même chose (*Mémoires*, t. X, p. 284-286).

sur le Danube, dont il se saisit le 8 septembre[1], sous prétexte qu'il se trouvoit dans la nécessité de faire occuper cette ville par ses troupes, afin de mettre son pays à couvert des impériales, qui s'avançoient, et des menaces de l'Empereur, avec lequel il ne laissoit pas de faire négocier. [Il fit pourtant notifier aux cercles de Souabe et de Franconie qu'il ne les laisseroit pas en repos jusques à ce qu'ils se fussent déclarés neutres, attendu que la guerre dans laquelle l'Empereur s'étoit engagé ne regardoit point l'Empire, mais uniquement la maison d'Autriche.] L'Empereur connut alors qu'il s'étoit trompé quand il s'étoit flatté de ramener à lui le duc de Bavière, et jugea que la grande question étoit d'empêcher qu'il ne fût secouru par un corps de troupes françoises suffisant pour porter la guerre dans le centre de l'Empire et même dans ses pays héréditaires, [et que, si ses généraux le pouvoient empêcher, il forceroit bientôt le duc de Bavière tout au moins à un accommodement, si tant est qu'il ne le pût faire déclarer pour lui.] La chose ne paroissoit pas impossible, parce que les François n'avoient d'autre passage libre sur le Rhin que le pont d'Huningue et que leur armée en Alsace étoit foible cette année-là. C'est pourquoi il fut résolu par le conseil de l'Empereur, après le siège de Landau, qu'une partie des troupes qui l'avoient fait marcheroit par l'Allemagne du côté de la Bavière, et que l'autre, sous le commandement du prince Louis de Bade, viendroit par l'autre côté du Rhin, en le remontant jusque vis-à-vis du pont d'Huningue, [où elle se campa et se retrancha si

1. *Histoire militaire*, p. 592-594.

près de la redoute qui couvroit le pont, qu'il étoit impossible à une armée qui voudroit entreprendre d'y passer ou de déboucher devant lui sans être battue.]

Quand on sut cette disposition à la cour de France, on jugea qu'on ne pouvoit pas faire passer des troupes en Bavière pour y soutenir l'Électeur, sans donner un combat fort hasardeux; mais, comme la chose étoit de la dernière importance, il fut résolu de passer outre. On envoya les ordres au maréchal de Catinat, qui étoit alors campé contre Strasbourg. Ce général, qui s'étoit acquis jusques-là beaucoup de réputation et qui ne voyoit aucune apparence d'un bon succès, crut ne la devoir pas risquer en cette entreprise et s'en excusa[1]. On lui en sut si mauvais gré à la cour, qu'il en fut disgracié, de façon qu'il n'en est jamais revenu et n'a plus servi depuis. Il envoya seulement le marquis de Villars, qui servoit sous lui de lieutenant général, avec un corps de dix à douze mille hommes, se camper sous Huningue, en deçà du Rhin, d'où M. de Villars manda à la cour qu'à la vérité il n'étoit pas possible de faire passer les troupes sur le pont d'Huningue, ni de le déboucher, dans la situation où étoit le prince Louis, mais que, si on vouloit lui envoyer suffisamment de troupes, il ne désespéroit pas de trouver des moyens de lui faire quitter son poste; qu'alors il passeroit le Rhin et tâcheroit de l'atteindre dans sa marche. On lui accorda tout ce qu'il demanda,

---

1. Saint-Simon (t. X, p. 293) dit que Catinat, s'étant attiré l'inimitié de Mme de Maintenon et de Chamillart, fut laissé toute la campagne sans aucun moyen de rien entreprendre et fut dégoûté par là de servir à l'avenir.

c'est-à-dire presque toute l'armée du maréchal de Catinat, qui se logea dans Strasbourg avec l'état-major de son armée. Les vues du marquis de Villars réussirent, et il sut admirablement se prévaloir d'une faute notable du prince Louis de Bade.

Il y a une petite ville, sans aucune fortification, au delà du Rhin, entourée de murailles mal entretenues, avec quelques petites portes percées pour la commodité particulière des habitants. Elle s'appelle Neubourg et est située entre Brisach et Huningue. Le prince Louis y mit en passant une petite garnison seulement de deux cent cinquante hommes, ce qui étoit trop peu pour tenir en sûreté un poste qu'il lui étoit de la dernière importance de conserver, pour ôter aux François la faculté de jeter des ponts sur le Rhin et de passer ce fleuve à l'appui de ce poste, [et de se venir camper avec toute leur armée entre la sienne et Fribourg, d'où il tiroit sa subsistance et sa communication, de manière qu'il se trouveroit enfermé dans un coin du territoire des Suisses, et laisseroit le passage aux François pour se joindre aux Bavarois, qui se mettoient en mouvement par le Val-Saint-Pierre et la Forêt-Noire.] On ne peut guère excuser ce prince en cela, sinon que son armée étoit trop foible pour en faire un plus gros détachement, qu'il ne comptoit pas que ce poste seroit surpris, et qu'il prétendoit, s'il étoit attaqué de vive force, le soutenir de son armée, qui, [étant campée au débouché du pont d'Huningue, ôtoit aux François la faculté de surprendre aux Suisses un passage plus aisé pour pénétrer jusques en Bavière à travers le territoire de leur dépendance.]

Quoi qu'il en soit, il se trouva que ce prince n'avoit

pas pris d'assez justes mesures. Laubanie[1], qui commandoit dans la Haute-Alsace, surprit, au moyen des petites portes dont j'ai parlé, les deux cent cinquante hommes qui étoient dans Neubourg, et y établit un poste nombreux et bien précautionné[2], qui fut bientôt soutenu par dix mille hommes, que le comte de Guiscard, lieutenant général[3], amena de l'armée du maréchal de Catinat, et on fit en même temps descendre des bateaux pour faire des ponts. Le prince Louis en ayant été averti et craignant que le marquis de Villars ne ramenât brusquement ses troupes, qu'il tenoit toujours campées en deçà du Rhin, contre Huningue, pour les faire passer à Neubourg avec celles du comte de Guiscard [et lui faire barrière entre son camp et Fribourg], décampa [de devant la tête du pont d'Huningue et des retranchements qu'il y avoit fait faire] et dirigea sa marche sur Fribourg, son infanterie par les montagnes, et sa cavalerie le long de la pente qu'elles font presque jusqu'au Rhin, à la chute desquelles et assez près d'Huningue il avoit fait construire un petit fort en étoile, sur une éminence, qui battoit de revers tout cet espace, jusques à la chaîne des montagnes, au moyen de l'infanterie et du canon qu'il y avoit logée.

Combat de Friedlingue[4]. — Il étoit alors huit ou neuf heures du matin du 14 octobre, quand le mar-

1. Tome I, p. 245.
2. Le 12 octobre; voyez les *Mémoires de Villars*, t. II, p. 31-32.
3. Tome II, p. 369.
4. A comparer au récit qui va suivre ceux du *Journal de Dangeau*, t. IX, p. 13-14, des *Mémoires de Sourches*, t. VII,

quis de Villars, qui s'étoit logé dans une île du Rhin au milieu du pont d'Huningue, fut averti du décampement des Impériaux. Aussitôt il envoya ordre à toutes ses troupes de quitter leur camp et de venir passer le pont en grande diligence. Il passa lui-même à la tête des premières, pour reconnoître leur marche, et jugea qu'il pouvoit faire attaquer leur infanterie par les montagnes où elle marchoit, quoique leur situation, couverte de bois en plusieurs endroits, fût fort avantageuse. Sa cavalerie prit le terrain depuis ces montagnes jusques au Rhin. L'infanterie impériale, dont quelques escadrons protégeoient la marche, fut bientôt attaquée avec beaucoup d'impétuosité, et il y eut deux charges vigoureuses avant qu'elle pût être ébranlée. A la troisième, elle se jeta dans un grand bois, où les François la suivirent avec plus de valeur que de bon ordre, et, trouvant au delà plusieurs bataillons frais en bataille, ils furent chargés à leur tour et mis en fuite jusques contre Huningue, sans presque aucun ralliement. Pendant ce temps-là, la cavalerie françoise, première et seconde ligne, commandée par Magnac, lieutenant général et excellent officier[1], s'étoit mise en bataille dans le terrain que j'ai déjà décrit. L'impériale l'y vint charger avec beaucoup de fierté, et, si elle l'eût rompue, la bataille étoit

---

p. 381-387, le *Mercure* d'octobre, p. 409-420, les *Mémoires de Villars*, t. II, p. 31-32, l'*Histoire militaire*, t. III, p. 600-606, les *Mémoires de Saint-Simon*, t. X, p. 297-302, qui rabaissent le rôle de Villars et exaltent celui de Magnac.

1. Jules Arnolfini, comte de Magnac, n'était que maréchal de camp; il fut promu lieutenant général le 23 décembre 1702, comme récompense de sa belle conduite; il mourut en 1712.

entièrement perdue pour les François, et ceux d'entre eux qui n'auroient pu rentrer dans Huningue auroient été culbutés dans le Rhin, si bien qu'il eût échappé peu de cette armée. Mais Magnac, secondé des officiers généraux et particuliers de ses deux ailes, fit si bien manœuvrer sa cavalerie, et soutint l'attaque des Impériaux avec tant de justesse et de valeur, qu'ils furent rompus absolument et s'enfuirent jusques à Fribourg, sans être poursuivis, ni qu'il fût au pouvoir du prince Louis de les faire rallier. Deux bonnes raisons empêchèrent Magnac de les poursuivre : l'une qu'il auroit été obligé de passer sous le feu du fort, qui auroit pu rompre sa cavalerie et y causer du désordre; l'autre, que l'infanterie impériale qui mit la françoise en grand désordre, se seroit jetée sur son flanc ou lui auroit coupé sa retraite. Ainsi l'on peut dire que Magnac gagna la bataille par sa valeur et sa bonne conduite, ou empêcha qu'elle ne fût entièrement perdue. Je dis ceci, parce que chacun des deux partis s'attribua la victoire, les François pourtant, avec plus de raison, en ce que le champ de bataille leur resta; car la cavalerie impériale ayant fui sans pouvoir se rallier, le prince Louis l'abandonna et mena son infanterie, sans être plus inquiétée, camper à Stäufen, entre Neubourg et Fribourg, où sa cavalerie le rejoignit, et peu de jours après de nouvelles troupes. Quand ce combat se donna, les deux armées étoient à peu près de même force, et la plus forte n'étoit que de dix-huit à vingt mille hommes. Il en coûta la vie à des Bordes, lieutenant général[1], qui conduisoit l'infanterie françoise, et

1. Philippe d'Espocy des Bordes, gouverneur de Landau, avait été nommé lieutenant général au commencement de 1702.

la fit combattre avec plus de valeur que de jugement. Les Impériaux y perdirent le comte de Fürstenberg[1], général de l'artillerie, et le comte de Zollern[2], lieutenant feld-maréchal, et, de part et d'autre, quantité de braves officiers, mais plus de François que d'Impériaux, parce que le nombre en est plus grand parmi nous que parmi eux.

Il resta environ quatre mille hommes de part et d'autre sur le champ de bataille. Le nombre des prisonniers et des blessés fut à peu près égal; chacun des deux partis y perdit quelques pièces de canon et quelques drapeaux et étendards. L'infanterie de l'un y fut battue et la cavalerie de l'autre, et celui qui profita le plus de cette bataille fut le marquis de Villars, que le Roi fit maréchal de France.

Pour ce qui est de Magnac, il n'eut que la satisfaction d'y avoir beaucoup contribué, si tant est que c'en fut une pour lui, et beaucoup de louanges et de promesses qui aboutirent au gouvernement de Mont-Dauphin, qui vaqua deux ou trois ans après et qu'on lui donna[3]. Il est vrai que Magnac, quoique grand parleur, n'étoit point de ces esprits lumineux et brillants, capables des intrigues de cour; un véritable bon sens et sa droiture les lui faisoient mépriser, et il vouloit tout devoir à son mérite, [sans être tenté de considérer que c'est une grande erreur pour parvenir à une fortune éminente. Il y a eu ci-devant avec lui quantité de gens de son avis, par noblesse de senti-

---

1. Charles Égon, de la branche de Moëskirck, né en 1665.
2. François-Antoine de Hohenzollern-Haigerloch, cadet de la branche de Sigmaringen.
3. Il en fut pourvu le 28 avril 1706.

ments, et qui serviront d'exemples aux véritables honnêtes gens, qui seront de leur avis ; mais il ne sera pas le plus suivi, puisqu'ils demeureront presque toujours en chemin, même à naissance et mérite égal. Finissons la digression et revenons au récit du reste de la campagne d'Allemagne.]

Le prince Louis de Bade, ayant rassemblé son armée à son camp de Stäufen, qui se trouva fortifié de nouvelles troupes, fit mine de vouloir reprendre le poste de Neubourg, que les François avoient bien réparé, mais il ne l'osa entreprendre, de crainte de quelque échec, leur armée étant à portée de le soutenir. Il sépara bientôt la sienne : une partie, sous le comte de Gronfeld[1], tira sur Fribourg, pour garder les passages qui communiquent du côté de la Bavière, et il mena l'autre vers le fort de Kehl. Il tira une ligne depuis ce fort jusques à Hornberg, le long de la petite rivière de Kinzig, et fit faire des retranchements dans la vallée et sur les montagnes qui la bordent, dont la plupart sont inaccessibles. Il les fit garder par des milices, que ses troupes qui bordoient la Kinzig soutenoient, et crut, par ce moyen, avoir suffisamment pourvu à la défense de ce passage pour communiquer à la Bavière par la source du Danube. De son côté, le nouveau maréchal de Villars fit repasser le Rhin à son armée et la mit en quartier d'hiver dans les villes et bourgs de l'Alsace.

Campagne d'Italie. — Le Roi, voulant rétablir la gloire et la réputation de ses armes en Italie, fit des

---

1. Jean-François, comte de Gronfeld, devint plus tard feld-maréchal et président du conseil de guerre.

dépenses immenses, aux dépens de ses peuples, pour raccommoder ses troupes et les pourvoir de toutes les choses nécessaires, tant en recrues, chevaux de remonte, habillements et équipages qu'en attirail de guerre et provisions de bouche, et les augmenta encore de vingt bataillons et de trente escadrons de sa meilleure cavalerie, qui vinrent de France. Il donna le commandement de cette magnifique armée au duc de Vendôme, sous le roi d'Espagne, qui en partit de bonne heure pour venir dans son royaume de Naples, [à deux fins : l'une, de calmer par sa présence et les grâces qu'il répandit les semences de révoltes excitées par quelques seigneurs napolitains, dont aucuns avoient été arrêtés et conduits en France, et d'autres s'étoient sauvés et entrèrent au service de l'Empereur; la seconde, de déterminer le Pape à lui donner l'investiture des royaumes de Naples et de Sicile, qui relèvent du Saint-Siège depuis la reine Jeanne, ce qu'il sollicitoit depuis du temps et n'a jamais pu obtenir.] Il séjourna environ six semaines dans le royaume de Naples et en partit pour se venir mettre à la tête de l'armée d'Italie, où il avoit fait passer d'augmentation aux troupes qu'il avoit déjà dans le Milanois cinq à six mille chevaux d'excellente cavalerie qu'il avoit tirée de ses royaumes.

Le duc de Savoie envoya aussi six mille hommes de ses troupes, tellement que tout cela, joint ensemble, faisoit environ quatre-vingt mille hommes, ce qui étoit une moitié plus que ce que l'Empereur avoit en Italie. [Mais, avant que tout ceci pût être réuni, et dans le mois de mars, le duc de Vendôme assembla un corps de vingt mille hommes à Pizzighitone, le long de l'Adda, et lui fit passer le Pô sur des ponts qu'il avoit fait faire entre Plaisance et Crémone. Il parut que son dessein en cela étoit de chasser les Impériaux du Parmesan, où ils avoient des quartiers pour une partie de leurs troupes. Quoi que cela fût, ou bien qu'il eût d'autres vues qui ne réussirent pas, il est certain qu'il ne demeura que peu de jours dans le Plaisantin et qu'il s'en revint par son même chemin, repassa le Pô et établit ses troupes dans des quartiers de rafraîchissement le long de l'Adda, en attendant que toutes celles qu'il devoit commander l'eussent joint ou fussent arrivées à portée, et que l'herbe eût poussé, pour se mettre sérieusement en campagne.]

Ravitaillement de Mantoue par M. de Vendôme. — Le temps en étant arrivé vers les premiers jours de mai, M. de Vendôme prit une grande partie des troupes qui devoient composer son armée et les mena vers le Bas-Oglio, quoique son véritable dessein ne fût pas de passer cette rivière en cet endroit; car il n'ignoroit pas que tous les passages étoient bien gardés et soutenus par les Impériaux. Ainsi, il n'y demeura qu'autant de temps qu'il lui en fallut pour leur donner de la jalousie en cette partie et leur cacher la marche véritable d'un grand convoi de toutes sortes de provisions pour Mantoue, qu'il faisoit préparer à Crémone. Quand tout cela fut prêt et ce convoi en chemin, il remonta l'Oglio et vint passer cette rivière vers Soncino [et Pontevico] sans aucune opposition. Les Impériaux, plus foibles que lui, rassemblèrent plusieurs de leurs quartiers et vinrent camper près d'Ustiano, où ils avoient un poste. Mais, M. de Vendôme étant venu camper à Bassano, après avoir passé la Mela, et de là à Pralboino, le prince Eugène abandonna Ustiano, où on trouva beaucoup de munitions [que les Impériaux n'avoient pu évacuer, et même les bateaux de leur pont, dont ils avoient seulement coupé les cordages et jeté les couvertures]. M. de Vendôme vint ensuite camper à Isorella, sur le Naviglio, et y séjourna deux jours pour faire filer son convoi. Pendant qu'il fut en ce camp, il fit deux gros détachements, l'un pour occuper le passage de la Chiesa et l'autre pour aller attaquer Canneto, où il y avoit quatre ou cinq cents Impériaux, sous un lieutenant-colonel, qui se rendirent après qu'on leur eût tiré quelques volées de canon. Puis M. de Vendôme [passa la Chiesa sans aucune opposition,] vint camper près de Goïto, le long du Mincio, qu'il fit passer à son convoi sous une bonne escorte, et il l'introduisit dans Mantoue, où il changea une partie de la garnison[1]. Sur cela, les Impériaux vinrent camper leur droite à Curtatone, sur le bord de la partie supérieure du lac, et leur gauche vers Borgoforte, qu'ils avoient fortifié et où ils avoient des ponts sur le Pô, pour communiquer avec le Modénois et le Parmesan. Dans cette position, M. de Vendôme, ayant remarqué, dans une promenade qu'il fit du côté de Mantoue, qu'il étoit facile de faire déloger toute leur droite à coups de canon, il en sortit un nombre de pièces de Mantoue, [qu'on mit en batterie sur le bord du lac qu'il tenoit,] de manière que les Impériaux furent contraints de reti-

---

1. Tous ces petits faits se passèrent dans le courant de mai 1702 : *Histoire militaire*, p. 641.

rer leur droite et de changer la situation de leur camp, [occupant pourtant toujours les postes fortifiés qu'ils tenoient aux environs des avenues de la chaussée de Mantoue, avec lesquels ils communiquoient au moyen des retranchements et communications qu'ils avoient faits en cette partie à la tête de leur camp.]

Pendant que tout ceci se passoit, M. de Vendôme manqua d'être enlevé la nuit dans une jolie cassine où il s'étoit logé avec peu de précaution[1]. Le prince Eugène, en ayant eu avis, en donna l'exécution au comte Davia, officier général dans l'armée impériale[2], qui fit embarquer trois ou quatre cents hommes choisis sur quatorze ou quinze bateaux. Ils filèrent la nuit le long du lac et du Mincio, à la faveur des roseaux, et parvinrent, sans être aperçus, vis-à-vis de la maison de M. de Vendôme. Davia fit son débarquement tranquillement et s'avança vers la maison quand il n'y vit plus de lumière et qu'il jugea que tout le monde étoit endormi; mais il arriva, malheureusement pour lui, qu'il fut découvert par une sentinelle qui demanda *Qui vive?* On lui répondit que c'étoit une lettre de Mantoue qu'on apportoit à M. de Vendôme. La sentinelle appela son caporal. Là-dessus, un des gens de Davia tira un coup imprudemment sur la sentinelle et la tua. La garde de M. de Vendôme prit les armes, et Davia, se voyant découvert, fit faire une décharge à son monde, à travers les fenêtres, et commença de se retirer vers ses bateaux. Il ne put le faire si promptement que les piquets de l'armée les plus prochains,

1. Le chevalier de Quincy (*Mémoires*, t. I, p. 212-214) raconte aussi cette aventure.
2. Il était général de l'artillerie de Savoie et mourut en 1704.

qui avoient entendu le feu et s'étoient doutés de ce que ce pouvoit être, n'y accourussent et ne le reconduisissent vertement, tellement que Davia perdit quelques gens ; mais on peut dire que M. de Vendôme l'échappa belle.

Prise de Castiglione par les François. — Il détacha le comte de Revel avec un corps de troupes et du canon pour aller attaquer quatre ou cinq cents Impériaux et trois cents paysans, qui occupoient Castiglione-delle-Stiviere, pour tenir leur communication avec le lac de Garde, dont ils se servoient pour faire venir leurs provisions plus commodément. Cette garnison fut faite prisonnière de guerre, après avoir fait quelque défense [1] ; mais on fit pendre une centaine de paysans, qui furent trouvés dedans les armes à la main, comme sujets rebelles et pour servir d'exemple aux autres.

[*Canonnades entre les deux armées.* — Le 3 juin, M. de Vendôme décampa de Goïto pour se venir loger plus près de l'ennemi, qui s'étoit venu camper à Montanara, ayant sa droite sur Mantoue et sa gauche tirant vers Borgoforte. Comme il se trouvoit sur un terrain élevé qui dominoit notre armée, campée à une demi-portée de canon de lui, M. de Vendôme, qui ne vouloit point le combattre avant l'arrivée du roi d'Espagne, et qui, d'ailleurs, avoit ses projets, comme on le verra bientôt, fit retrancher son armée. Le prince Eugène fit la même chose, et on se canonna plusieurs jours de part et d'autre.]

[Pendant tout ceci, tout le reste des troupes qui devoient composer l'armée des deux Couronnes s'as-

1. La ville capitula le 31 mai.

sembloit sur l'Adda, près Crémone, et M. de Vendôme faisoit tenir prêtes sur le Pô plusieurs galiotes armées, de la grosse artillerie, quantité de vivres et des bateaux propres à faire des ponts, et fit marcher un corps de troupes du côté de Vidano, vers le Bas-Oglio. On chassa les Impériaux de Canneto, et, par ce moyen, il leur donnoit jalousie du côté des postes qu'ils occupoient dans le Parmesan, comme Bercello, Guastalla et autres, ce qui les obligea de les fortifier de quelques troupes et d'y en envoyer d'autres pour les soutenir.]

Pendant ce temps-là, M. de Vendôme se tenoit toujours du côté de Mantoue avec un corps d'armée et faisoit divers mouvements pour inquiéter les Impériaux. Ayant bien fait fortifier son camp, il en fit plusieurs détachements de corps entiers, qui filèrent l'un après l'autre vers Casal-Maggiore et Crémone, pour joindre les troupes qui y étoient assemblées, et dont les Savoyards faisoient partie, au nombre de cinq à six mille hommes.

M. de Vendôme s'y rendit aussi peu après, ayant laissé une armée de vingt mille hommes dans le camp retranché qu'il quittoit, sous le commandement du vieux prince de Vaudémont, pour profiter des conjonctures et des occasions qui pourroient se présenter et contribuer à faire lever totalement aux Impériaux le blocus de Mantoue, et à l'exécution de ses autres projets.

Ayant eu nouvelle que le roi d'Espagne étoit arrivé de Naples dans le Milanois pour se mettre à la tête de l'armée[1], il prépara toutes ses troupes pour entrer

1. Il arriva à Crémone le 3 juillet.

en action. A cet effet, il passa le Pô à Crémone avec quarante ou cinquante escadrons, vingt-cinq bataillons et une bonne artillerie de campagne, et vint camper à San-Secundo, sur le Taro, pendant que le reste de l'armée, consistant en dix-sept à dix-huit bataillons et quarante-deux escadrons, passa le Pô à Casal-Maggiore, conduite par le roi d'Espagne, qui joignit M. de Vendôme le lendemain à San-Secundo.

Levée du blocus de Mantoue. — Ces mouvements obligèrent le prince Eugène de lever le blocus de Mantoue et de quitter son camp de Montanara pour venir passer le Pô à Borgoforte avec son armée; le prince de Vaudémont vint bientôt se poster à ce camp de Montanara.

La première attention du prince Eugène, quand il fut au delà du Pô, fut de pousser en avant, entre le Crostolo et le Tessone, un corps d'environ quatre mille chevaux, sous le général Visconti[1], pour y tenir poste et lui donner des nouvelles de la marche de l'armée des deux Couronnes. Il fit aussi retirer de Bercello et de Guastalla l'artillerie et les troupes qu'il jugea superflues et prit la résolution d'attendre l'armée des deux rois pour deux raisons apparentes : l'une, qu'il ne pouvoit s'éloigner des bords du Pô et abandonner Borgoforte et son pont à M. de Vaudémont, et l'autre, qu'il se trouvoit campé dans une situation si avantageuse pour aller commodément au devant de l'ennemi et le combattre dans un terrain coupé, désavantageux et difficile, où il ne se pouvoit mettre régu-

1. Annibal, marquis Visconti, était général des troupes espagnoles en Milanais en 1700; il passa alors au service de l'Empereur; il mourut en 1747.

lièrement en bataille ni se servir de sa cavalerie et de son canon avant qu'il pût sortir des défilés, et qu'ainsi probablement les Impériaux remporteroient la victoire.

Combat de Santa-Vittoria[1]. — Venons à présent aux préludes de ce combat et à la suite de la marche. M. de Vendôme, étant arrivé de bonne heure avec l'armée de Colorno, en partit sur les deux heures après midi, avec vingt-cinq escadrons et quinze compagnies de grenadiers, sur l'avis qu'il avoit que le corps de Visconti étoit encore campé à Santa-Vittoria, ayant le Tessone à dos. Étant arrivé sur le Crostolo, dont les rives sont fort élevées, il y trouva un gué qui n'étoit point gardé ni rompu. Il le passa hâtivement et marcha droit à Santa-Vittoria, où il trouva les ennemis, qui à peine eurent le temps de monter à cheval et de se mettre en bataille pour le recevoir. Il y eut pourtant un petit combat, où Visconti fut bien battu; il y perdit près de deux mille hommes, tués ou noyés en passant le Tessone, trois paires de timbales, ses étendards, ses bagages et environ mille chevaux, que les cavaliers abandonnèrent pour repasser le Tessone, dont les bords étoient fort élevés et les ponts embarrassés de bagages. Cette action se passa le 26 juillet; le roi d'Espagne arriva à la fin et témoigna bien du regret de n'avoir pu être au commencement.

1. On peut comparer le récit de l'*Histoire militaire*, t. III, p. 669-671, le *Journal de Dangeau*, t. VIII, p. 467-470, qui reproduit la lettre de Philippe V à son grand-père, les *Mémoires militaires*, t. II, p. 236-241 et 728-730, les correspondances de la *Gazette* et les *Mémoires du chevalier de Quincy*, t. I, p. 220-225.

Toute l'armée étant venue camper à Santa-Vittoria, on en fit un détachement sous Albergotti, lieutenant général, qui alla s'emparer de Reggio et de Modène. Le duc et sa famille se retirèrent à Bologne. Albergotti vint rejoindre l'armée, ayant laissé garnison dans ces deux villes. Elle partit à la sourdine de son camp de la Tessa, le 15 août, à une heure après minuit.

Combat de Luzzara[1]. — M. de Vendôme prit les devants avec les gardes ordinaires, vingt-quatre compagnies de grenadiers et deux régiments de dragons, passa la Parmegiana et la Tagliata et arriva par un terrain de défilés près de Luzzara, sur les huit heures du matin, où il avoit résolu de faire camper l'armée. Luzzara étoit un poste situé près du Pô, que le prince Eugène avoit fait fortifier, où il tenoit quelques magasins de vivres, et qui servoit à sa communication avec Guastalla et Bercello. M. de Vendôme y fit avancer ses dragons et quelques compagnies de grenadiers et somma celui qui y commandoit de se rendre. Cet officier répondit par une bonne décharge, dont quelques-uns furent blessés, et entre autres le comte de Sézanne, maréchal de camp[2]; ce qui donna lieu de juger que ce commandant comptoit d'être soutenu

---

1. Le *Mercure* de septembre, p. 8-49, contient une relation détaillée de la bataille de Luzzara, et Tessé en adressa à la duchesse de Bourgogne un compte-rendu qui est inséré dans l'Appendice du tome VII des *Mémoires de Sourches;* voyez aussi l'*Histoire militaire*, p. 674-683, les *Mémoires militaires* par le général Pelet, p. 247-251 et 731-740, et les *Mémoires de Quincy*, t. I, p. 232 et suivantes.

2. Louis-François d'Harcourt, comte de Sézanne (1677-1714); il était alors brigadier. Frère consanguin du maréchal d'Harcourt, il était en même temps frère utérin de la maréchale.

dans peu de temps. M. de Vendôme n'ayant point alors de canon avec lui, cette attaque fut différée, et ce général s'occupa à faire poster les gardes du camp, à le reconnoître et à le faire marquer, quoiqu'il en eût trouvé le terrain fort couvert et coupé et d'une communication très difficile de la droite à la gauche, et de sa première à sa seconde ligne. Il compta d'y remédier par l'art; mais les ennemis ne lui en donnèrent pas le temps. Il étoit à peine midi qu'on vint dire à M. de Vendôme, qui se trouvoit alors dans le terrain qu'il destinoit à sa droite, que les ennemis marchoient à lui en pleine bataille, leur canon à la tête. Il envoya vite au devant de ses troupes pour les faire avancer en diligence; et, ayant remarqué que l'ennemi se préparoit à faire son principal effort par sa droite du côté de Luzzara, il commença à lui opposer en cette partie le plus d'infanterie et de dragons qu'il lui fut possible à mesure qu'ils arrivoient; ce qui venoit lentement, à cause des défilés où il falloit qu'ils passassent; il fit venir aussi quelques pièces de canon.

En cet endroit, et à une petite distance du Pô, il y avoit une espèce de chaussée assez large qui tournoyoit et servoit aussi contre les inondations fréquentes de ce fleuve. On n'y put loger que deux ou trois pièces de canon, à la tête de la brigade de Piémont, qui fut jointe de plusieurs autres par sa droite. Il se trouva encore entre la digue et la rivière un petit rideau et un petit bois qu'on retrancha, afin de n'être pas pris de flanc. Le reste des troupes de la droite n'étoit pas encore arrivé, non plus que toute la seconde ligne, qui ne vint qu'à la fin du combat, lorsque le prince Eugène, qui avoit toute son armée ensemble, en bataille bien formée, dans une situation à se mouvoir facilement, fit attaquer, sur les quatre heures après midi, notre gauche avec beaucoup d'audace et de vivacité. Heureusement que la brigade de Piémont se trouva, par la situation du terrain, postée de manière que les Impériaux lui prêtoient le flanc en venant à la charge et en essuyoient un feu terrible et continuel, qui leur fit perdre bien du monde, sans remporter aucun avantage. Ce ne fut qu'à la quatrième charge qu'ils en eurent un peu sur les Irlandois et les brigades de Saulx et du Perche ; ce qui causa une confusion qui auroit pu devenir plus grande, si Bezons, lieutenant général, ne se fût présenté avec quelques escadrons, qui arrêtèrent les Impériaux et donnèrent moyen à ces brigades de se rallier. La droite et une partie du centre furent aussi attaquées en différents temps, avec un succès à peu près égal. Enfin, le prince de Commercy[1], qui commandoit l'attaque des Impériaux, ayant été tué, leur ardeur se ralentit un peu ; et, comme il étoit fort aimé et très estimé pour sa grande valeur et ses autres belles qualités, ils demandèrent une petite suspension d'armes pour chercher son corps. Enfin, la nuit qui étoit déjà survenue, joint à la lassitude, fit cesser le combat, qui fut un des plus rudes et des plus meurtriers qu'on eût vus.

Le roi d'Espagne, quoique très jeune, y témoigna beaucoup de fermeté. La perte fut à peu près égale de part et d'autre, et le carnage grand. Nous per-

1. Charles-François de Lorraine-Elbeuf, prince de Commercy. C'était un fils du duc d'Elbeuf, qui était passé au service des Impériaux et servait contre la France.

dîmes de notre côté, entre autres, le marquis de Créquy, lieutenant général, qui fut fort regretté, et avec grande raison. La cavalerie n'eut presque point de part à ce combat, à cause de la difficulté du terrain, qui ne lui permettoit pas de percer ni de se mouvoir à propos; celle de l'Empereur ne lui servit presque qu'à soutenir son infanterie dans ses attaques.

C'est ainsi à peu près que se passa cette grande journée. Le prince Eugène eut l'habileté d'attirer M. de Vendôme, qui étoit le plus fort, de le surprendre en venant au-devant de lui et de le combattre dans un terrain désavantageux, où il devoit être battu sans miracle, n'ayant pas encore la moitié de ses troupes lorsque le combat se donna. S'il ne remporta pas la victoire, au moins reçut-il beaucoup d'honneur d'avoir rompu par cette action les grands projets de M. de Vendôme, qui s'étoit flatté de l'acculer contre le Pô et de faire emporter à sa vue Borgoforte par l'armée de M. de Vaudémont, de rompre son pont sur le Pô pendant qu'il l'attaqueroit et de le contraindre, avec beaucoup de péril par la position de ses armées, de se retirer dans le duché de la Mirandole et de le chasser dans peu de l'Italie.

La nuit et la lassitude ayant fait finir le combat, avec une perte à peu près égale de part et d'autre, les deux armées passèrent la nuit sous les armes; ensuite, les Impériaux se campèrent le dos au Zero et s'y retranchèrent, la droite vers le Pô et la gauche tirant sur la Secchia. M. de Vendôme se mit contre Luzzara en front parallèle et se retrancha pareillement. La garnison de Luzzara se rendit prisonnière de guerre; on y trouva quantité de sacs de grains, d'autres vivres, des armes et peu de munitions de guerre.

Canonnade entre les deux armées. — Dans cette situation, les deux armées, [qui ne se trouvoient qu'à demi-portée de canon,] se canonnèrent plusieurs jours de suite avec peu de succès. M. de Vendôme fit faire un pont sur le Pô, qui se trouva couvert de la gauche de son retranchement, et, par ce moyen, il communiqua librement avec l'armée de M. de Vaudémont, dont il tira quelques troupes, qui vinrent remplir le vide que le combat précédent avoit fait dans son armée. [M. de Vaudémont, de son côté, canonna Borgoforte et le pont que les Impériaux y avoient sur le Pô, dont il y eut quelques bateaux de fracassés; le dommage fut bientôt réparé. La gauche de l'ennemi fut aussi canonnée avec plus de succès, en ce qu'il se trouvoit une île dans le Pô, au milieu du pont qu'on y avoit fait. M. de Vendôme y fit établir des batteries, qui la prenoient en flanc et l'incommodoient fort. Le prince Eugène y fit remédier par quantité d'épaulements qu'il ordonna et qui la mirent à couvert.]

Pendant que tout ceci se passoit, M. de Vaudémont fit assiéger Guastalla par un gros détachement de son armée. Ce n'étoit qu'une villotte mal fortifiée et sans dehors. Il y avoit dedans environ trois mille Impériaux, sous le comte Solari[1]. Ils se défendirent pendant dix ou douze jours et capitulèrent d'en sortir en gens de guerre, sous condition d'être conduits

---

1. Ce Solari était commandeur de Malte et appartenait à une bonne famille de Piémont alliée aux Liechtenstein; il sera tué en 1704.

à Trente et de ne pouvoir servir contre l'armée des deux Couronnes qu'au mois d'avril suivant.

[Après cette expédition, ce détachement marcha à Bercello, qui étoit mieux fortifié. Comme ce siège pouvoit tenir du temps, et que l'on compta que cette place seroit obligée de se rendre pendant l'hiver, faute de pouvoir être secourue et manque de vivres, comme il arriva effectivement, on se contenta pour lors d'éprouver la constance du gouverneur et de sa garnison par un bombardement, et le roi d'Espagne se prépara à repasser dans ses royaumes, où de grandes affaires l'appeloient.]

[Le reste de la campagne se passa en Italie en courses et en guerres de campagne, où les Impériaux, mieux guidés, eurent presque toujours de l'avantage. Ils firent des courses par les derrières de notre armée et allèrent rançonner jusques aux portes de Pavie et de Milan. Un de leurs partis, trouvant une des portes de la ville ouverte, entra même dedans, environ deux cents pas, et y jeta quelque argent pour y exciter une sédition; mais, comme ils n'étoient qu'environ cinquante, ils n'osèrent entrer plus avant ni y séjourner longtemps; car quelques-uns de la noblesse et de la bourgeoisie fidèles prirent aussitôt les armes et s'avancèrent sur eux, ce qui les fit retirer bien vite. Les garnisons des places du Milanois se mirent en campagne pour tâcher de les couper au retour; mais, comme il fallut du temps pour les avertir et les mettre en mouvement, les Impériaux, qui en avoient d'avance, se tirèrent d'affaire sans être joints, et, ayant pris de grands détours pour plus de sûreté, ils rejoignirent leur armée sans aucune perte et y ramenèrent de l'argent, et des otages pour plus grande somme.]

L'arrière-saison étant arrivée, M. de Vendôme renvoya à Mantoue un corps de troupes sous le comte de Tessé, lieutenant général, qui y avoit commandé pendant le blocus avec gloire et réputation. Il fit courir le bruit qu'il alloit établir son quartier général à Guastalla, où il fit faire des ponts sur le Pô, et décampa de Luzzara sans que les Impériaux fissent aucuns mouvements sur lui. Il passa le Pô à Guastalla et s'en vint à Mantoue, d'où il sortit deux jours après avec quatorze ou quinze mille hommes et de la grosse artillerie pour attaquer le poste de Governolo, que les Impériaux tenoient avec environ quinze cents hommes. Ce poste ayant été battu pendant trois ou quatre jours, et le pont sur le Mincio presque entièrement rompu à coup de canon, le prince Eugène envoya ordre à celui qui y commandoit de l'abandonner et de se retirer vers Ostiglia[1]. Peu de jours après, ce prince ayant laissé l'armée impériale sous le commandement du comte de Stahrenberg, en partit pour se rendre à Vienne et y représenter les pressants besoins des Impériaux pour se maintenir en Italie.

[Leur nouveau général fit fortifier Ostiglia, les Due-Terre et retrancher les bords de la Secchia, du côté du duché de la Mirandole, et n'oublia rien pour mettre ses quartiers en sûreté.] De son côté, M. de Vendôme fit fortifier Governolo, Borgoforte et quelques autres postes, tant sur le Mincio que sur le Pô, et vers le

---

1. Les Français entrèrent dans Governolo le 28 décembre 1702.

lac de Garde, et fit retrancher les bords de la Secchia, du côté du Modénois; et l'on se tint fort alerte, de part et d'autre, pendant tout l'hiver.

[Jusques au mois de mai de la présente année, il n'y avoit point eu de déclaration de guerre en forme entre les parties contendantes. La France avoit agi au nom du roi d'Espagne. L'électeur de Cologne, dont j'ai déjà touché quelque chose ainsi que du duc de Bavière, avoit reçu dans ses places des troupes françoises, sous le nom, disoit-il, de « troupes du Cercle de « Bourgogne », pour les garantir, à ce qu'il publioit, d'une invasion subite et forcée dont elles étoient menacées, ne s'agissant pas dans le cas présent d'une guerre où l'Empire fût intéressé, mais seulement des intérêts particuliers de la maison d'Autriche concernant la succession d'Espagne. L'électeur de Bavière, son frère, qui s'étoit rendu dans ses États, y avoit armé puissamment et auroit fait répandre le même bruit dans les Cercles et États ses voisins, afin de les faire armer, s'il se pouvoit, pour le maintien de la paix, ou tout au moins leur faire observer une neutralité qui les eût garantis. Peut-être eut-il aussi des vues plus étendues qui ne lui réussirent pas, ainsi qu'on le verra dans la suite.]

[L'Angleterre et la Hollande avoient fait la guerre jusques-là sous le nom de « troupes auxiliaires de l'Em- « pereur », qui ne cherchoit, à ce qu'il faisoit répandre dans le monde, qu'à recouvrer les États qui lui appartenoient par droit de succession et à contribuer de garantir l'Europe du pouvoir exorbitant de la France. Enfin, ces déclarations parurent dans le mois de mai, et bientôt après celles de France et d'Espagne[1]. Je n'en rapporterai point ici le détail, pour éviter de tomber dans le cas des répétitions, qui sont toujours ennuyeuses, ces déclarations ayant été d'ailleurs motivées sur les mêmes causes de la présente guerre, que je crois avoir ci-devant assez amplement déduites. Venons à présent aux expéditions maritimes de la présente année.]

Entreprise du duc d'Ormond sur Cadix, qu'il manqua. — Les Anglois et les Hollandois, ayant mis sur pied une puissante armée navale, sur laquelle ils avoient embarqué un corps de troupes commandé par le duc d'Ormond[2], la firent partir de ses ports le 15 juillet, et elle parut sur les côtes du Portugal le 20 du même mois. Après y avoir pris quelques rafraîchissements, elle fit route sur Cadix et arriva devant le port de cette ville, qu'elle s'étoit flattée de surprendre. Le duc d'Ormond se prépara à la descente et tenta inutilement la fidélité de Don Scipion Brancaccio, qui commandoit dans la place. Il fit répandre en même temps une déclaration, dont la substance étoit qu'il n'étoit venu que pour appuyer les droits de la maison d'Autriche, promettant sa protection aux Espagnols qui embrasseroient ce parti, et il imputoit les malheurs de la guerre à ceux qui ne concourroient pas aux bonnes intentions des puissances alliées avec l'Empereur.

La descente se fit, après avoir été disputée à coups de canon. Les troupes de débarquement s'emparèrent

1. Voy. ci-dessus, p. 125.
2. Tome II, p. 297.

de Rotta, que les habitants abandonnèrent; elles s'emparèrent aussi de Sainte-Marie, petite ville contre Cadix, qui n'étoit pas fortifiée, et y commirent des excès et des sacrilèges que les Espagnols eurent en horreur, aussi bien que ceux qui les commettoient, tellement qu'ils prirent tous les armes de proche en proche et se préparèrent à se bien défendre.

Les Anglois ne laissèrent pas de prendre le fort de Sainte-Catherine et quelques autres petits postes; mais ils ne purent venir à bout de celui du Pontal ou de Matagorda, sans lequel ils ne pouvoient prendre Cadix. Le canon qu'ils mirent en batterie dans le marais pour y faire brèche y enfonçoit au premier coup qu'il tiroit, sans qu'on pût y remédier, et toute cette attaque étoit battue par le canon de sept ou huit vaisseaux de guerre françois, et d'autant de galères, qui s'étoient précautionnés dans le port de manière qu'ils ne pouvoient être endommagés par les vaisseaux des ennemis.

Pendant ce temps-là, la reine d'Espagne, qui étoit une princesse incomparable, mettoit tout en œuvre, en l'absence du roi son mari, pour assurer et garantir le pays d'une plus grande invasion et chasser les ennemis de devant Cadix. Elle assembla promptement tout ce qu'elle put de milices et de troupes; [le marquis de Villadarias[1], capitaine général de l'Andalousie, se mit à leur tête et s'avança vers Cadix.] Sur ces nouvelles, le duc d'Ormond, qui avoit perdu quatorze à quinze cents hommes à sa descente et à ses

1. Franco del Castillo-Faxardo, qui avait remplacé M. de Leganès au commencement de 1702 comme capitaine général d'Andalousie; il mourra en 1716.

attaques, fit rembarquer tout son monde et alla prendre sa revanche sur Vigo[1].

Expédition des alliés sur les galions de Vigo. — Le Roi, ayant été informé des grands armements de mer qui se faisoient en Angleterre et en Hollande, [et du bruit que quelques-uns y répandoient du dessein de conquérir les Indes espagnoles,] craignit qu'ils n'eussent envie d'aller attaquer et prendre les galions qui en reviennent [chargés d'or et d'argent et de marchandises précieuses pour le compte des négociants de l'Europe]. Pour qu'ils pussent arriver en Espagne avec plus de sûreté, il avoit déjà envoyé le marquis de Coëtlogon[2] avec une escadre pour en presser le chargement et le départ. A quoi il trouva, quand il y fut arrivé, quelques difficultés de la part des Espagnols. Cependant Sa Majesté, ayant été du depuis avertie que ce chargement se faisoit par les bons ordres que le roi d'Espagne avoit envoyés, fit partir le comte de Châteaurenault[3] avec une flotte de dix-sept ou dix-huit bons vaisseaux de guerre, pour aller au-devant, les escorter et les convoyer à Cadix, où les galions ont coutume de débarquer. M. de Châteaurenauld fit bon voyage; mais, en revenant, et étant vers les côtes du Portugal, il fut averti que l'armée des alliés étoit devant Cadix. Cela lui fit changer de route et prendre celle de Vigo, où il entra dans

---

1. Vigo est à l'extrémité nord-ouest de l'Espagne, dans la province de Pontevedra.
2. Alain-Emmanuel, marquis de Coëtlogon (1646-1730), était lieutenant général des armées navales; il deviendra vice-amiral en 1716.
3. Tome II, p. 399.

le port avec les galions et toute la flotte. Il les fit décharger et transporter l'argent à Lugo[1], qui est à vingt-cinq lieues dans les terres. Quoiqu'il connût bien ce qui pouvoit arriver, il ne put faire tant de diligence qu'il n'en restât encore une quantité dans quelques galions lorsque le duc d'Ormond se présenta devant Vigo. Ce général trouva peu d'opposition à faire son débarquement, la plage n'étant défendue que par quelques mauvaises batteries de canon et par un méchant fort, qui défendoit l'entrée du port, et qui fut terriblement canonné par les vaisseaux ennemis. Les Anglois, dès qu'ils furent débarqués, s'en emparèrent facilement. [Alors, une escadre de leurs vaisseaux s'avança sur une estacade que M. de Châteaurenault avoit fait faire à la hâte pour fermer l'entrée du port. Les vaisseaux la rompirent facilement par leur propre poids en passant dessus, ou la coupèrent, et entrèrent dans le port.] Aussitôt, M. de Châteaurenault, qui ne pouvoit plus conserver les siens ni les galions, y fit mettre le feu, en fit échouer quelques-uns; d'autres furent pris et conduits pour trophées en Angleterre et en Hollande[2]. [Ce fut de

1. Ville de Galice, chef-lieu de district.
2. Il y a des récits de l'affaire de Vigo dans le *Mercure* d'octobre, p. 252-260, dans la *Gazette d'Amsterdam*, n[os] xciii et xciv, dans les *Mémoires de Sourches*, t. VII, p. 398-411, dans la *Gazette,* p. 496, 551, 605, etc. Nous aurions voulu donner à l'Appendice du présent volume la relation que l'amiral de Châteaurenault envoya à M. de Pontchartrain, secrétaire d'État de la marine; malheureusement elle n'existe plus dans le registre des archives de la Marine où elle devrait se trouver, à côté de la lettre par laquelle Châteaurenault annonça son arrivée à Vigo et les mesures qu'il prenait pour le débarquement de la flotte.

cette manière que les Alliés se rendirent maîtres des vaisseaux, des galions et de la ville de Vigo, qu'ils ne purent garder parce qu'elle n'étoit aucunement fortifiée, et il est certain qu'ils n'y firent pas tout le butin dont ils se vantèrent, pour relever le brillant de leur expédition, qui fut toujours une aventure très fâcheuse pour les deux Couronnes.]

Année 1703. — Siège de Traërbach et levée d'icelui par le prince de Hesse. — A peine l'année 1703 étoit-elle commencée que le prince de Hesse, avec une petite armée, vint assiéger Traërbach, sur la Moselle. La garnison, quoique foible, [sous de Barville, officier d'infanterie[1],] se défendit vaillamment et donna le temps au maréchal de Tallard d'assembler un corps de troupes des garnisons les plus voisines pour dégager cette place. Il marcha à ce prince, qui ne l'attendit pas et leva le siège[2].

Le maréchal de Villars se rend maître des lignes de la Kinzig, assiège et prend le fort de Kehl. — Le maréchal de Villars se rendit en Alsace les premiers jours de février, y assembla une armée, passa le Rhin et tomba inopinément sur les retranchements que le prince Louis de Bade avoit fait faire le long de la Kinzig, depuis Hornberg jusqu'au fort de Kehl, [sur le Rhin, à la tête du pont de Strasbourg, qui avoit été démoli en partie, en exécution du dernier traité de paix.] Ces retranchements étoient gardés par peu

---

1. André-Jules, comte de Barville, était colonel d'infanterie; il deviendra maréchal de camp en 1718.
2. La ville même n'était pas fortifiée; c'est devant le château que les ennemis mirent le siège sans succès dans le courant de février.

de troupes et par un plus grand nombre de milices ou paysans armés, qui ne tinrent point. Leurs munitions et leur canon, posté dans des redoutes, et qu'ils n'eurent pas le temps de retirer, furent pris. Il se rendit maître des passages qui communiquent aux sources du Danube et s'en revint assiéger le fort de Kehl, où il y avoit trois mille Impériaux. La tranchée y fut ouverte le 25 février; le fort se rendit le 9 mars suivant. La garnison fut conduite à Philipsbourg[1].

Siège et prise de Bonn par les Alliés. — Du côté des Pays-Bas, le duc de Marlborough assiégea Bonn, sur le Bas-Rhin. La tranchée fut ouverte le 3 mai, et la place, qui n'étoit pas bonne, battue par plus de cent pièces de gros canon et cinquante mortiers, fut ouverte en peu de jours. Le marquis d'Alègre la défendoit; mais il n'avoit qu'une foible garnison, dont la plus grande partie étoit des troupes des Électeurs, à qui il ne pouvoit trop se fier. Il leur fit faire quelques sorties avec succès; mais, la place se trouvant ouverte de tous côtés, et n'ayant pas assez de troupes pour soutenir un assaut que les ennemis étoient sur le point de donner, il se vit contraint de la rendre le 15 du même mois; la garnison fut conduite à Luxembourg[2].

Campagne de Flandre. — Après cette expédition, l'armée des Alliés se sépara en trois corps; le plus considérable, sous Mylord Marlborough et Owerkerque[3], s'en vint passer la Meuse [et camper vers

---

1. Voyez le *Journal de Dangeau*, t. IX, p. 130 et suivantes.
2. *Mémoires militaires*, t. III, p. 17-20 et 748-753; *Mercure de mai*, p. 341-349; *Gazette d'Amsterdam*, n°s XXXVII-XLII.
3. Henri de Nassau, comte d'Owerkerque, venait d'être

Heemals] pour faire tête aux maréchaux de Villeroy et de Boufflers, qui avoient assemblé l'armée de France du côté de Tongres [et qui firent mine, pour dégager Bonn, d'en vouloir à un corps de troupes si bien retranché sur le Mont-Saint-Pierre, contre Maëstricht, que ces deux généraux ne firent que faire montre et se retirèrent, sur l'avis qu'ils eurent de la prise de Bonn]. Le second, sous le général Opdam[1], alla camper près de Santvliet, sur le grand Escaut, d'où il menaçoit les lignes d'Anvers, protégées par un petit corps que le marquis de Bedmar[2] commandoit; et le troisième, sous le baron de Spaar[3], officier général hollandois, marcha vers Hulst [et le Sas-de-Gand, pour s'opposer, à ce qu'il paroissoit, au comte de la Motte, qui commandoit du côté de Bruges un corps de troupes]; mais leur véritable dessein étoit de faire attaquer les lignes du pays de Waës[4], d'un côté par Spaar et de l'autre par Coehorn.

Combat d'Eckeren. — L'armée d'Opdam, devant protéger cette attaque, s'approchoit des lignes d'Anvers, qui étoient soutenues par un corps de douze à quinze mille hommes, commandés par le marquis de Bedmar. Le dessein de la grande armée des Alliés

nommé feld-maréchal de l'armée hollandaise; il mourut en 1708 au siège de Lille.

1. Jacques de Wassenaer, seigneur d'Opdam, était maréchal de camp général des troupes de Hollande; il mourra le 24 mai 1704.

2. Isidore-Jean de la Cueva, marquis de Bedmar (1652-1723), était alors gouverneur des armes dans les Pays-Bas espagnols.

3. Il ne faut pas confondre cet officier suédois au service de Hollande avec son parent de même nom qui fit toute sa carrière militaire dans les troupes françaises.

4. Au nord d'Anvers.

étoit de s'approcher de celle d'Opdam, qui devoit lui frayer le chemin ou au moins favoriser cette entreprise. Elle ne le put pourtant si bien faire à temps que nos maréchaux n'entrevissent leur dessein. M. de Boufflers se détacha donc de la grande armée, avec trente bons escadrons et quinze cents grenadiers, et, marchant avec célérité, joignit le marquis de Bedmar. Ils allèrent aussitôt aux ennemis, qui depuis deux jours s'étoient avancés au village d'Eckeren[1], méchant poste, où étoit leur quartier général. Ils arrivèrent en présence le 27 juin, vers les trois heures après midi. Comme les François avoient plus de troupes que n'en avoit Opdam, ils l'environnèrent et se concertèrent si à propos par leurs mouvements, ils le chargèrent si vivement de tous côtés, qu'il y eut beaucoup de confusion dans sa défense, et même, aux premières charges qui se firent, ce général, se trouvant coupé et environné de manière qu'il ne pût rejoindre ses autres troupes, prit le mauvais parti de tâcher de se sauver et de se retirer du côté de Bréda par ses derrières; ce qui excita l'indignation de ceux de son parti, si bien qu'il n'a plus servi depuis, [laissant un exemple notable de la fragilité humaine, que tout homme de guerre, non seulement le plus élevé, doit éviter de donner, au péril de sa vie, ou tout au moins de sa liberté.]

Le comte de Tilly[2], qui avoit le commandement après lui, soutint encore le combat quelque temps,

1. Sur le combat d'Eckeren, livré le 30 juin, on peut voir la *Gazette*, p. 322-324, la *Gazette d'Amsterdam*, n°s LIV-LXII, l'*Histoire militaire*, t. IV, p. 20-25, les *Mémoires militaires*, p. 64-79 et 764-769, et les Mémoires du temps.
2. Claude de Tserclaës, comte de Tilly (ci-dessus, p. 120),

avec beaucoup de capacité et de valeur, et fut parfaitement secondé par ses officiers et ses troupes. A la fin, il songea à se retirer; mais il se rencontroit de grandes difficultés, en ce qu'il se trouvoit vivement pressé et que le seul chemin qu'il pouvoit tenir étoit protégé par une digue et par un village que les François occupoient. [Il étoit alors au déclin du jour.] Il fit attaquer valeureusement ce village et l'emporta. Il y avoit une autre digue ou chemin qui aboutissoit à la première; il fit établir du canon sur l'angle, qui foudroyoit les François, et se fit jour à travers à coups d'épée et de baïonnette au bout du fusil; il les ébranla de manière qu'ils lui laissèrent le chemin libre et qu'il arriva à Lillo[1] avec le reste de son armée, sans plus de perte ni de dommage. Le combat fut rude et sanglant; ce qu'il y eut de particulier, c'est que le maréchal de Boufflers, qui passa la nuit sous les armes avec ses troupes, ne sut que le lendemain au grand jour, par des partis qu'il envoya sur Eckeren, que les ennemis s'étoient totalement retirés et lui avoient abandonné le champ de bataille. Une preuve de cela est qu'il n'en envoya des nouvelles à la cour que le lendemain très tard[2] et qu'il différa encore davantage d'en donner avis au maréchal de Villeroy, son collègue, qui le savoit aux mains et avoit un si grand intérêt d'être informé de ce qui se passoit. Les raisons de cette omission sont faciles à deviner.

Siège et prise de Huy par les Alliés. — [Le même

était lieutenant général hollandais et parvint au grade de feld-maréchal; il mourut en 1723.

1. Fort sur l'Escaut, à douze kilomètres en aval d'Anvers.
2. Son capitaine des gardes, porteur de la nouvelle, ne par-

jour que cette action se passa, le baron de Spaar attaqua les lignes qui couvroient le pays de Waës du côté de Stekene, et Coehorn à Liefkenshoek. Spaar les força, après y avoir perdu bien du monde ; car le comte de la Motte, qui étoit plus fort que lui, y marcha incontinent et l'obligea de se retirer vers Hulst. Pour ce qui est de Coehorn, il prit seulement un petit fort, où il y avoit cinquante hommes, qui servoit de poste avancé. Le combat d'Eckeren, qui se donna presque à sa vue, n'y ayant que le grand Escaut entre deux, déconcerta fort ses projets, auxquels il renonça pour venir au secours de l'armée d'Opdam, recueillir ses fuyards avec des barques, sur lesquelles il fit même passer de ses troupes pour favoriser les débris de cette armée, qui se retiroit à Lillo. Après cela, Spaar eut ordre de rejoindre la grande armée avec ses troupes et celles d'Opdam. Coehorn resta avec un corps à la tête de Flandre, afin de s'opposer, en cas de besoin, au marquis de Bedmar, qui étoit avec un autre dans les lignes d'Anvers, et] la grande armée, qui se trouva beaucoup plus forte que celle de France, marcha du côté de la Meuse, toujours côtoyée par les François, qui ne purent l'empêcher d'investir Huy ni de le prendre en peu de jours[1] ; car celui qui y commandoit, quoique vieil officier d'infanterie, la défendit assez mal ; à la vérité, la place n'étoit pas bonne.

Prise de Limbourg par les Alliés. — Pendant que les Alliés faisoient cette expédition, le prince de Hesse,

---

tit que le lundi 2 juillet, quoique le combat ait eu lieu le 30 juin (*Dangeau*, p. 230).

1. Huy se rendit le 25 août : *Dangeau*, p. 279.

avec un fort détachement et une nombreuse artillerie, qu'il tira de Maëstricht, vint assiéger Limbourg, capitale du duché de ce nom. Le maréchal de Boufflers prit une partie de l'armée et marcha de ce côté-là pour tâcher de le secourir. Mylord Marlborough alla aussi joindre les assiégeants avec un bon renfort; mais il ne se passa rien de plus; car la place, qui avoit été ci-devant démolie, n'avoit été réparée depuis peu que pour y tenir un poste, qui ne résista que deux fois vingt-quatre heures à l'impétuosité d'une nombreuse artillerie. La garnison fut faite prisonnière de guerre[1].

Bombardement de Gueldre par les Brandebourgeois. — Les Brandebourgeois bombardèrent Gueldre, capitale de ce duché, qui étoit une assez bonne place, mais si bien bloquée depuis du temps qu'il n'y entroit plus rien et ne pouvoit être secourue, [les ennemis s'étant rendus maîtres de toutes les places par où on y pouvoit communiquer.] Cependant Boham[2], qui y commandoit, refusa encore de se rendre à la nouvelle sommation qui lui en fut faite, et ne la rendit que l'année suivante, qu'il n'eut plus de vivres, de bombes ni de boulets[3]. Bel exemple de fermeté. Il ne se passa rien entre les armées, qui ne firent plus que s'observer le reste de la campagne.

Campagne de Bavière. — Cependant l'Empereur, ayant réuni à son parti presque tout l'Empire, fit attaquer la Bavière. [L'Électeur, qui n'avoit d'autre

1. Limbourg capitula le 29 septembre : *Gazette*, p. 511-512.
2. Jean-Antoine-François de Boham était brigadier; il fut nommé maréchal de camp en mars 1704, eut en 1705 le gouvernement de Longwy et mourut en 1722.
3. Il ne capitula qu'en janvier 1704.

parti à prendre que de prévenir par sa diligence les assauts de ses ennemis, marcha avec célérité au comte de Schlick[1], un des généraux de l'Empereur, qui, ayant assemblé un corps d'armée aux environs de Passau, s'avança sur l'Inn pour entrer dans la Bavière. Il le combattit et le défit, lui tua deux à trois mille hommes, fit mille prisonniers, dont plusieurs officiers généraux, prit plusieurs étendards et drapeaux, tout son canon et ses bagages. Le débris de cette armée se retira sous le canon de Passau sans être suivi.] Il arriva bientôt qu'une autre armée impériale, sous le comte de Styrum[2], entra dans le Haut-Palatinat de Bavière, se rendit maître de Neumarkt, de Freystadt, de Neustadt et alla assiéger Amberg. L'Électeur, pour dégager cette place, se saisit de Neubourg[3] et de Ratisbonne. Le général Schlick, ayant refait son armée, entra aussi dans la Bavière, se saisit du pont de Schärding[4] et prit Vishofen. L'Électeur se vengea de ces pertes par la défaite des troupes du cercle de Franconie, sous le prince d'Anspach[5], qui venoit l'attaquer par un autre coin de la Bavière. Le prince d'Anspach reçut une blessure dont il mourut deux jours après.

Tentative des maréchaux de Villars et de Tallard sur les lignes de Stolhoffen. — Cependant le maré-

1. Léopold-Antoine-Joseph, comte Schlick (1663-1723).
2. Hermann-Otto, comte de Limbourg-Styrum, feld-maréchal général des armées impériales, sera tué en 1704 à Hochstedt.
3. Toutes ces places sont situées entre Nuremberg et Ratisbonne.
4. Sur l'Inn, à la frontière de la Bavière et de l'Autriche.
5. Georges-Frédéric de Brandebourg-Anspach, né en 1678, mourut le 29 mars 1703.

chal de Villars vint se présenter devant les lignes de
Stolhoffen ou de Biehl, avec une armée de quarante
mille hommes, à dessein de les attaquer et de les
forcer, pour se frayer un chemin plus facile et plus
commode à travers le Würtemberg, et, en allant
secourir l'Électeur, entrer dans l'Empire par une
route aisée et se faire d'un côté une communication
libre avec l'Alsace, par le Fort-Louis-du-Rhin, et de
l'autre avec la Bavière, à travers un pays plein et
abondant, [qui lui auroit apporté toutes sortes de
commodités et beaucoup de contributions, de manière
qu'il auroit subsisté aux dépens de l'Allemagne;] mais
il ne put réussir dans son entreprise, parce qu'il étoit
arrivé la veille dans ces lignes un nombre de bataillons hollandois d'augmentation; et il les trouva si
bien fortifiées qu'il craignit de ne pouvoir les emporter. Il voulut néanmoins tenter fortune en faisant
attaquer un poste à diverses fois, qui fut très bien
défendu, et où il perdit du monde. Il arriva même
deux autres contretemps qui empêchèrent le bon
succès de cette entreprise : le maréchal de Tallard, qui
devoit faire attaquer les lignes par leur droite et par
le village de Stolhoffen, avec vingt-six bataillons soutenus par trente escadrons, y trouva plus de difficultés qu'il n'avoit cru. Il se rendit bien maître de
quelques postes avancés; mais au delà il trouva une
grande et assez profonde inondation qui régnoit jusqu'au village de Stolhoffen, qui étoit bien palissadé et
fortifié et où la droite des lignes étoit appuyée, ce qui
l'arrêta tout court. L'autre fut que le maréchal de
Villars, avant que d'arriver aux lignes, avoit détaché
le marquis de Blainville, lieutenant général, avec

vingt-trois bataillons, pour marcher le long des montagnes jusqu'à une autre montagne très haute qui fermoit la gauche des Impériaux. Il prétendoit la faire tourner de manière que Blainville attaqueroit cette gauche par ses derrières pendant qu'il les feroit lui-même attaquer de front. Mais il arriva que les guides de Blainville se perdirent et qu'il ne put arriver assez à temps pour prévenir l'impatience du maréchal, qui avoit déjà fait faire des attaques infructueuses de son côté et qui prit le parti de se retirer en bon ordre, après les avoir manquées. C'étoit le prince Louis de Bade qui les défendoit.

Voilà à peu près ce que les relations publièrent de cette affaire ; mais je vois plus d'apparence à croire, pour penser juste, que le maréchal ne fit cette entreprise que pour engager le prince Louis à faire venir dans ses lignes, pour être plus en force, la plus grande partie des troupes réglées qu'il avoit envoyées le long de la vallée de la Kinzig, ce qui donnoit à M. de Villars toute la facilité nécessaire pour y faire passer son armée et la joindre à l'électeur de Bavière, qui demandoit à cor et à cri à être secouru promptement.

Passage du maréchal de Villars en Bavière et sa jonction avec l'Électeur. — En effet, le marquis de Blainville eut ordre de marcher le long des montagnes avec ses troupes droit à la vallée de la Kinzig, de manière qu'elles se trouvèrent faire l'avant-garde de l'armée, et se saisirent chemin faisant, sans presque de résistance, de tous les postes qu'elles rencontrèrent. Le maréchal de Villars, ayant suivi Blainville, vint camper à Offenbourg et détacha plusieurs bataillons et escadrons pour composer une partie de l'armée du Rhin, qui fut commandée par le maréchal de Tallard. Ce général, ayant quitté le maréchal de Villars, passa le Rhin et vint camper à Schilling, près de Strasbourg[1], pour tâcher de couvrir le dessein de cette marche, puis le repassa et vint camper à Offenbourg, quand le maréchal de Villars l'eût quitté et eût enfilé les montagnes, afin de favoriser sa route et empêcher qu'il ne prît envie au prince de Bade de le faire inquiéter dans son arrière-garde.

[Le marquis de Blainville fit forcer facilement Gengenbach; car les Impériaux n'y avoient que cent hommes, ensuite Bibrach, Haslach et Hausen[2], fit quelques prisonniers et parvint ensuite dans la vallée d'Hornberg, à la tête de laquelle, et au bout de ladite vallée, ils avoient fait un bon retranchement bien palissadé qui régnoit jusque sur les montagnes, à droit et à gauche, qui se trouvèrent d'une hauteur excessive. Le maréchal de Villars rejoignit en cet endroit le marquis de Blainville.]

[Il fit commander des troupes aussitôt, qui trouvèrent le moyen de tourner la montagne de la droite et de la grimper par le derrière. Ceux qui y étoient s'enfuirent, après avoir fait leur décharge, et on en fit quelques-uns prisonniers. Le poste pris et les troupes montées, elles prirent à revers les retranchements qui barroient la vallée et que les ennemis abandonnèrent. Après cela, elles marchèrent à la ville, qui n'étoit qu'une bicoque. Ils l'abandonnèrent

1. Non pas près de Strasbourg, mais bien plus au nord, dans le voisinage de Niederbronn.
2. Ce sont trois petits bourgs sur la Kinzig.

aussitôt, pour se retirer au château, qui étoit meilleur; mais on les suivit de si près qu'ils n'eurent pas le temps d'y entrer et s'enfuirent. Le maréchal fut entièrement maître de tout le passage, qui étoit un défilé de vingt lieues de chemin, où les ennemis n'avoient laissé que deux mille cinq cents hommes pour garder tous ces retranchements, ayant retiré le surplus dans leurs lignes, lorsque le maréchal y marcha, faisant mine de les vouloir attaquer par cette même raison. Lorsque le maréchal fut tout au haut du défilé, il trouva un autre retranchement bien fortifié pour empêcher le débouché, que les Impériaux avoient pareillement abandonné[1].]

[*Tentative du maréchal sur Villingen, qui ne réussit pas.* — Ainsi, rien ne lui faisant plus d'obstacle, toute son armée s'étant rejointe, il la fit marcher sur Villingen, qu'il eût bien voulu prendre chemin faisant; mais, comme la place n'étoit pas mauvaise, qu'il n'avoit point de grosse artillerie et que les Impériaux y avoient jeté du monde, la besogne n'étoit pas facile. Cependant, il ne laissa pas de faire commencer quelques ouvrages et de faire tuer quelques gens[2]. Il y a apparence qu'il n'auroit pas levé le piquet si tôt sans les pressantes instances de l'Électeur de le venir joindre, se voyant fort pressé par les Impériaux.]

Campagne de Bavière. — Le maréchal partit donc de devant Villingen sans le prendre et joignit l'Élec-

---

1. Le *Mercure* d'avril (p. 411-424) et de mai (p. 277-326) et la *Gazette d'Amsterdam*, n[os] xxxviii et suivants, donnent beaucoup de détails sur ce fait d'armes.
2. Voyez les *Mémoires de Villars*, t. II, p. 82-85.

teur avec une armée composée de soixante escadrons et de quarante-sept bataillons, un équipage d'artillerie de quarante-cinq pièces de canon de campagne, les munitions nécessaires et des officiers généraux à suffisance.

L'Électeur, de son côté, avoit trente-quatre bataillons bien complets, quarante-cinq escadrons, soixante-quatre pièces de canon, le tout commandé par le maréchal d'Arco[1], et sous lui plusieurs officiers généraux.

Dans la première entrevue qu'ils eurent ensemble, il fut résolu que l'Électeur mèneroit son armée vers Ulm, que l'on y joindroit la brigade d'infanterie de Condé, et que le maréchal de Villars iroit avec celle du Roi prendre des quartiers de rafraîchissement du côté de Messkirck[2] pour la rétablir des rudes marches qu'elle venoit de faire. Il s'empara de la ville et du château et y établit son quartier général.

Peu de jours après, il détacha un gros parti de cavalerie pour aller reconnoître les environs de Constance et donna ordre à celui qui le commandoit de venir ensuite prendre des postes pour établir une communication facile avec Huningue et la Haute-Alsace; mais, comme cela ne se pouvoit faire sans passer par quelque pays de la dépendance des Suisses, ils députèrent vers le maréchal pour lui faire leurs remontrances, et il fut convenu que cette communication ne seroit pour aucun corps de troupes, mais seu-

1. Jean-Baptiste, comte d'Arco, avait été fait feld-maréchal au commencement de 1702; il mourut en 1715.
2. Petite ville dans la partie la plus orientale du grand-duché de Bade, au nord du lac de Constance.

lement pour les courriers, quelques équipages et officiers qui passeroient, en payant comme des voyageurs.

Le maréchal détacha encore Chamarande[1], lieutenant général, avec quatre ou cinq mille hommes et du canon, pour aller du côté du lac de Constance, où il s'empara de plusieurs petites villes, châteaux et postes, et mit tous les pays circonvoisins à contribution.

Deux projets pour les opérations de la campagne; on laisse le meilleur et on suit l'autre. — Pendant que l'armée se rafraîchissoit dans ses quartiers, l'Électeur et le maréchal faisoient leurs projets pour les opérations de la campagne. Le premier vouloit entrer dans le Tyrol, où l'Empereur n'avoit point de troupes, [par la nécessité qu'il en avoit ailleurs, et se confiant en la fidélité des habitants et à l'heureuse situation de cette province, toute semée de montagnes et de défilés si faciles à garder et à défendre que très peu de monde suffisoit pour y enfermer et faire périr une armée qui voudroit s'en emparer, et c'étoit la vérité, qui se justifiera bientôt par l'événement dont je parlerai; mais l'Électeur opposoit à ce raisonnement que cette conquête lui seroit facile, ayant des anciennes prétentions sur cette province et des intelligences avec plusieurs des principaux qui lui étoient affectionnés, et que, d'ailleurs, elle étoit très nécessaire pour le bien de la cause commune, en ce que M. de Vendôme, supérieur en Italie aux Impériaux, vien-

---

1. Louis d'Ornaison, comte de Chamarande (1660-1737), n'était que maréchal de camp; il devint lieutenant général en 1704.

droit facilement à bout de se saisir des passages du Trentin au Tyrol, pendant que lui, Électeur, auroit occupé cette province et s'en seroit rendu maître de son côté, et pareillement des passages du Tyrol au Trentin, de manière que toute communication de l'Allemagne en Italie et d'Italie en Allemagne seroit ôtée aux Impériaux et deviendroit parfaitement établie entre ses États et ceux des deux Couronnes, pour se donner les secours mutuels dont ils pourroient avoir besoin, soit pour la défense de l'Italie, soit pour porter la guerre dans le canton de l'Empire qu'ils jugeroient le plus convenable à leurs intérêts.]

M. de Villars alléguoit au contraire que, dans la situation présente des affaires, il étoit beaucoup plus convenable, avec d'aussi grandes forces que les leurs, de passer dans l'Autriche pour donner la main aux Mécontents de Hongrie, qui avoient pris les armes et ravageoient jusques aux portes de Vienne; qu'en assiégeant même cette place, ainsi qu'il étoit possible, [on couperoit l'arbre par le pied, et] on contraindroit l'Empereur, qui se trouvoit dans la dernière extrémité, d'entendre à une paix telle qu'on voudroit la faire avec lui, [au lieu que, si l'Électeur suivoit son projet, il y avoit fort à craindre, supposé que l'Électeur trouvât autant de facilité qu'il se proposoit à faire cette conquête, qu'il ne s'y pût maintenir, et que, cette province étant d'une aussi grande importance à l'Empereur et dans une situation qui lui étoit aussi favorable, il mettroit le tout pour le tout pour la secourir et en chasser l'Électeur, qui auroit peut-être bien de la peine à s'en retirer et risqueroit au moins de perdre son armée. Il ajouta encore que M. de Vendôme, ayant en tête un capitaine très habile et très expérimenté, il ne lui seroit peut-être pas aussi aisé que l'on s'imaginoit de chasser les Impériaux des retranchements et postes qu'ils tenoient dans des lieux presque inaccessibles et fortifiés déjà par la nature, qui leur conservoient de leur côté en Italie le débouché des montagnes, qu'il leur étoit si important de bien garder, et de plus que la défiance que l'on avoit de la fidélité du duc de Savoie n'étoit pas sans fondement.]

Ces deux différents projets furent envoyés à la cour, qui donna la préférence à celui de l'Électeur. [Il y fut plus goûté que l'autre parce qu'il flattoit davantage nos intérêts et qu'il y avoit de grands personnages qui tâchoient de faire perdre les soupçons qu'on y avoit pris contre la conduite du duc de Savoie et y appuyoient bonnement les justifications qu'il y faisoit de temps en temps sur les plaintes qu'on croyoit être en droit d'en faire.]

Il fut donc résolu que M. de Villars se tiendroit dans la Bavière avec son armée pour la garantir de l'irruption de l'ennemi et faire tête au prince Louis de Bade, qui partit des lignes de Stolhoffen avec un corps de seize mille hommes, [qui devoit être joint en chemin par quantité d'autres troupes de l'Empire;] que le maréchal se camperoit entre Dillingen et Läwingen[1], dans un poste avantageux qui s'y rencontre, et qu'il feroit encore fortifier son camp de manière qu'il n'y pourroit être attaqué impunément

---

1. Dillingen et Läwingen sont deux bourgs situés sur le Danube entre Ulm et Donauwert.

[et qu'il y pourroit rester pendant l'expédition du Tyrol].

Il s'acquitta parfaitement de la partie qui le regardoit; car il tint si bien en échec le prince de Bade qu'il ne put rien entreprendre devant lui et qu'au contraire il remporta plusieurs petits avantages sur ses partis et un assez considérable sur un gros détachement de ses troupes, dont je vais parler.

[De plus, il tira de grosses sommes en contributions des États voisins, chose en quoi il réussissoit à merveille.]

Combat de Legall contre le comte de la Tour. — Il eut avis que ce prince avoit détaché quatre à cinq mille chevaux, sous le comte de la Tour[1], avec ordre de s'approcher du Danube du côté d'Ulm. Le maréchal y avoit déjà un camp de six escadrons et d'une brigade d'infanterie, sous du Héron[2], qui s'étoit posté à quelque distance du camp des Impériaux.

Legall[3] fut encore envoyé aux environs avec douze escadrons; du Héron eut ordre de lui mener ses troupes. Cette jonction faite, Legall partit au commencement de la nuit et marcha par des chemins détournés pour tomber à l'improviste sur les troupes du comte de la Tour[4]; mais cette précaution lui devint

---

1. Inigo-Lamoral, comte de la Tour, de la famille de la Tour-et-Taxis, était général de la cavalerie impériale.
2. Charles de Caradas, marquis du Héron, ancien envoyé à Cologne et à Varsovie, avait un régiment de dragons, à la tête duquel il fut tué dans la présente affaire.
3. François-René, baron de Legall, tout nouveau maréchal de camp, passa lieutenant général en récompense de sa victoire; il mourut en 1724.
4. Le combat qui va être raconté fut donné le 31 juillet,

inutile; un parti ennemi se trouva par hasard sur son chemin et alla rendre compte à son camp de ce qu'il avoit trouvé. Aussitôt la Tour monta à cheval, se mit en bataille et attendit fièrement Legall. Dès qu'il le vit paroître et qu'il se formoit, il alla le charger brusquement et eut un avantage considérable en cette première charge; mais, Legall s'étant rallié à la faveur de ses escadrons qui n'avoient point encore combattu et du feu de son infanterie qui se trouva postée à merveille, les Impériaux furent rompus et battus à la seconde charge, avec perte d'environ mille hommes tués ou blessés, d'onze ou douze étendards et du prince Christian de Lünebourg[1]. Nous eûmes cinq ou six cents cavaliers et soldats blessés et tués, entre autres du Héron, brigadier de cavalerie[2], qui étoit un très galant homme et qui revenoit depuis peu de Pologne, où il avoit été ambassadeur de France[3].

Expédition de l'électeur de Bavière dans le Tyrol. — Pendant que tout ceci se passoit, l'Électeur tomba sur le Tyrol avec une célérité si imprévue que tout fléchit devant lui. Innspruck, qui en est la capitale, lui ouvrit ses portes; et il ne restoit plus, pour la communication de ses États avec la Lombardie, qu'à se rendre maître des passages du côté du Trentin, [ce qui étoit

auprès de Münderkingen, petite ville sur le Danube à six lieues d'Ulm : voyez les *Mémoires de Saint-Simon*, t. XI, p. 160-162, et le commentaire qui y est joint.

1. Christian de Brunswick-Hanovre, et non Lünebourg, frère cadet du futur roi Georges Ier d'Angleterre, né en 1671, fut noyé dans le Danube, lors de la retraite des Impériaux.

2. Il ne mourut de ses blessures que le 17 août.

3. Le roi Auguste de Pologne l'avait fait enlever de sa résidence le 10 novembre 1702 et enfermer à Thorn, d'où il ne sortit que le mois suivant pour rentrer en France.

la partie du projet qui regardoit M. de Vendôme.] Ce prince y marcha effectivement malgré les représentations qu'il fit à la cour pour s'en dispenser. Il fit même quelques progrès, [dont je parlerai dans ma relation de la campagne d'Italie;] mais il arriva deux contretemps très fâcheux qui firent échouer cette entreprise : l'un, la défection de M. de Savoie qui obligea M. de Vendôme de ramener ses troupes en Lombardie, l'autre, que l'Empereur envoya dans le Tyrol le général Geschwind, avec les premières troupes qu'il put ramasser et qu'il fit suivre bientôt par le général Heister[1] avec plusieurs régiments. Les habitants du Tyrol prirent les armes, soutenus par des troupes, et se mirent en devoir de fermer les passages.

Retraite précipitée de l'Électeur du Tyrol. — Sur cela, l'Électeur vida hâtivement cette province et reprit le chemin de ses États avec quelque perte de ses gens et plus de péril qu'il n'étoit venu, et même avec danger pour sa personne. Il ne lui resta de cette conquête que Kufstein[2], qu'il perdit bientôt après; et il rejoignit le maréchal de Villars.

L'Électeur fait négocier avec les magistrats d'Augsbourg, qui lui manquent. — Ce prince, [qui avoit connu l'importance de s'assurer d'Augsbourg, et ne l'ayant pu par la force, ni même la conserver quand il y auroit réussi, à cause de la grande quantité de troupes qu'il auroit fallu mettre dedans,] s'étoit contenté de faire négocier avec les magistrats un traité

---

1. Sigebert, comte Heister (1646-1718), était un vétéran des guerres de Hongrie; il devint plus tard vice-président du conseil de guerre.
2. Place forte sur l'Inn, à l'entrée du Tyrol.

de neutralité, et, ne s'y assurant pas plus que de raison, il avoit stipulé qu'en cas que les Impériaux vinssent à se poster de ce côté-là, ils lui remettroient une de leurs portes, et quelques tours qui en étoient proches, et des otages pris dans ses magistrats pour plus de sûreté; mais il arriva qu'à son retour du Tyrol, il crut devoir se précautionner davantage, et leur demanda cette porte et ces tours, qu'ils lui refusèrent. L'Électeur menaça de faire prendre les otages, et se vengea en faisant faire quelques ravages sur leur territoire.

[*Le prince de Bade dérobe des marches à l'Électeur et au maréchal de Villars, mène son armée à Augsbourg et s'en rend maître; grand dessein de ce prince.* — Le prince de Bade, qui avoit les mêmes vues pour l'avantage de son parti, voulut profiter de la conjoncture et y réussit plus efficacement que l'Électeur. La difficulté étoit d'y porter son armée et d'exécuter en même temps un dessein plus grand, qui étoit de couper la Bavière à l'Électeur, et les vivres qui lui en venoient, ce qui l'auroit jeté dans de cruelles extrémités. Voici à peu près comme il s'y prit.]

J'ai déjà dit qu'il avoit envoyé quatre à cinq mille chevaux, sous le comte de la Tour, du côté d'Ulm, et que Legall le battit[1], mais ce ne fut pas d'une manière à ne pouvoir s'en relever. Le prince Louis se mit en tête de le joindre sans qu'on le pût soupçonner, et, à cet effet, il fit faire divers mouvements contraires à une bonne partie de ses troupes, qui revenoient ensuite dans son camp. A la fin, il divisa son armée

---

1. Ci-dessus, p. 181.

en deux corps, et donna l'un au comte de Styrum, pour demeurer dans son même camp, qui étoit excellemment situé, retranché et fortifié, pour n'en point sortir jusqu'à nouvel ordre. Le prince de Bade se mit à la tête de l'autre et joignit avec célérité le comte de la Tour. Il passa de même le Danube, puis l'Iller, se rendit à Augsbourg avec tant de diligence, et déroba si bien sa marche, qu'à peine savoit-on qu'il eût tiré de ce côté-là quand il arriva. Cette grande ville lui ouvrit ses portes. Il envoya aussitôt ordre au comte de Styrum de quitter son camp retranché et de diriger sa marche en descendant le long du Danube. Il avoit ordre de le passer sur un pont qu'il devoit y faire jeter et de se camper de manière qu'il pût ôter à l'Électeur la communication avec Donauwert, par ce moyen, il affameroit l'armée, qui se trouveroit séparée d'une partie de ses troupes, parce qu'elles étoient dispersées depuis cette ville jusques à Ulm pour garder les passages du Danube et favoriser celui des vivres. Voilà la partie du projet du prince Louis dont il avoit commis l'exécution au comte de Styrum; ce qui avoit jeté l'Électeur et le maréchal dans de cruels embarras.

Dès qu'ils eurent appris que le prince de Bade s'étoit rendu maître d'Augsbourg, ils laissèrent d'Usson, lieutenant général[1], dans le camp retranché de Läwingen, avec dix-neuf bataillons et quinze escadrons pour le garder et observer Styrum qui étoit resté dans le camp retranché du prince Louis. Ils passèrent le Danube à Läwingen avec le reste de

---

1. Tome II, p. 420.

l'armée et marchèrent à Günzbourg[1], où ils commencèrent à se trouver courts de vivres. Ils y eurent des conférences sur les moyens de se tirer de l'embarras où la prise d'Augsbourg les mettoit, et de prendre un parti salutaire. Ils n'en trouvèrent point de meilleur que celui d'aller attaquer Styrum dans son camp; mais, presque en même temps, d'Usson manda au maréchal, qui en alla avertir l'Électeur, que Styrum s'étoit mis en mouvement et avoit fait prendre poste la nuit à quelques troupes dans une île du Danube, en attendant des bateaux que le mauvais temps et la pluie avoient retardés et que même il étoit obligé de séjourner à Schewingem, où il étoit campé.

Première bataille d'Hochstedt[2]. — Sur cette nouvelle, le maréchal proposa à l'Électeur de marcher à lui pour le combattre. Ce prince fit d'abord quelque difficulté, disant qu'il falloit auparavant savoir la situation du camp de Styrum. Le maréchal représenta fortement que l'on perdroit un temps précieux et que, cependant, l'ennemi leur pourroit échapper. L'Électeur se rendit : on envoya ordre incontinent à d'Usson de quitter ses retranchements et de marcher à l'ennemi. On lui fit savoir que l'Électeur et le maréchal alloient repasser le Danube à Donauwert pour marcher à lui et qu'ainsi, s'il arrivoit le premier, il n'engageât rien qu'ils ne lui en eussent donné le signal

---

1. Günzbourg, ville forte au confluent du Günz et du Danube.
2. Sur cette victoire, voyez la *Gazette*, p. 481-488, etc., la *Gazette d'Amsterdam*, n°s LXXIX-LXXXV, l'*Histoire militaire*, t. IV, p. 133-137, les *Mémoires militaires*, t. III, p. 666-675 et 955-964, et les *Mémoires de Saint-Simon*, t. XI, p. 265-269.

par trois coups de canon qu'ils feroient tirer quand ils seroient arrivés. Mais il survint un contretemps qui gâta tout et empêcha que Styrum ne fût battu à plate couture. Ce général, ayant vu qu'on venoit à lui, se mit promptement en bataille et fit tirer trois coups de canon pour avertir ceux qui étoient au fourrage de revenir promptement le joindre. D'Usson, sans se faire informer davantage si les troupes de l'Électeur, qui avoit eu plus de chemin à faire, étoient arrivées, prit ce signal pour celui qu'on devoit lui donner et fit charger; mais, comme il avoit affaire à toute l'armée ennemie, il fut bientôt rompu et obligé de faire, avec assez de confusion, un mouvement en arrière vers ses retranchements.

Pendant que ceci se passoit, l'Électeur et le maréchal arrivèrent avec leur armée et firent charger les Impériaux avec tant d'ordre et d'impétuosité qu'ils furent bientôt battus. Styrum retira, avec assez d'ordre, le débris de son armée vers Nüremberg, et perdit en cette bataille trois mille hommes tués sur la place, autant de blessés, quatre mille prisonniers, plusieurs officiers de considération, dix-huit étendards, quatre drapeaux, trente-trois pièces de canon et ses bateaux; nous y eûmes cinq cents hommes tant tués que blessés, parmi lesquels il y avoit plusieurs officiers.

Tentative de l'Électeur sur l'armée du prince de Bade, qui ne lui réussit pas. — Après cette action, l'Électeur laissa reposer son armée quelques jours; puis il repassa le Danube, dans le dessein d'aller faire une tentative pour déposter le prince Louis de Bade de son camp sous Augsbourg. Il s'avança jusques à Oberhausen, et, ayant reconnu l'impossibilité de le faire, de la manière dont ce prince étoit posté et fortifié, il se retira, après avoir fait piller Oberhausen, et vint prendre Kempten, ville impériale sur la rivière d'Iller[1], qui couvroit son pays de ce côté-là. Le prince de Bade prit la petite ville de Friedberg, près d'Augsbourg, et y fit cinq ou six cents Bavarois prisonniers.

Le comte de Reventlaw[2] commanda aussi, sur la fin de cette campagne, un petit corps d'Impériaux et de Danois, qu'il assembla près de Passau et avec lequel il vint bombarder Schärding[3], qu'il ne put assiéger à cause de la nombreuse garnison qui étoit dedans. Ensuite il assiégea le château de Hardinghen, qu'il prit, puis celui de Neubourg[4], qui eut la même destinée. Peu après, il se rendit maître de Deggendorf[5], [où il y a un pont sur le Danube, et des retranchements qui en défendoient les avenues, gardés seulement par des milices qui prirent incontinent la fuite;] mais l'Électeur reprit bientôt ces postes et s'empara même de Passau, qu'il mit dans l'enceinte des quartiers d'hiver de ses troupes. Elles tinrent depuis le Bas-Danube jusques à Enz[6]; et, dans cette situation, elles donnèrent beaucoup d'inquiétude à la cour de Vienne qui, du côté de Hongrie, étoit fort harcelée par les Mécontents,

1. En Souabe, proche du Tyrol.
2. Christian, comte de Reventlaw (1671-1738), était un général danois au service de l'Empereur; nous le retrouverons en Italie.
3. Sur l'Inn, à la frontière de la Bavière et de l'Autriche.
4. Neubourg est aussi sur l'Inn, en aval de Schärding.
5. En amont de Passau.
6. Enz est une ville du Würtemberg, entre Stuttgard et Karlsruhe.

qui grossissoient à vue d'œil et avoient remporté de grands avantages sur le peu de troupes que l'Empereur avoit pu leur imposer. Ce prince éprouva une plus grande diversion de ses forces quand le prince Ragotzi, échappé de ses prisons et aidé de l'argent de France, se vint mettre à leur tête avec quelques autres seigneurs hongrois.

Le maréchal de Villars s'en revient en France; le comte de Marcin lui succède et est fait maréchal de France. — Vers la fin de cette campagne, le maréchal de Villars, qui ne fut content ni de ses succès, ni de quelque négociation secrète d'accommodement entre l'Empereur et l'Électeur, [qui vint à sa connoissance, et dont il se plaignit avec vivacité,] demanda au Roi la permission de revenir en France. Le comte de Marcin, qui fut fait maréchal de France, alla prendre sa place[1].

Le prince Louis lève son camp sous Augsbourg et y laisse garnison. — Il arriva aussi que le prince Louis, ayant jugé qu'il ne pourroit garder Augsbourg pendant l'hiver après la défaite de Styrum, ce qui avoit fort diminué ses troupes, et qu'il devoit par préférence les établir dans leurs quartiers d'hiver, [dont le temps étoit venu, de manière qu'il pût faire garder tous les passages des montagnes, et les faire soutenir par les quartiers de ses troupes,] de manière qu'elles fermassent toute communication de la Souabe avec l'Alsace et se soutinssent de proche en proche, décampa

1. Saint-Simon (*Mémoires*, t. XI, p. 279-288) a raconté les causes de la brouille de Villars avec l'Électeur et les circonstances qui décidèrent de l'envoi de Marcin et de son élévation au grade de maréchal de France.

d'auprès d'Augsbourg, où il laissa seulement une garnison, et distribua une partie de ses troupes du côté du lac de Constance et des villes frontières, et celles qui avoient servi sur le Rhin, dans les Montagnes Noires et pays adjacents, tellement qu'on eut une peine extrême et de grandes difficultés à surmonter pour faire passer au commencement de l'année suivante les secours nécessaires en Bavière.

Prise d'Augsbourg par l'Électeur. — L'Électeur, ayant appris le décampement du prince Louis, fit marcher les troupes françoises vers Augsbourg et y vint même en personne. Il fit investir la ville, et l'on ouvrit la tranchée. Le commandant fut sommé de se rendre, et on ne lui donna que trois jours pour se déterminer. Comme il n'avoit pas ordre de pousser sa constance jusqu'au bout et qu'il vouloit sauver la garnison, il n'attendit pas que le terme fût expiré et battit la chamade[1]. On lui accorda les honneurs de la guerre et deux pièces de canon; mais l'Électeur ne voulut pas que la bourgeoisie fût comprise dans la capitulation. Il fallut qu'elle se rendît à discrétion, et, en punition de ce que les magistrats lui avoient ci-devant manqué de parole, il établit le quartier du maréchal de Marcin en cette ville et y fit entrer douze bataillons et quinze escadrons en quartiers d'hiver, avec nombre d'officiers généraux, qui y furent tous traités très grassement. Le reste des troupes françoises fut distribué dans les villes des environs et dans celles que l'Électeur tenoit sur le Danube. Mais, avant que d'y entrer, et pour favoriser à l'Électeur la prise

1. Le siège ne dura que du 6 au 12 décembre : *Dangeau*, t. IX, p. 368-380; *Sourches*, t. VIII, p. 239-251.

de Passau et les quartiers qu'il vouloit prendre dans les Pays héréditaires, le maréchal de Marcin et le marquis de Blainville allèrent faire une course au delà du Danube, près de Nordlingen et dans la Franconie. Ils y firent huit à neuf cents prisonniers et mirent beaucoup de pays à contribution.

[*Campagne d'Italie.* — Je ne puis mieux placer qu'ici la narration de la campagne d'Italie de 1703, à cause de la connexité qu'elle eut avec celle de Bavière.]

M. de Vendôme avoit passé l'hiver en Italie et y commanda les armées des deux Couronnes. On s'occupa mutuellement à se harceler, tant sur les vivres que par des attaques et des surprises de petits postes, dont je ne parlerai pas davantage, pour éviter prolixité et ennui de la part des lecteurs. [Ce général avoit à ses ordres quatre-vingt-huit bataillons bien recrutés, cent vingt et un escadrons en bon état, une nombreuse artillerie, quantité et trop d'officiers généraux, des vivres et de l'argent, beaucoup de bonnes et grandes places sous ses ordres et, en plus, cinq mille hommes occupés au blocus de Bercello.]

[Il composa deux armées de ses troupes et se mit à la tête de la plus considérable; il donna l'autre au prince de Vaudémont et distribua seize bataillons et quelques escadrons tant dans Mantoue que dans les petites villes et postes qu'il avoit jugé à propos de faire occuper.]

[M. le prince Eugène s'en étoit retourné à Vienne pour y prendre la présidence du conseil de la guerre et faire suivre de plus justes mesures en ce qui la concernoit; il avoit laissé l'armée impériale sous le commandement du comte Guy de Stahremberg, qui étoit un excellent capitaine.]

[Alors toutes les troupes impériales qui étoient en Italie ne consistoient plus qu'en douze mille hommes de pied, divisés en seize régiments impériaux, dont le fond de chacun étoit de deux mille hommes, et quatre mille, tant Saxons que Danois et troupes de Wolfenbüttel; sa cavalerie consistoit en dix régiments, dont le pied étoit de mille chevaux, et, de plus, cinq de dragons.]

[M. de Vendôme ouvrit sa campagne le 20 de mai et vint passer le Mincio sur les ponts de Sachitto, de Governolo et de Mantoue. De là, il vint à Sanguinido, où il y avoit garnison vénitienne, dont il ne laissa pas de s'emparer, celui qui y commandoit n'étant pas en état de lui en rien disputer. De là, l'armée vint à Cerea et étendit sa gauche jusques au Polésine de Rovigo, la droite étant à Carpi[1]; elle se trouva dans un pays abondant. L'armée de M. de Vaudémont étoit le long de la Secchia. M. de Stahrenberg avoit de l'autre côté une partie de la sienne dans un camp bien retranché, et se communiquoit à l'autre, qui étoit à Ostiglia, par le moyen de ponts qu'il avoit sur le Pô, si bien postés qu'ils ne pouvoient être battus d'aucun endroit et se trouvoient entièrement à couvert de toute insulte. Albergotti, qui commandoit un petit corps, eut ordre de se saisir de Final-de-Modénois, gardé seulement par deux cents cuirassiers, où les Impériaux avoient quelques bagages et quelques provisions. A son arrivée, il les trouva qui en sortoient

---

1. Carpi du Modénois, et non Carpi du Véronais.

pour se retirer; il les fit charger, et ils furent presque tous tués ou pris.]

[Je reviens à M. de Vendôme : après avoir séjourné six ou sept jours à son camp de Cerea, il envoya Saint-Frémond, avec une espèce d'avant-garde, prendre poste à Zelo, sur le bord du Tartaro, et s'y rendit lui-même le lendemain, avec une escorte de trois cents chevaux, afin de reconnoître les lieux, puis s'en retourna à son camp.]

[Saint-Frémond, pendant sa marche à Zelo, trouva sur sa route deux mille sacs de farine et mille sacs de blé, qui furent utiles à l'armée et lui épargna la fatigue des convois. Ensuite, elle vint à Zelo. M. de Vendôme fit faire deux ponts sur le Tartaro, à deux cents pas l'un de l'autre, dont il fit retrancher les têtes. Saint-Frémond passa cette rivière et fut suivi de toute l'armée, qui campa sa droite au Tartaro et sa gauche à Cavo-Bentivoglio[1]. Il fit encore jeter un pont sur le Canal Bianco, à la Barucella, qui lui donna le moyen de tirer beaucoup de subsistance du Polésine de Rovigo.]

[M. de Vendôme, pour favoriser son entreprise et resserrer ses ennemis et leur occasionner une diversion de force, fit faire plusieurs mouvements aux troupes de M. de Vaudémont le long de la Secchia et lui manda de fortifier Albergotti d'un détachement de son camp, que Mursay[2] commanda. Ils se joignirent tous deux et marchèrent vers la Mirandole, que les ennemis soutenoient par un petit camp; je parlerai

---

1. C'est le 4 juin que l'armée campa dans cette localité.
2. Tome II, p. 241.

bientôt de leur déconfiture et de ce qui l'occasionna.]

[*Entreprise de M. de Vendôme sur M. de Stahrenberg à Ostiglia manquée.* — Cependant, M. de Vendôme, ayant résolu d'attaquer les ennemis à Ostiglia et de mettre à fin le projet qu'il en avoit médité et dont il croyoit l'exécution certaine, fit avancer son armée et eut même la précaution de détacher le marquis de Kercado[1], avec deux mille hommes, pour aller faire une redoute au bout de la chaussée de Ponte-Molino, par laquelle il comptoit qu'ils se retireroient, plutôt que de s'exposer à être battus dans le poste qu'ils occupoient après cette disposition, pour gagner le lac de Garde. Il alla reconnoître leurs retranchements, qu'il fit battre par deux batteries de canon, et ordonna trois attaques. On enleva d'abord deux postes avancés et une chapelle retranchée, qui étoit à la tête du faubourg d'Ostiglia; on y ouvrit des tranchées qui furent poussées jusques à la portée du pistolet; mais, dans le temps qu'on s'y attendoit le moins, les ennemis percèrent la digue du Pô et lâchèrent des écluses qu'ils tenoient toutes préparées, et si à propos que l'eau se répandit abondamment et auroit inondé tout le camp si M. de Vendôme ne l'avoit fait lever bien vite. En se retirant, il eut seulement quelque monde tué du canon d'Ostiglia[2]. Cette entreprise ayant échoué, M. de Vendôme en donna avis à M. de Vaudémont, qui manda à Mursay

---

1. René-Alexis Le Sénéchal, marquis de Kercado, était brigadier depuis 1696; il deviendra lieutenant général en 1708.
2. On peut voir le récit de cette entreprise manquée dans les *Mémoires du chevalier de Quincy*, t. I, p. 279-281.

de lui ramener son détachement à son camp et à Albergotti de se retirer à Final. Mais, comme il n'arrive presque jamais un malheur sans un autre, il se trouva qu'Albergotti et Mursay, pour obéir à l'ordre qu'ils avoient reçu de faire diversion du côté de la Mirandole, pendant que M. de Vendôme feroit attaquer Ostiglia, se préparoient à charger un corps des ennemis qui protégeoit cette place, dans le temps que M. de Vaudémont leur manda que cette affaire étoit manquée et qu'ils eussent à se retirer aussitôt, l'un pour s'en retourner à Final et l'autre pour rejoindre son armée. Ils se mirent en devoir d'y obéir; mais Albergotti, sans y faire assez de réflexion, renvoya sur-le-champ son canon par le chemin de Final, escorté de quelques compagnies de grenadiers, et Mursay se sépara trop tôt de lui pour prendre celui du camp de M. de Vaudémont. Les ennemis, qui s'aperçurent de ce mouvement, ou qui en furent avertis, voulurent en profiter et envoyèrent garder un défilé que Mursay avoit déjà passé, afin de l'empêcher de retourner sur ses pas, ainsi qu'il arriva, pour secourir Albergotti, qu'ils suivirent et attaquèrent si bien qu'ils lui tuèrent quelques officiers et environ deux cents hommes et firent autant de prisonniers, le poursuivirent jusqu'à Final, qu'il fut contraint d'abandonner, et auroit perdu plus de monde si Mursay n'eût fait une diversion en revenant sur ses pas. Il voulut forcer le défilé, qui se trouva farci d'infanterie avec du canon, et de la cavalerie qui la soutenoit; mais il n'en put venir à bout. Ayant perdu environ deux cents hommes, il fut contraint de reprendre le chemin de l'armée de M. de Vaudémont et se retira en bon ordre, quoiqu'il fût blessé[1].]

[Cette aventure doit apprendre qu'on ne sauroit trop se précautionner contre son ennemi ni le mépriser lorsqu'on a la pointe de son épée devant les yeux; celle d'Ostiglia nous fournit à peu près la même leçon; et, de plus, qu'un bon général doit savoir les tenants et aboutissants de la situation de l'ennemi qu'il veut attaquer et ce qu'il peut lui opposer pour réparer sa foiblesse, et, enfin, qu'il doit encore être plus prudent que vaillant.]

[M. de Vendôme, ayant manqué son entreprise sur Ostiglia, comme on vient de le voir, repassa le Tartaro et s'en revint dans le Mantouan, et prit envie d'aller donner la chasse au général Vaubonne[2], qui étoit à Bussolengo[3] avec quatre ou cinq mille hommes pour veiller au Trentin et entretenir la communication avec l'armée impériale. Ce général, ayant eu avis à temps de la marche de M. de Vendôme, alla passer l'Adige et se retira à Rivoli[4], où M. de Vendôme le laissa pour quelque chose de plus sérieux selon les apparences; car il avoit fait préparer une quantité de grosse artillerie, chose qu'il aimoit assez, et cuire en différents endroits une quantité de pains et de biscuits. Il alla même s'aboucher avec M. de Vaudémont,

---

1. Le chevalier de Quincy (*Mémoires*, t. I, p. 283-285) a raconté ce combat; mais il s'est trompé en le plaçant à Carpi-du-Modénois et en en attribuant le succès à M. de Stahrenberg, qui ne s'y trouvait pas.

2. Joseph Guibert, marquis de Vaubonne : tome II, p. 414.

3. Bourg du Véronais, non loin du lac de Garde.

4. Rivoli du Véronais, qu'il ne faut pas confondre avec Rivoli en Piémont.

qui étoit toujours campé sur les bords de la Secchia; mais il survint un contretemps qui détruisit les nouveaux projets de M. de Vendôme.]

[L'Électeur, qui vouloit entrer dans le Tyrol et se l'approprier, avoit fait de fortes instances au Roi de le secourir, afin de s'y maintenir, ce qui ne se pouvoit guère qu'en fermant aux Impériaux le passage du côté du Trentin, pour ôter toute communication de leur armée d'Italie avec l'Allemagne, qu'ils gardoient tantôt plus, tantôt moins, selon les occurrences. Dès qu'ils eurent avis de l'entrée de l'Électeur dans le Tyrol, Vaubonne, qu'ils avoient chargé de veiller de ce côté-là, avoit assemblé une quantité de milices auxquelles il joignit mille hommes de troupes réglées, pour se disperser et fortifier sur les montagnes presque inaccessibles, dans les châteaux, sur les avenues et défilés où le chemin s'adonnoit, ce qui faisoit que la besogne de les en chasser paroissoit très grande, surtout quand ils seroient soutenus par un corps de troupes qui se posteroit dans le Trentin et empêcheroit qu'on ne pût assiéger la ville, beaucoup plus forte par sa situation naturelle que par les fortifications qu'on y avoit ajoutées. Malgré tout cela, le Roi manda à M. de Vendôme d'envoyer un gros détachement de son armée d'Italie pour les aller déboucher. Il lui dépêcha un courrier pour lui représenter les inconvénients qui pourroient en arriver, et, en attendant son retour, il fit ses dispositions pour l'exécution, dont il voulut se charger lui-même. Le courrier revint et rapporta un second ordre de ne la point différer. M. de Vendôme se mit aussitôt en mouvement avec vingt bons bataillons, vingt-sept escadrons, quelque artillerie et du biscuit pour plusieurs mois. Il se fit devancer par Senneterre[1], avec deux régiments de dragons, qui s'emparèrent de Desenzano[2], sur le lac de Garde, appartenant aux Vénitiens, où ils trouvèrent un nombre de barques, qui devinrent fort utiles pour le transport des vivres par le lac, et pour donner la chasse à deux barques armées que les ennemis y tenoient.]

[M. de Vendôme arriva le 19 juillet au pied des montagnes, qui sont affreuses et si étroites qu'à peine deux hommes peuvent passer de front. Il commanda un détachement, qui alla reconnoître les chemins et trouva sur sa route quelques paysans armés qui se retirèrent d'abord, et, après avoir fait venir de ses derrières huit autres bataillons, il les mit dans Desenzano et y joignit quatre escadrons de cavalerie et deux de dragons qu'il tira de son armée, et, pour avoir la navigation du lac libre, il fit attaquer le château de Sermione[3], situé sur une motte au débouché du goulet par où on entre dans le plein canal. Après cela, M. de Vendôme prit sa marche par la droite du lac, le laissant à gauche, avec la meilleure partie de l'armée, et donna l'autre à conduire au comte de Médavy, qui dirigea la sienne le long de la gauche de ce lac, le laissant à sa droite. Ces deux corps avoient leur rendez-vous à Torbole, qui est à l'autre extrémité du lac. L'un et l'autre trouvèrent des défilés retranchés,

---

1. Henri de la Ferté, comte de Senneterre (1667-1746), était brigadier de dragons.
2. Petite ville à vingt-neuf kilomètres de Brescia, sur la rive occidentale du lac.
3. Situé dans une presqu'île à l'extrémité sud du lac.

des arbres abattus dans les chemins, des montagnes affreuses dont les sommets étoient gardés par des gens armés qui s'y étoient fortifiés et beaucoup de difficultés à surmonter par l'art et la patience; mais le bonheur voulut que tous ces différents postes étoient gardés par des milices, parmi lesquelles il y avoit peu d'officiers et de soldats de troupes réglées, tellement que, dès qu'ils voyoient que les François les tournoient de montagne en montagne, où ils grimpoient comme des chèvres, pour les couper par les derrières, ils abandonnoient leurs postes. Il n'y en eut donc que peu à forcer; encore y firent-ils une très foible résistance.]

[Quand les deux parties de l'armée se furent rejointes à Torbole, M. de Vendôme la mena en avant et chassa les ennemis du village et du château de Nago, de Castelbarco, ensuite de quelques autres postes, entre autres de celui de Mori, où il y avoit des forges[1], et où on trouva quelques bombes qui servirent puis après à bombarder la ville de Trente, sous laquelle Vaubonne s'étoit venu camper avec ses troupes et quelques autres que M. de Stahrenberg lui envoya, ayant été fortifié depuis peu par deux ou trois mille chevaux qui lui étoient arrivés avec des recrues et autres secours, même des chevaux pour remonter ses cavaliers démontés. Il fit encore partir de son camp le comte Solari avec des troupes, qui vint joindre Vaubonne à Trente, où ils assemblèrent le plus de milices qu'il leur fut possible.]

[*Siège et prise d'Arco.* — Cependant, M. de Vendôme

---

1. Voyez les *Mémoires de Quincy*, t. I, p. 290-291.

s'étoit venu camper à Brentonego, d'où il alla reconnoître la ville et le château d'Arco[1], qu'il trouva dans une situation fort avantageuse. L'armée y vint; l'investiture se fit; la partie de la garnison qui étoit dans la ville se retira dans le château. On y ouvrit la tranchée; on y fit brèche, et le commandant fit battre la chamade le huit ou neuvième jour de tranchée[2]. La garnison, qui n'étoit pas nombreuse, fut faite prisonnière de guerre; on trouva dans ce château seize pièces de canon, quelques munitions, beaucoup de beaux meubles et d'effets précieux.]

[Par la prise de cette place, M. de Vendôme se trouva maître d'une grande vallée où sa cavalerie trouva beaucoup de fourrages, dont elle avoit grand besoin. Il continua sa marche sur Tobolino[3], et, chemin faisant, on trouva cinq ou six cents paysans avec quelques grenadiers retranchés sur une montagne. Un détachement des nôtres marcha à eux; ils se défendirent; on en tua une partie, et l'autre se sauva plus avant[4]. L'armée arriva au val de Montebaldo, qui se trouva gardé par des troupes réglées qui s'y étoient retranchées. On fit grimper des détachements sur des rochers qui paroissoient inaccessibles, et on trouva le moyen d'y guinder quelques petites pièces de canon à force de bras, pour les

1. Cette ville du Trentin était le siège d'un comté, qui appartenait à la famille du même nom, dont était membre le maréchal d'Arco dont il a été parlé ci-dessus.
2. Le château capitula le 17 août : *Mémoires de Quincy*, p. 301-305.
3. C'était un château appartenant à l'évêque de Trente.
4. Ce petit combat, sur la montagne Saint-Jean, eut lieu le 19 août (*Quincy*, p. 305-308).

battre à revers; mais on n'en eut pas la peine : ils abandonnèrent ce retranchement la nuit suivante, aussi bien que le château, dans lequel on trouva trois pièces de canon.]

[La marche se poursuivit. On trouva les retranchements de Sarca abandonnés, quoiqu'ils fussent situés assez avantageusement pour arrêter une armée avec peu de troupes. On trouva aussi les châteaux de Drenne[1] et de Tobolino abandonnés. L'armée s'arrêta là sans passer plus outre; un détachement alla ensuite prendre le château de Mediaso, et M. de Vendôme fit assurer une communication dans ses derrières en faisant poster des bataillons à Riva, Arco et Nago; puis il fit rétablir le pont de Sarca sur la rivière du même nom, que les ennemis avoient rompu, passa cette rivière et arriva à Cadino[2] le 1er septembre, d'où il alla incontinent reconnoître Trente et les retranchements des ennemis, de dessus une montagne qui étoit entre son camp et cette ville, où le comte de Solari étoit entré avec deux mille hommes de troupes réglées et quatre mille de milice. Il remarqua un camp retranché sur la droite de la ville, où le général Vaubonne s'étoit venu poster, et auquel on travailloit fortement, aussi bien qu'à un retranchement le long de l'Adige, et ayant vu qu'on avoit rompu le pont et qu'il y avoit un plateau sur un rocher, à plus d'une grande portée de mousquet de la ville, il y fit incontinent prendre poste et résolut d'y faire construire des batteries de canon et de mortier pour canonner et bombarder la

---

1. C'est la localité appelée *Tuen* par le chevalier de Quincy (*Mémoires*, t. I, p. 309).
2. Petit village à deux lieues et demie de Trente.

ville, qu'il fit sommer de payer des contributions. A leur refus, elle fut canonnée à boulets rouges et bombardée avec peu de succès; car on n'avoit que de petits mortiers qui ne pouvoient chasser assez loin. D'Andigné[1], maréchal de camp, qui commandoit l'artillerie, y fut tué d'un coup perdu; ce fut un grand dommage; car il étoit un brave et galant homme, qu'on regretta beaucoup.]

[*M. de Vendôme se retire du Trentin; raisons pourquoi.* — Il est assez probable, et cependant permis d'en douter, que M. de Vendôme auroit poursuivi sa marche avec succès et surmonté tous les obstacles pour se joindre à l'Électeur, et même pris Trente, s'il avoit eu plus de troupes et n'avoit appris que l'Électeur avoit été obligé de vider le Tyrol hâtivement et perdu bien du monde, à quoi le général impérial Heister ne laissa pas de contribuer, quoiqu'il arriva un peu tard dans le Tyrol avec ses troupes, à l'appui du général Geschwind[2]; mais, trouvant la besogne presque faite, il lui laissa achever le reste pour venir au plus pressé, qui étoit de dégager les passages de la ville de Trente en venant joindre ses troupes à celles des généraux Vaubonne et Solari.]

[Une autre cause de la retraite de M. de Vendôme[3] est qu'il apprit la défection certaine du duc de Savoie et qu'il reçut courriers sur courriers, lesquels lui portoient ordre de ramener ses troupes en Lombardie le

---

1. Jean d'Andigné des Touches était maréchal de camp depuis 1702, lieutenant général de l'artillerie de Dauphiné et commandait l'artillerie de l'armée d'Italie; il fut tué le 6 septembre.

2. Ci-dessus, p. 183.

3. C'est le 8 septembre que le siège de Trente fut levé.

plus vite qu'il lui seroit possible. Ces deux raisons lui firent quitter son entreprise et lever son camp. Les généraux Heister, Vaubonne et Solari, ayant été avertis de sa retraite, assemblèrent jusques à huit mille hommes pour le suivre et vinrent, par le château de Nago, tomber sur le bord de la Sarca, vis-à-vis d'Arco. Le comte de Médavy, que M. de Vendôme avoit laissé pour faire l'arrière-garde et ramasser tout ce qui pouvoit être resté en arrière, en fut averti le même jour et ne douta pas qu'ils ne prissent le chemin de Riva, où nous avions encore quatre bataillons très mal retranchés. Il en fut plus persuadé quand il apprit qu'ils avoient fait passer le même soir à gué trois cents chevaux, qui avoient pris ce chemin; mais, comme ce n'étoit qu'un parti qui alloit aux nouvelles, ils se firent tirer seulement quelques coups de fusil par les gardes du camp et s'en retournèrent, et firent la manœuvre de gens qui en vouloient à Torbole, où nous avions deux bataillons qui n'avoient encore fait que tracer leur travail pour se retrancher. On leur envoya un renfort de cinq cents hommes, et ils se remirent à travailler hâtivement. Mais ce parti ne s'y présenta pas et regagna son corps par derrière le château de Nago, dont le comte de Médavy avoit fait brûler la ville. Les Impériaux ne passèrent pas outre, et Médavy se retira en Lombardie en aussi bon ordre que M. de Vendôme avoit fait du sien, et ne fut plus inquiété. Ce général, après avoir donné quelques jours de séjour à ses troupes dans le Mantouan, leur fit passer le Pô et les mena à San-Benedetto, et trouva la ville de Bercello rendue, qu'ils tenoient bloquée depuis longtemps. La garnison, qui étoit encore de quinze cents hommes, fut faite prisonnière de guerre. On trouva dans cette place quarante-neuf pièces de canon, sept cents milliers de poudre et quantité d'autres munitions de guerre.]

Défection du duc de Savoie. — J'ai déjà dit que l'on avoit de violents soupçons de l'infidélité du duc de Savoie envers les deux Couronnes, avec lesquelles il s'étoit allié par les mariages des deux princesses ses filles et par des traités solennels. A la fin, on en fut convaincu, quoiqu'il niât toujours d'avoir fait aucun traité avec l'Empereur et ses alliés. Le Roi aima mieux avoir un ennemi découvert de plus que d'en avoir un caché, qui ne manqueroit pas de se déclarer à la première occasion qui lui seroit favorable. C'est pourquoi il envoya ordre à M. de Vendôme de faire désarmer et arrêter les troupes du duc qui servoient dans l'armée des deux Couronnes.

Arrêt et désarmement des troupes de Savoie. — Pour y obéir, il avoit disposé, en arrivant à San-Benedetto, ses troupes de manière qu'elles environnoient celles du duc, [et fit assembler quelques bataillons et escadrons à la tête du camp de celles de Savoie[1].] Comme cela s'exécutoit, il manda chez lui les officiers des troupes de ce prince et leur témoigna, de la part du Roi, la satisfaction qu'il avoit de leurs services et de leur fidélité. Il leur dit qu'il n'en étoit pas de même de la conduite de leur maître contre la foi des traités,

---

1. Sur les circonstances de ce désarmement, on peut voir la *Gazette*, p. 520-521 et 544-545, la *Gazette d'Amsterdam*, Extraordinaires LXXXIV et LXXXV, les *Mémoires de Saint-Simon*, t. XI, p. 273-274, ceux *du chevalier de Quincy*, p. 316, etc.

et qu'il étoit très fâché qu'elle le contraignît de prendre des mesures si peu conformes à ses intentions, et d'être obligé d'en user de la sorte pour prévenir les mauvais desseins d'un ennemi d'autant plus à craindre qu'il les avoit tenus cachés jusques à présent. Après ce préambule, il leur déclara l'ordre qu'il avoit, de Sa Majesté, de faire arrêter prisonniers de guerre tous les sujets du duc qui étoient au service des deux Couronnes; qu'on désarmeroit seulement les cavaliers et les soldats, qui seroient envoyés prisonniers dans les places du Milanois; mais que, pour ce qui regardoit les officiers, il avoit ordre de laisser la liberté à ceux qui voudroient bien donner leur parole d'honneur de ne pas sortir sans permission des places du Milanois qu'ils choisiroient pour leur séjour et dans lesquelles ils recevroient toute sorte de bons traitements. Cela dit, on désarma ces troupes et on les distribua dans les places qui leur furent destinées.

Cette nouvelle étant venue au duc, il en fut d'autant plus fâché qu'il comptoit de retirer ses troupes par adresse pendant le quartier d'hiver prochain, [dont il feroit la base de son armée le printemps suivant, qu'il espéroit que l'Empereur lui auroit fait passer des secours, et de tenir jusques-là ses menées secrètes.] Aussi en fut-il si fâché qu'il fit arrêter tous les François et les effets qui passoient par ses États sous la bonne foi du traité fait avec lui. Il ordonna aux habitants de Turin de se fournir d'armes, fit lever dix ou douze nouveaux régiments dans ses États et prit d'ailleurs toutes les autres mesures qu'il estima être les meilleures.

Lettre du Roi au duc de Savoie. — Les troupes

savoyardes étant arrêtées, M. de Vendôme se prépara à marcher du côté du Piémont avec trente bataillons, vingt escadrons et une artillerie convenable par rapport à la saison ; et, avant d'entrer sur les terres de M. de Savoie, il lui envoya, par un officier suivi d'un trompette, une lettre du Roi, conçue dans les termes qu'on va voir :

« Monsieur, puisque la religion, l'honneur, l'inté-
« rêt, les alliances et votre propre signature ne sont
« rien entre nous, j'envoie mon cousin le duc de Ven-
« dôme à la tête de mes armées pour vous expliquer
« mes intentions ; il ne vous donnera que vingt-quatre
« heures pour vous déterminer[1]. »

Réponse verbale du duc de Savoie. — M. de Savoie ne fit aucune réponse par écrit à une lettre si fière ; mais il dit seulement à l'officier qui la lui avoit rendue, que le mauvais traitement qu'on venoit de faire à ses troupes et la manière dont on en avoit usé avec lui l'avoient déterminé à prendre ses précautions ; que les menaces ne l'étonnoient point, et qu'il n'avoit pas d'autre réponse à faire, ni de proposition à écouter.

Dès que M. de Vendôme eut reçu cette réponse, il fit passer le Tessin à ses troupes, qui ne purent arriver que le 17 octobre sur les frontières du Montferrat, à cause des pluies continuelles et du débordement des eaux. Il eut avis que le général Stahrenberg avoit détaché de son camp sur la Secchia Visconti avec environ trois mille chevaux, qui avoient pris leur route par le Plaisantin. Il jugea sainement que ce ne pou-

---

1. Cette lettre, dont la tournure peut sembler étonnante, a été donnée telle quelle par la plupart des contemporains ; voyez les *Mémoires de Quincy*, p. 318-319.

voit être que pour tâcher de joindre le duc de Savoie, et qu'il passeroit les montagnes du côté de Gênes, pour éviter le péril évident de poursuivre sa marche si près de lui.

[Il envoya donc Bouligneux[1] à Acqui avec six bataillons pour lui fermer ce passage, et Dreux à Serravalle avec quatorze compagnies de grenadiers et sept cents chevaux, et les joignit bientôt lui-même avec quatre autres compagnies de grenadiers, trois cents chevaux et un bataillon, sur les nouvelles qu'il eût que Visconti avoit enfourné les montagnes par la vallée du Tidone. Il se fit suivre par une partie des troupes qu'il avoit à Alexandrie. Il y avoit aussi une quantité des milices du Milanois qu'il avoit envoyées dans les montagnes pour tenir poste, les harceler dans leur passage et lui donner des nouvelles; enfin, ayant eu des avis certains que les Impériaux viendroient loger le 25 au soir à San-Sebastiano, il envoya Dreux avec quatorze compagnies de grenadiers et cent cinquante chevaux pour se rendre au château de Dernice, situé à demi-lieue de San-Sebastiano, sur une hauteur qui le dominoit et qui étoit déjà occupée par quelques milices du Milanois. M. de Vendôme resta jusques à neuf heures du soir à Serravalle, parce qu'il lui fallut donner quelques heures de repos aux troupes qui lui arrivèrent d'Alexandrie. S'étant mis en marche, on le mena, par un chemin de défilé très étroit, à travers les montagnes; il y avoit quatre lieues de chemin à faire pour arriver, tellement qu'il étoit la pointe du jour

---

1. Louis de la Palu, marquis de Bouligneux, était maréchal de camp depuis 1702.

quand la tête de la colonne se trouva à la hauteur de Dernice, le reste filant très lentement et étant encore bien loin, les uns plus près, les autres moins. Il alla d'abord reconnoître la situation des ennemis[1] et fit ses dispositions pour commencer ses attaques. Cependant, ils montèrent à cheval et se mirent en marche, de manière que, quand M. de Vendôme fut en état de les faire charger, il ne paroissoit plus que trois escadrons près San-Sebastiano, qui faisoient leur arrière-garde. Il se mit à la tête des grenadiers comme il avoit coutume de faire, et le reste suivit, le plus vite qu'il put, en descendant la montagne de Dernice par un fâcheux défilé, pour venir dans la vallée où les ennemis marchoient le long d'un torrent, et envoya dire aux troupes qui le suivoient de le joindre avec le plus de célérité qu'il seroit possible. La cavalerie qu'il avoit d'arrivée marcha après les grenadiers pour les soutenir en cas de besoin.]

[Chemerault[2], avec quelques-unes de ses compagnies, alla occuper en diligence une hauteur à la droite qui flanquoit l'attaque que M. de Vendôme alloit faire commencer. Dreux, à la tête des grenadiers, soutenu comme il a été dit, attaqua les trois escadrons d'arrière-garde, et leur fit faire leurs décharges si à propos qu'il les ébranla beaucoup. Nos hussards prirent ce temps pour les charger, et entrèrent dedans; une partie de ces escadrons prirent la fuite du côté de

---

1. Ce combat de San-Sebastiano eut lieu le 26 octobre; il y en a une relation détaillée dans le *Mercure* de novembre, p. 257-274.
2. Jean-Noël de Barbezières, comte de Chemerault, lieutenant général, sera tué à Malplaquet en 1709.

San-Sebastiano, et l'autre fut prise ou tuée. Pendant ceci, Visconti passa un défilé qu'il mit entre lui et M. de Vendôme, que ses troupes joignoient à la file le plus vite qu'elles pouvoient. Alors Chemerault, avec quelque cavalerie qui l'avoit joint, coula le long de la crête de la montagne, où il s'étoit posté d'abord, et chargea en flanc ceux des ennemis qui y étoient postés; il y eut là une assez grande tuerie.]

[Visconti gagna une autre hauteur, où il se mit en bataille; mais, avant d'y arriver, il fallut passer des ravins difficiles, où il perdit encore quelques-uns des siens, et le peu d'équipages qu'il avoit menés avec lui, même sa vaisselle d'argent. Il quitta cette hauteur sitôt qu'il vit les grenadiers et les carabiniers à pied qui s'approchoient; ils se placèrent sur les flancs, et faisoient un grand feu qui les fit plier, comme ils regagnoient une autre montagne; mais, pour y arriver, il falloit encore passer un ravin, le revers duquel ne se pouvoit monter qu'avec peine. Les carabiniers se postèrent sur une hauteur qui voyoit ce revers, dont ils firent un si grand feu, que leurs décharges tuèrent beaucoup de monde et les ébranlèrent fort. Alors plusieurs de nos escadrons, s'étant avancés, achevèrent de mettre en déroute les Impériaux, qui perdirent beaucoup de leurs gens en cet endroit. Une partie abandonna ses chevaux pour se sauver par les montagnes; l'autre fut prise, et le reste se sauva par trois routes différentes, sans plus faire de défense; et il n'y eut que cinq ou six cents chevaux de ce détachement qui joignirent le duc de Savoie, lequel les vint recueillir à l'entrée de son pays avec deux mille chevaux et trois mille hommes de pied. Nos troupes ne perdirent que très peu de monde, et la cavalerie ne put les suivre que jusques à la Rochette, à cause de la lassitude des chevaux.]

[Après cette action, M. de Vendôme s'en alla à Casal y attendre le retour d'un courrier qu'il avoit envoyé à la cour, ne voulant rien entreprendre contre le duc qu'il ne fût revenu. Sitôt après, il mena son armée devant Asti, ville appartenant au duc de Savoie, qui n'étoit fortifiée que d'une simple muraille; il y avoit dedans deux bataillons et quelque cavalerie. M. de Vendôme envoya un trompette sommer le gouverneur de se rendre, ce qu'il accepta aussitôt; car la garnison s'en étoit retirée, sur un signal que le duc avoit fait donner et dont on étoit convenu[1]. De là, il marcha à Villeneuve-d'Asti, qui étoit encore plus mauvais, et dont le duc avoit retiré lui-même, le matin, le peu de troupes qui y étoit. Ceci étant fini, M. de Vendôme établit ses quartiers d'hiver depuis Villeneuve-d'Asti jusques au Pô, à travers le Montferrat, et prit le sien à Asti.]

[Le duc de Savoie mit sept ou huit mille hommes en campagne, pour lui disputer quelques quartiers, entre autres Moncuto près Castelnuovo[2], et n'en put venir à bout, nos troupes étant bien disposées.]

[Le prince de Vaudémont quitta le commandement de l'armée qui étoit à ses ordres, sous prétexte de ses infirmités. Son commandement fut donné au maréchal de Tessé, qui avoit celui du Dauphiné, qui fut donné

1. Le chevalier de Quincy (*Mémoires*, t. 1, p. 326), raconte que l'évêque d'Asti vint intercéder pour la ville auprès de Vendôme.
2. Castelnuovo-d'Asti.

au duc de la Feuillade, qu'on vouloit élever, et qui en étoit déjà gouverneur. M. de Vendôme alla visiter les postes du Montferrat, où nos troupes s'établissoient de manière à y être en sûreté, et se rendit à Milan, où il eut incontinent avis que M. de Stahrenberg se préparoit à de grands mouvements. En effet, ce général avoit divisé son armée en trois corps d'abord, comme s'il avoit eu envie d'étendre ses quartiers. Il fit assembler de la grosse artillerie à Ponte-Molino, et fit faire quantité de biscuit à Legnago, et, pour donner le change à M. de Vendôme, il répandit le bruit qu'il avoit ordre de détacher de son armée un corps considérable de troupes pour secourir l'Empereur contre l'électeur de Bavière et les rebelles de Hongrie, qui avoient eu divers avantages sur les troupes que les Impériaux leur avoient opposées, et se répandoient jusques aux portes de Vienne. Enfin, il n'y eut sortes de ruses et de manèges dont le général ne se servit pour mieux l'intriguer et le dépayser. Il y a même apparence qu'il y réussit, à en juger par ce qui suivit, dont je vais faire la narration.]

[Sur ces nouvelles, M. de Vendôme partit de Milan et vint à San-Benedetto, sur la Secchia, où il y avoit encore des troupes de l'armée de M. de Vaudémont barraquées dans des postes avantageux bien retranchés, pour défendre le passage de cette rivière aux Impériaux, qui avoient toujours un camp de l'autre côté. Nous avions encore des troupes en assez bon nombre à Mantoue, Modène, Correggio, et dans quelques autres petites villes, qui y étoient en quartier, et même M. de Vendôme, en entrant dans les États de M. de Savoie, avoit fait venir des bords de la

Secchia plusieurs régiments, qui avoient passé le Pô et étoient venus prendre des quartiers vers Valence et Casal, où ils étoient à portée de le joindre pour la guerre de Piémont, tellement qu'il ne nous restoit presque plus de troupes sur la Secchia que pour garder les passages. Le comte de Stahrenberg, parfaitement informé de toutes ces choses, commença, le soir de la veille de Noël, de mettre à exécution le projet qu'il avoit fait d'aller secourir le duc de Savoie. Tous les préparatifs s'étoient faits avec le dernier secret, à quoi il avoit mis en usage tout ce que l'art, la pourvoyance et la précaution la plus exacte pouvoient fournir de plus attentif; aussi l'entreprise étoit-elle unique, comme on le verra ci-après.]

[*Le comte de Stahrenberg se met en marche pour aller joindre M. le duc de Savoie et passe inopinément au milieu des quartiers de M. de Vendôme; M. de Vendôme se met en marche pour s'y opposer, mais inutilement*[1]. — M. de Vendôme, au sortir de la messe de minuit, à San-Benedetto, fut averti, par tous les postes qu'il tenoit sur la Secchia, que les ennemis étoient en mouvement et qu'on entendoit beaucoup de bruit dans leur camp. La nuit se passa sans rien de plus. Le matin qui suivit, quand il eut fait assez grand jour pour pouvoir distinguer les objets, on s'aperçut qu'ils avoient abandonné plusieurs de leurs postes le long de la rivière. Il monta à cheval et s'en vint en diligence à Carpi, où il avoit envoyé quelques troupes,

1. Cette marche de flanc du comte de Stahrenberg a été célébrée par les contemporains comme très remarquable pour son audace et l'habileté avec laquelle elle fut conduite : voyez les *Mémoires du chevalier de Quincy*, t. I, p. 335 et suivantes.

le jour d'auparavant, ayant laissé ordre au camp qu'on en fît partir six mille hommes et six pièces de canon pour le joindre.]

[Il manda à Saint-Frémond, lieutenant général, qui commandoit à Modène, d'en faire autant par Soliero avec la meilleure partie de sa garnison; mais cela n'étoit pas facile; on le verra bientôt.]

[M. de Vendôme apprit, en arrivant à Carpi, que M. de Stahrenberg avoit une armée de neuf mille hommes de pied, cinq mille chevaux, vingt-deux pièces de canon et grand nombre de chariots attelés par des bœufs qui portoient ses munitions de guerre, ses vivres, et quelques équipages, et qu'il étoit campé à une lieue de lui, entre Lano et Curtillo.]

[Il ne pouvoit s'imaginer qu'une armée, surtout dans pareille saison, partît de derrière la Secchia pour aller en Piémont, qui en est à cinquante lieues pour le plus près, passât au milieu de ses quartiers et traversât plusieurs grandes rivières à sa vue. Sur ce principe, il partit de Carpi le lendemain au matin et se mit à la tête de vingt compagnies de grenadiers, suivi du reste des troupes, pour aller faire sa jonction à Soliero avec Saint-Frémond, qui lui amenoit les troupes de Modène. Pour cela, il falloit qu'il passât la Lama, et il se mit à la passer sur un pont de pierre à la tête de ses grenadiers. Comme il faisoit un grand brouillard, ce matin-là, il ne s'aperçut pas que l'armée ennemie marchoit le long de cette rivière sur trois colonnes que quand il se trouva fort près d'elle. Il fit vitement repasser le pont de pierre à ses grenadiers, qui ne furent point suivis, et mit ses troupes en bataille le long de la rivière. Les ennemis en firent autant de leur côté, et il ne se tira que quelques coups de canon de part et d'autre. Alors M. de Vendôme manda vite à Saint-Frémond de changer de route et de lui envoyer ses troupes par Rubiera. Il revint de son erreur, et remarqua distinctement que les Impériaux étoient plus d'une fois plus forts que lui. Il manda à San-Benedetto qu'on lui envoyât encore des troupes, avec ordre de le venir joindre à Saint-Martin-d'Asti. Les deux armées furent en présence le long de la Lama jusques au 27 à neuf heures du matin, que les Impériaux marchèrent par leur gauche, et M. de Vendôme par sa droite. Il changea le rendez-vous des troupes qu'il avoit demandées à San-Benedetto et leur ordonna de ne pas venir à Saint-Martin-d'Asti, qu'il comptoit de laisser derrière lui, mais de venir à Rubiera, pour disputer aux ennemis le canal de Carpi, quoiqu'il leur fût de beaucoup inférieur en troupes; mais ce dessein échoua encore. Il faisoit marcher devant lui un détachement de cavalerie et de grenadiers pour se saisir des postes qu'ils trouveroient sur le canal de Carpi; mais, quand il fut arrivé au moulin de Panzano, il apprit, soit que ce détachement n'eût pas été commandé assez tôt, ou bien qu'il eût manqué de faire diligence, que les ennemis s'étoient déjà rendus maîtres du passage sur le canal à Campo-Galliano, où il y a un château qu'on ne peut prendre qu'avec du gros canon et dans lequel ils n'avoient pas manqué de mettre du monde. Ce fâcheux incident l'empêcha d'aller à Rubiera, ainsi qu'il l'avoit résolu, et lui fit prendre le dessein de marcher à Saint-Martin-d'Asti. Son avant-garde en étant à demi-lieue, où le pays est fort ouvert, il s'aperçut qu'elle étoit à vue et fort près de celle des ennemis, qui marchoit aussi. On entendoit même leurs tambours fort distinctement. M. de Vendôme, qui ne vouloit pas combattre dans un terrain désavantageux une armée qui avoit bien plus de cavalerie et d'infanterie que lui, se retira dans les défilés et alla repasser la Lama, et changea encore le rendez-vous à Saint-Martin-d'Asti qu'il avoit donné aux troupes qu'il faisoit venir de San-Benedetto, et leur manda de venir à Correggio, où il avoit garnison; celles qu'il attendoit de Mantoue eurent ordre de venir le joindre à Reggio, où il se rendit lui-même avec l'armée, qui se trouva alors à peu près en forces égales à celle des ennemis, qui gagnèrent plusieurs jours de marche au moyen de toutes les vire-voltes que M. de Vendôme fit faire à ses troupes, qui en furent fort fatiguées, et des contretemps qui en résultèrent; ce qui leur donna une grande avance pour faire leur chemin vers le Piémont avec moins de péril.]

[*Continuation de la marche de M. de Stahrenberg.* — Cependant, M. de Stahrenberg dirigeoit toujours sa marche par le Plaisantin, le Parmesan et le Cortenois et tenoit à la tête de ses colonnes cinq cents travailleurs, et autant à la queue, pour raccommoder les chemins et les rompre, afin de retarder d'autant plus ceux qui le suivoient. Son canon le plus pesant étoit sur des traîneaux, à cause des mauvais chemins; il faisoit marcher mille chevaux devant lui, pour faire trouver dans ses camps les vivres et les fourrages nécessaires, pour éviter la peine de les aller chercher au loin et avoir toujours ses troupes près de lui sans être harassées.]

[*M. de Vendôme atteint une arrière-garde des Impé-*

riaux à Stradella, en défait une partie et prend beaucoup d'équipages. — M. de Vendôme marchoit à ses trousses; mais, comme il avoit pris quelques jours d'avance sur ce prince pendant qu'il rassembloit ses troupes, il ne put tomber sur sa queue que près de Stradella[1], par où il falloit nécessairement qu'il passât. Ce poste étoit retranché et gardé par Sartirana, officier espagnol, et par six ou sept cents hommes de la garnison de Pavie, qui devoient être soutenus par le comte d'Estaires avec un corps de troupes que M. de Vendôme lui avoit donné pour cela; mais il fut prévenu par le jeune prince de Vaudémont, qui commandoit l'avant-garde de l'armée impériale, et qui fit attaquer ce poste tout en arrivant par douze cents grenadiers et douze cents chevaux d'élite. Sartirana fut forcé, après avoir fait quelque résistance; les ennemis lui tuèrent environ cent cinquante hommes, les autres furent faits prisonniers de guerre, avec leur commandant[2]. L'armée impériale passa, et M. de Stahrenberg laissa seulement à Stradella quelque infanterie pour garder les retranchements, jusques à ce que toute sa queue eût passé; mais, comme elle étoit longue et les chemins très mauvais, elle ne pouvoit marcher si vite que les troupes. Ainsi, l'avant-garde de M. de Vendôme eut le temps d'arriver sur cette arrière-garde, qui étoit fort embarrassée de chariots d'équipages et de pain traînés par des bœufs, et qui fut bientôt culbutée; car elle n'étoit pas forte, M. de Stahrenberg n'ayant pas jugé à propos d'y exposer davantage de troupes, à

---

1. Stradella est sur la Versa, à trois lieues de Pavie.
2. C'est le 3 janvier que Stahrenberg força le poste de Stradella (*Gazette*, p. 55).

cause du besoin qu'on en avoit en Piémont, et voulant éviter dans cette vue, autant qu'il le pouvoit, une affaire plus considérable. Il eut en cette occasion deux ou trois cents hommes de tués, autant de faits prisonniers, quelques autres qui se dispersèrent et perdirent deux ou trois cents chariots attelés de six bœufs chacun, la plus grande partie chargée de pain. Les François perdirent peu de monde, et aucun de considération[1].]

[*Continuation de la marche de M. de Stahrenberg; il est poursuivi par M. de Vendôme.* — M. de Stahrenberg, continuant sa marche, arriva à Voghera[2] et y trouva en abondance, au moyen du détachement qu'il faisoit marcher devant lui et des intelligences qu'il avoit dans le pays, une quantité de vivres et de rafraîchissements, même des bœufs pour aider à son artillerie, et marcha encore deux jours et demi, pour arriver sur les bords de la Bormida sans trouver aucune opposition.]

[M. de Vendôme, qui le suivoit toujours au plus près qu'il lui étoit possible, en arrivant à Voghera, y apprit que les ennemis avoient passé la Scrivia sur des ponts qu'ils y avoient jetés, et que, s'il alloit passer au même endroit, il s'exposeroit à combattre dans les plaines d'Alexandrie, où la cavalerie de l'Empereur, en bon état et supérieure, auroit bien de l'avantage sur la sienne, qui se trouvoit bien diminuée par les fatigues et la maladie qui étoit parmi les chevaux. Il cessa donc

1. Ce combat eut lieu le 4 janvier; c'est la cavalerie de MM. de Saint-Frémond et d'Imécourt qui culbuta le convoi ennemi.
2. Sur la Staffora, au sud-ouest de Pavie.

de les suivre par le même chemin et prit le sien dans les montagnes, par Torne, Serravalle et Cabriata[1], où il fit faire un pont sur l'Orba pour le passer, dans l'intention qu'il avoit de les attaquer au passage de la Bormida. En suivant son dessein, il passa l'Orba à la tête de sept cents chevaux et de quinze cents grenadiers et marcha aux ennemis, donnant ordre au reste de son armée de le suivre; mais il arriva encore un contre-temps fâcheux : le pont rompit; il fallut du temps pour le refaire, tellement que M. de Vendôme se trouva sur l'arrière-garde des ennemis, n'ayant que les troupes avec lesquelles il avoit passé l'Orba. M. de Stahrenberg, qui n'avoit pas douté qu'il ne fût attaqué, avoit ordonné une arrière-garde, le long de la Bormida où il avoit son pont, de six bataillons que le prince de Liechtenstein[2] commandoit, dont il avoit placé trois bataillons dans des masures, et qui avoient ordre de ne point sortir ni se montrer que bien à propos; il y avoit encore joint mille chevaux que les bataillons soutenoient; de plus, il avoit disposé le long de la rivière, de l'autre côté par rapport à la situation des troupes de France, à un gué qu'il y avoit, deux mille chevaux et douze pièces de canon.]

[*M. de Vendôme attaque l'arrière-garde de M. de Stahrenberg au passage de la Bormida.* — Les choses ainsi disposées, M. de Vendôme auroit bien voulu retarder son attaque jusques à ce que la tête de son armée arrivât; mais, le jour étant sur son déclin, il eut

1. A propos de ces trois localités, voyez la note des *Mémoires de Quincy*, t. I, p. 343.
2. Philippe-Érasme, prince de Liechtenstein, né en 1664, fut grièvement blessé dans le combat qui va être raconté et mourut trois jours après.

peur que l'ennemi ne lui échappât, et fit charger en même temps les trois bataillons qui paroissoient par ses trente compagnies de grenadiers, la baïonnette au fusil, qui essuyèrent pendant un peu de temps un feu terrible, puis entrèrent dedans et les rompirent. La cavalerie ennemie fut chargée en même temps et renversée, sans faire que très peu de résistance, et se jeta pour la plus grande partie en foule dans la Bormida. Pour lors, M. de Liechtenstein, avec trois bataillons, sortit de ses masures, et, par un feu terrible qu'il fit faire, contint nos troupes. Le comte Solari repassa la rivière pour le seconder et rallier ce qui restoit de la cavalerie; puis ils passèrent la Bormida dans le meilleur ordre qu'il leur fut possible et rompirent leur pont. Les Impériaux perdirent encore plusieurs chariots chargés d'équipages, environ sept cents hommes de tués; on fit sur eux cinq cents prisonniers, parmi lesquels il se trouva plusieurs officiers[1].]

Le comte Solari fut tué, et on trouva le prince de Liechtenstein blessé à mort sur le champ de bataille. [Nous eûmes bien quinze cents hommes tués ou blessés; Saint-Pater[2], maréchal de camp, fut du nombre avec Goësbriand[3], Goas[4] et Morangiès[5]. Il est certain

1. Ce combat fut livré le 10 janvier 1704 près du village de Castelnuovo-da-Bormida : *Mémoires militaires*, par le général Pelet, t. III, p. 348-350 et 858-860.
2. Jacques le Coustelier, marquis de Saint-Pater, fut fait maréchal de camp en récompense de sa valeur dans ce combat.
3. Louis-Vincent, marquis de Goësbriand (1659-1744), était alors maréchal de camp.
4. Blaise de Biran, comte de Goas, brigadier de dragons, mourra le 9 novembre 1705, au cours de la campagne.
5. Charles-Auguste de Molette, marquis de Morangiès, n'était que colonel d'infanterie; il sera tué en 1705.

que la défaite auroit été plus grande si M. de Vendôme avoit eu davantage de troupes.]

[*M. de Stahrenberg passe encore le Tanaro et joint M. le duc de Savoie.* — Ensuite de ce combat, les Impériaux marchèrent sur Nice-de-la-Paille et allèrent passer le Tanaro à Albe, où M. le duc de Savoie les joignit avec trois mille cinq cents chevaux et huit mille hommes de pied.]

[M. de Vendôme avoit bien envie de les faire charger encore une fois au passage du Tanaro, et, dans cette intention, il vint passer la Bormida à Castellaccio, où il fit jeter un pont, dont la construction retarda un peu sa marche. Il passa cette rivière le 14 janvier et vint à Corticella[1], où il fut joint par six mille hommes que le Grand Prieur, son frère, lui amena. Ensuite, il alla à Costigliole; mais il manqua les Impériaux de dix heures, M. de Stahrenberg ayant fait une diligence extrême pour arriver au Tanaro et passer cette rivière.]

[Comme je ne servois pas en Italie, je n'ai pu rapporter ce que je viens de dire que sur la foi des relations et ce que j'en ai appris de ceux qui s'y sont trouvés; sur quoi on doit présumer que le passage de M. de Stahrenberg sera longtemps célèbre par la témérité avec laquelle il l'entreprit et par l'habileté dont il se conduisit[2]; mais, sans vouloir aucunement diminuer la gloire qui lui est acquise à si juste titre, je ne laisserai pas d'ajouter à ce que j'ai dit ci-devant de la grande dispersion des troupes et des quartiers de M. de Vendôme, chose à laquelle il étoit sujet, qu'elle lui donna de grandes facilités, aussi bien que la maladie qui étoit

---

1. Village à mi-distance d'Asti et d'Alexandrie.
2. Voyez la note de la p. 212, ci-dessus.

parmi les chevaux de la cavalerie, qui fut cause qu'à peine en put-il mettre trois mille ensemble; peut-être aussi que, si M. de Vendôme avoit eu meilleure opinion que de coutume de la capacité de l'ennemi qu'il avoit en tête, il auroit pris contre celui-ci des précautions à l'avenant et qu'il lui auroit pu barrer le chemin en quelque endroit dans cette longue traversée, qui fut de plus de soixante lieues, étant maître de tous les passages sur le Pô jusqu'au Piémont.]

[Ainsi finit la campagne d'Italie, si ce n'est qu'on veuille dire qu'il y eut encore quelque petite guerre pour les quartiers d'hiver, ce qui est de si peu de conséquence, au plan que je me suis fait, que je me dispense d'en faire la narration.]

Campagne d'Allemagne sur le Rhin. — Le maréchal de Tallard alla cette année commander en Alsace, et, y ayant assemblé une armée de quarante mille hommes, avec tous les préparatifs nécessaires pour un grand siège, Mgr le duc de Bourgogne partit de la cour, vint se mettre à la tête de cette armée et alla assiéger le Vieux-Brisach, qu'il prit par capitulation le quatorzième jour de tranchée, quoique cette place fût très bonne et pourvue d'une nombreuse garnison et qu'il n'y manquât rien[1]; aussi, le comte d'Arco[2], qui y commandoit et étoit un vieil officier général de l'Empereur, qui avoit acquis ailleurs beaucoup de

1. Brisach, investi le 15 août, se rendit le 6 septembre. Il y a un journal du siège dans le *Mercure* de novembre, volume supplémentaire; ce fut le dernier que fit Vauban.
2. Jean-Philippe, comte d'Arco, né en 1654, était frère du maréchal d'Arco qui servait dans les troupes de Bavière; il était feld-maréchal lieutenant depuis 1694.

réputation, la perdit en ce siège, et bientôt après la vie : car l'Empereur lui fit faire son procès, et il eut la tête tranchée[1] ; Marcilly[2], qui commandoit sous lui, fut dégradé des armes.

Mgr le duc de Bourgogne, pour s'être trop exposé à ce siège, au gré de la cour, y fut rappelé[3], et le maréchal de Tallard se prépara à une nouvelle expédition.

Ses préparatifs étant finis, il se mit en marche et vint assiéger Landau, où il y avoit une bonne garnison des meilleures troupes de l'Empereur, sous le comte de Friesen[4], et pourvue de tout ce qu'il falloit pour une bonne défense. Sans m'arrêter au détail de tout ce siège[5], et afin d'abréger, je dirai seulement que cette place fut bien attaquée et bien défendue ; mais elle ne put être prise sans donner un combat : elle étoit de trop grande importance à l'Empereur et à la France pour ne le point risquer. Je vais dire à peu près ce qui se passa dans cette action.

Après la prise de Limbourg, le prince de Hesse fut

1. Il fut exécuté à Bregenz le 18 février 1704.
2. C'est ainsi qu'on appelait en France Louis-Ferdinand, comte Marsiglii, né à Bologne en 1658, ingénieur, physicien, voyageur, mort en 1730, et très connu comme savant. Le marquis de Quincy lui a consacré deux volumes de biographie parus en 1741.
3. Saint-Simon (t. XI, p. 219-220) a exposé les motifs de son retour.
4. Jules-Henri de Friesen (1650-1706), comte de l'Empire, avait beaucoup contribué à la prise de Landau en 1702 et avait reçu en récompense le commandement de cette place.
5. L'histoire des deux sièges de Landau en 1702 et 1703 a été écrite récemment (1894) en Allemagne par le capitaine G. Heuser.

détaché de l'armée des Alliés en Flandre et marcha vers la Moselle. Pracomtal[1], lieutenant général, fut aussi envoyé par le maréchal de Villeroy, avec un corps de cavalerie et de dragons, afin de l'observer. Quand ce prince eut passé cette rivière, il marcha du côté de Mayence, où il se joignit au comte de Nassau-Weilbourg, qui commandoit un corps de troupes allemandes. Tout cela joint ensemble fit une armée d'environ trente mille hommes; mais la bonne intelligence ne se rencontra pas entre ces deux généraux; car ils se disputèrent entre eux le commandement général, qui n'avoit pas été réglé. Cependant, ils ne laissèrent pas de marcher, pour tâcher de dégager Landau, et dans cette intention vinrent sur le Spirebach, le passèrent et se campèrent sur le bord de cette petite rivière, qu'ils avoient à dos.

Combat du Spirebach, 15 novembre 1703. — Sur les avis que le maréchal de Tallard reçut de cette marche, il sortit de ses lignes avec la meilleure partie de l'armée, dirigea sa marche droit aux ennemis, fut joint en chemin par Pracomtal et les surprit en quelque façon; car ils ne furent avertis que tard de ce grand mouvement et de la jonction de Pracomtal.

Cependant, ils se préparèrent à combattre[2]. Leur gauche, commandée par le comte de Nassau, se concerta mal avec le prince de Hesse et n'attendit pas que ses dispositions fussent achevées pour charger. Il

1. Armand, marquis de Pracomtal, était lieutenant général depuis 1702; il va être tué dans la bataille qui va être racontée.
2. Voyez, sur la bataille de Spire, la *Gazette*, p. 596, 603-605 et 607, le *Mercure* de décembre, p. 263-338, l'*Histoire militaire* de Quincy, p. 125-130, les *Mémoires militaires*, p. 484-486, ceux *de Saint-Simon*, t. XI, p. 300-302.

rompit d'abord la droite des François, et même la poussa un peu loin; mais ceux-ci se rallièrent, et, étant soutenus de quelques troupes fraîches, firent une seconde charge avec tant de succès que les Allemands furent entièrement rompus et mis en déroute, sans plus se rallier.

La droite, où étoit le prince de Hesse, eut d'abord quelque avantage sur la gauche des François, que Pracomtal commandoit, et qui y fut tué; mais ce petit désavantage fut bientôt réparé par plusieurs charges qui firent plier la droite des ennemis et la mirent en fuite. Alors l'infanterie des Alliés, se trouvant dénuée de cavalerie, fut attaquée de tête et de flanc et ne laissa pas de tenir très ferme jusques à ce qu'elle fût chargée la baïonnette au bout du fusil. On se mêla en quelques endroits. Alors cette infanterie plia et perdit encore bien du monde en voulant repasser le Spirebach. Il y eut là une grande tuerie et beaucoup de prisonniers. Les ennemis se retirèrent du côté de Spire et perdirent six à sept mille hommes, tant tués que blessés et prisonniers, avec plusieurs officiers généraux, leurs tentes et bagages, beaucoup de drapeaux, d'étendards et de timbales, leur artillerie et leurs munitions de guerre. La perte des François fut beaucoup moindre. Ils étoient supérieurs en cavalerie et les Impériaux en infanterie.

Prise de Landau par le maréchal de Tallard, 19 novembre. — Immédiatement après cette défaite, le maréchal de Tallard revint en son camp devant Landau, fit notifier sa victoire au comte de Friesen par son fils[1], qui avoit été fait prisonnier au combat du

1. Henri-Frédéric de Friesen ou de Frise (1681-1739).

Spirebach; et ce gouverneur, voyant qu'il n'avoit plus de secours à espérer, capitula le 19 suivant. La garnison sortit de Landau avec tous les honneurs de la guerre et fut conduite à Philipsbourg.

Guerre contre les fanatiques du Languedoc; son commencement, ses progrès et sa fin. — C'est ici le lieu de rapporter l'espèce de guerre civile qui s'éleva en Languedoc, dont on fit d'abord peu de cas à notre cour, et qui, dans la suite, occasionna une diversion de forces très préjudiciable au bien de l'État. Le zèle indiscret et à contretemps des catholiques, et surtout des ecclésiastiques, contre les Nouveaux-réunis en fut la cause principale et rendit cette guerre très sérieuse.

Ces Nouveaux-réunis, lassés [à la fin des avanies et] des querelles que les gens d'Église, soutenus par les puissances supérieures, leur faisoient, [je le puis dire, avec peu de charité et beaucoup d'indiscrétion,] prirent les armes dans un temps où il n'y avoit point de troupes dans la province pour les contenir. Ils s'assemblèrent au commencement par troupes, courant delà et deçà, et ne donnant aucun quartier aux ecclésiastiques qui tomboient entre leurs mains. Ils faisoient endurer des tourments affreux à ceux qui les avoient le plus vexés et à qui ils en vouloient principalement. On envoya après eux les maréchaussées, qui en prirent quelques-uns, et l'on en fit une très brève et sévère justice. Cela ne servit qu'à les irriter et à les multiplier davantage et contribua beaucoup à leur faire faire des sociétés entre eux, [et des assemblées pour l'exercice de leur religion, qui leur étoient défendues,] où ils se lioient plus intimement les uns avec les autres; et, quand on venoit sur eux pour les dissiper par la force, ils se séparoient et se retiroient dans des lieux inaccessibles ou dans leurs maisons, avec tant d'adresse qu'on ne pouvoit les distinguer d'avec les autres habitants, qui leur gardoient fidélité [et qui étoient mécontents eux-mêmes de la quantité d'impôts qu'on exigeoit avec beaucoup de rigueur,] tellement que la pelotte grossissoit fort par leur concours secret. Ils élurent des chefs parmi eux, qui étoient à la vérité d'une naissance abjecte, mais qui réparoient ce défaut par beaucoup de courage et de capacité, [dans un pays montueux et difficile, dont ils savoient tous les tours et détours; et, comme quelques-uns d'eux avoient de l'esprit,] ils s'intriguèrent et négocièrent près des puissances étrangères avec lesquelles on étoit en guerre, et qui ne demandoient pas mieux que d'augmenter les troubles dans le royaume. Ils en reçurent quelques secours d'argent, d'armes et de munitions, et de magnifiques promesses de les secourir avec des troupes réglées, ce qu'ils ne purent faire à temps, par le besoin qu'ils en avoient eux-mêmes[1].

Le comte de Broglio est rappelé de Languedoc; le maréchal de Montrevel va prendre sa place. — Soit qu'on n'eût pas été content à la cour de la conduite du comte de Broglio[2], qui commandoit dans cette

1. Le *Bulletin de la Société de l'histoire du Protestantisme français*, 1892, a donné (p. 668-670) une bibliographie partielle des ouvrages consacrés à la guerre des Camisards.

2. Victor-Maurice, comte de Broglie (1644-1727), commandait en Languedoc depuis 1688; il devint maréchal de France en 1724; il était beau-frère de l'intendant Bâville.

province, ou qu'on ne l'eût pas jugé assez fort pour réduire les rebelles par les armes, on le rappela, et le maréchal de Montrevel fut envoyé à sa place, avec un corps de troupes assez considérable, [dans l'espérance qu'on avoit de les réduire plus promptement.] Ce général, étant arrivé, trouva une guerre fort embarrassante. Quand il vouloit aller en force, il ne rencontroit point d'ennemis, et ils reparoissoient dès qu'il s'étoit retiré. Ils étoient parfaitement informés, par ceux de leur parti qui demeuroient *incognito* dans les villes, de tous ses mouvements et des détachements qu'il faisoit : [quand ils étoient forts, ils se séparoient pour se retirer avec plus de diligence et de facilité, et, quand ils étoient foibles, ils les battoient.] Le maréchal, ne trouvant rien de bon à faire pour accélérer cette guerre, se mit à brûler des villages entiers d'habitants qui lui paroissoient suspects ou qu'on lui désignoit pour l'être ; et, ayant appris qu'environ cent cinquante, tant vieillards que femmes et enfants, s'étoient assemblés indiscrètement dans un moulin aux environs de Nîmes, il le fit investir par des dragons, qui y mirent le feu impitoyablement ; ceux qui en voulurent sortir furent arquebusés, et les autres brûlés tout vifs. Cette cruauté anima encore davantage tout le pays et lui suscita de nouveaux et de plus nombreux ennemis. Ils mirent quelque cavalerie sur pied pour se soutenir dans la plaine, et cette guerre devint beaucoup plus vive. Il y eut plusieurs combats, grands et petits, avec nombre de fortunes diverses, et beaucoup de sang répandu. On ne se faisoit aucun quartier de part ni d'autre ; on se tuoit de sang-froid ; et, quand quelqu'un des rebelles échappoit par hasard à la fureur, on le réservoit pour de plus grands supplices. Tout ceci fâchoit fort la cour et n'avançoit pas les affaires, ce qui l'obligea à prendre d'autres mesures.

Le maréchal de Montrevel est rappelé de Languedoc ; celui de Villars le relève. — Le maréchal de Villars étoit revenu de Bavière ; on l'envoya relever M. de Montrevel[1]. Il arriva avec le rameau d'olive à la main, c'est-à-dire qu'il commença par faire publier une amnistie générale et offrit en même temps de donner des passeports à tous ceux qui voudroient sortir du royaume, avec permission de vendre leurs effets ou de laisser des procurations à leurs parents ou à leurs amis pour vendre en leur absence, recevoir le produit et le leur faire tenir dans l'endroit où ils se retireroient.

Le maréchal alla encore plus loin ; car, étant arrivé à Nîmes, on lui livra un gentilhomme du pays, de la connoissance de Cavalier[2], qui étoit le principal chef des Camisards ou Fanatiques, auxquels on avoit encore donné le nom de Barbets[3]. Il le chargea d'aller trouver son ami pour lui faire quelque ouverture ; mais, Cavalier n'ayant pas voulu se découvrir, parce que ce gentilhomme n'avoit point de pouvoir,

1. C'est seulement à la fin de mars 1704 que Villars fut envoyé en Languedoc pour remplacer Montrevel (*Dangeau*, t. IX, p. 470-471).
2. Jean Cavalier (1681-1740) était un ancien garçon boulanger d'Anduze, qui était devenu le principal chef des Camisards ; il passa au service de l'Empire, puis à celui de l'Angleterre, et devint gouverneur de Jersey.
3. Ce nom de Barbets s'appliquait plutôt aux hérétiques des vallées du Piémont (notre tome II, p. 148, 152, etc.).

le résultat fut que, si M. de Villars vouloit bien lui en envoyer ou commettre quelqu'un qui en fût muni, il pourroit venir en toute sûreté. La Lande[1], lieutenant général, y alla de la part du maréchal et porta Cavalier à lui écrire une lettre très honnête. Cependant, ils convinrent d'une trêve de douze jours, qui fut encore prolongée de quelques autres; et, par préliminaire, on devoit mettre en liberté la mère et le jeune frère de Cavalier, qui étoient détenus dans les prisons. La Lande revint, et le maréchal dépêcha un courrier à la cour. Sur ces entrefaites, il arriva que Rolland[2], un autre des chefs du parti, qui n'avoit pu encore être averti de la trêve, rencontra le bataillon de Tournon et le défit. Le lieutenant-colonel fut tué et plusieurs officiers. Il en fit aussitôt de grandes excuses et envoya tous les prisonniers. Cavalier demanda au maréchal permission de le venir trouver et vint à Nîmes. La conférence se tint dans le jardin des Récollets et dura trois heures[3]. Cavalier en fut satisfait; mais Rolland voulut aussi y avoir part et demanda qu'il plût à Sa Majesté de faire relâcher des galères ceux de leurs parents et amis qui y étoient détenus par ordre des intendants, seulement pour fait de religion. Cavalier, de son côté, demanda une seconde

---

1. Jean-Baptiste du Deffand, marquis de la Lande, était alors maréchal de camp; il mourut lieutenant général en 1728.

2. Pierre Laporte, dit Rolland, était un ancien dragon, que ses connaissances militaires avaient fait nommer chef d'une bande de Camisards.

3. Sur Cavalier et ses conférences avec Villars, il faut voir le tome II des *Mémoires du maréchal*, les tomes XIII et XIV de l'*Histoire du Languedoc* et les biographies de Cavalier par Agnew, Puaux et Charvet.

conférence, qui se tint encore dans le jardin des Récollets de Nîmes. Il y fut arrêté qu'en attendant le retour du courrier, il feroit venir à Calvisson[1] ses troupes et celles des autres chefs de son parti et qu'elles y seroient défrayées aux dépens du Roi ; que là on en formeroit quatre régiments qui seroient mis à la solde de Sa Majesté et entreroient à son service et que les quatre principaux chefs des révoltés en seroient les colonels, avec permission d'exercer leur religion entre eux seulement, et qu'on accorderoit la liberté à tous ceux qui étoient détenus pour fait de religion. Mais il survint un contretemps qui empêcha que cet accommodement n'eût son exécution.

Trois hommes arrivèrent d'Hollande aux Camisards, [et ils s'étoient si bien déguisés, afin de passer avec plus de facilité, que le gouverneur du Pont-Saint-Esprit leur donna même une petite escorte pour les envoyer jusques à Nîmes.] Y étant arrivés, ils joignirent bientôt les Camisards et les assurèrent en termes positifs d'un prompt et effectif secours de la part des Alliés, notamment du duc de Savoie, le plus voisin, qui venoit d'entrer en guerre avec la France. Ils promirent qu'on leur feroit passer tant de troupes, que non seulement ils se maintiendroient avec avantage, mais qu'à la paix prochaine ils seroient au moins en état d'obtenir toutes sortes de bonnes conditions, au lieu que, s'ils traitoient à présent, ils pouvoient s'attendre avec certitude qu'on ne leur tiendroit rien de ce qu'on leur avoit promis dès qu'on les auroit

---

1. Calvisson est une commune du canton de Sommières, département du Gard.

séparés les uns des autres, et qu'au contraire une partie seroit envoyée dans le Nouveau-Monde pour y travailler à des mines, et que les gibets et les roues seroient réservés pour ceux qu'on auroit jugés les plus coupables.

Ces représentations firent leur effet. Rolland, Ravenel[1] et Catinat[2], aussi chefs des rebelles, ne voulurent point consommer le traité et se retirèrent de Calvisson avec leurs troupes. Il n'y eût que Cavalier qui voulut profiter de l'amnistie et environ cent trente de ses gens. On en fit une compagnie franche, qui devoit aller servir Sa Majesté à Brisach, dont Cavalier fut nommé capitaine, avec brevet de colonel. On leur donna une bonne escorte de dragons pour les conduire jusques à Lyon et les garantir du ressentiment des peuples le long de la route.

Ces dragons furent relevés à Lyon par la maréchaussée, qui eut ordre de les conduire le reste du chemin; mais, soit que Cavalier ait pris ombrage d'une pareille escorte, ou qu'il eût reçu en chemin quelque lettre qui fît effet sur lui, quand il fut arrivé près de Besançon, il trouva moyen de s'échapper avec son monde et se retira dans la principauté de Neuchâtel, et, de là, par la Suisse, en Piémont, où il se mit au service du duc de Savoie.

Ce prince, qui avoit intérêt d'entretenir les troubles

1. Ravenel, ou Ravanel, ancien soldat au régiment de Rouergue, était cardeur aux environs d'Uzès lorsqu'il fut choisi pour un des chefs des Camisards; fait prisonnier en avril 1705, il fut condamné à mort et exécuté.

2. Abdias Morel, dit Catinat, ancien dragon comme Rolland, périt sur l'échafaud à Nîmes en 1705.

en Languedoc et dans les Cévennes, voulut faire passer par mer aux Camisards environ cinq cents réfugiés françois, presque tous officiers, qui lui avoient été adressés d'Hollande et d'Angleterre, et étoient avoués de ces deux puissances, dont ils avoient des commissions qui leur eussent sauvé la corde s'ils avoient été pris les armes à la main. Ils avoient aussi amené avec eux des armes et des munitions de guerre, des habits et quelque secours d'argent; mais il arriva que M. le comte de Toulouse, qui étoit alors à Toulon, en fut averti et envoya quelques vaisseaux, commandés par Château-Morand[1], croiser vers les côtes, et trois galères au port de Cette, où il avoit nouvelle que ce secours faisoit état de débarquer. Le maréchal de Villars, de son côté, envoya le long des côtes des troupes réglées et des milices et prit toutes les mesures nécessaires pour empêcher les Camisards de favoriser ce débarquement et leur jonction, en cas de besoin. Mais ce secours ne put échapper à la vigilance de Château-Morand; il tomba sur les trois tartanes qui le portoient et qui étoient escortées par trois frégates. Il prit une des tartanes; l'autre fut jetée à sec sur la mer de Gênes; et la troisième se sauva dans le port de Villefranche avec les trois frégates[2].

Tout ceci fut cause que le maréchal de Villars ne marchanda plus les rebelles et qu'il voulut promptement finir cette affaire. Il fit piller plusieurs villages qui servoient de retraites aux Camisards; quelques-

1. Jean-François Joubert de la Bastide, comte de Château-Morand, devint lieutenant général en 1720 et mourut le 17 avril 1727.
2. Voyez les *Mémoires de Saint-Simon*, t. XII, p. 145.

uns furent brûlés, et ses troupes eurent ordre de faire main basse sur tous ceux que l'on pourroit trouver assemblés. Rolland fut surpris avec cinq ou six de ses officiers dans le château de Castelnau et s'y fit tuer. On rapporta son corps à Nîmes; on le brûla, et ses officiers furent roués. Après cette exécution, il n'y eut plus que quelques petites actions contre les Camisards, qui ne firent que languir, le secours qu'ils attendoient leur ayant manqué. Le maréchal fit publier une nouvelle amnistie; ils vinrent se soumettre; on donna des passeports pour aller à Genève à ceux qui en voulurent, et il ne resta plus que quelques petites troupes de ces révoltés dans les Hautes-Cévennes. [Ayant déjà anticipé sur l'année 1704 pour décrire de suite ces événements, je ne puis me dispenser, pour les mettre à bout, de prendre encore sur 1705,] et je dirai que, pendant cette année, les Camisards se réveillèrent, parce qu'on avoit retiré du Languedoc presque toutes les troupes, dont on avoit besoin ailleurs; et ils recommencèrent leurs courses du côté des Cévennes, mais avec très peu de succès; et en voici l'occasion.

L'abbé de la Bourlie[1], homme de mauvaises mœurs, et que le désordre de ses affaires avoit contraint de sortir de France, s'étoit retiré en Angleterre, où il devint Fanatique par humeur ou par ambition. Il étoit bien fait de sa personne, avoit quelque naissance et quelque esprit, d'ailleurs hardi menteur; ne sachant

---

1. Antoine de Guiscard, abbé de la Bourlie, né en 1658, avait eu l'abbaye de Bonnecombe en 1672; converti au protestantisme, il passa en Angleterre et y mourut misérablement en 1711.

plus de quel bois faire flèche, il avoit entrepris de mettre le tout pour le tout pour se procurer quelque établissement à la faveur de son nom. [Il s'introduisit d'autant plus facilement en Angleterre qu'on n'étoit pas dans l'habitude d'y voir un déserteur françois, dans un pareil temps, qui portât un nom, quoiqu'on en doive excepter ceux qui étoient sorti du royaume pour cause de religion.] Celui-ci, pour colorer sa désertion, répandit à la cour d'Angleterre que, quoique né catholique, il n'avoit pas laissé de prendre de grands préjugés contre sa religion naturelle, et que, dans ces sentiments, il avoit toujours entretenu commerce avec les protestants en général et en particulier et avoit conservé avec ceux qui étoient restés en France des liaisons intimes, et notamment avec ceux du Languedoc et des provinces voisines. Il assura qu'on en verroit bientôt de bons effets pour la cause commune des Alliés et pour la religion protestante, pour peu qu'on voulût l'aider et lui en donner les moyens.

[Il débita si bien sa marchandise, et on prend si facilement des préjugés favorables pour ce qu'on désire, qu'il fut écouté. On lui donna aussitôt un régiment de dragons, de l'argent en abondance, et ce qu'il demanda d'ailleurs pour le succès du nouveau soulèvement des peuples du Languedoc et des provinces voisines qu'il méditoit. Je puis dire qu'en cela il trompa vilainement les Anglois et les Hollandois, qui ne sont pas des peuples ni des États à se servir de voies lâches et criminelles pour le bien de leurs affaires en général. Je vais donc, en m'expliquant plus intelligiblement, développer les sales intrigues et le véritable projet de l'abbé de la Bourlie, dont je suis persuadé qu'il n'avoit découvert en Angleterre que la partie permise quand on est en guerre, qui est de soulever des peuples sous prétexte du rétablissement de leur religion, ou d'autres avantages apparents, en les secourant de troupes, d'armes, de munitions de guerre, d'argent et autres secours équipollents. Ainsi, il est à croire que les propositions que cet homme fit à ces deux puissances ne roulèrent que là-dessus; mais, au lieu de cela, il voulut prendre un chemin qui lui paroissoit plus court et plus conforme à son génie.]

Il commença donc de s'intriguer avec le nommé Ravenel et d'autres de son parti, qui avoient accepté la dernière amnistie et étoient sortis du Languedoc sous la foi des passeports et sous promesse de n'y plus revenir. Il arrêta avec eux qu'ils se couleroient insensiblement à Montpellier et à Nîmes, avec ce qu'ils pourroient ramasser de leurs gens, auxquels on feroit trouver des armes; qu'ils gagneroient dans ce pays tout autant de gens qu'ils pourroient, et que, quand tout seroit prêt, à un certain jour qu'on auroit concerté, on égorgeroit les commandants, l'intendant et autres officiers du Roi; ensuite, ils devoient crier : « Liberté de conscience et point d'impôts! » Ils se flattoient par ce moyen de composer un petit corps d'armée des habitants du pays, avec lequel ils marcheroient vers les côtes et y joindroient quatre mille hommes, tant Anglois que Hollandois, qui y devoient débarquer avec des armes, des munitions de guerre, de l'argent, et l'abbé de la Bourlie, devenu colonel.

Cette pratique ne fut pas découverte d'abord; on

eut seulement avis que les assemblées recommençoient, et, sur cela, Sa Majesté envoya le duc de Berwick, suivi de quelques troupes, en Languedoc, à la fin de mars 1705[1]. Il y découvrit qu'il y avoit des Camisards cachés dans Montpellier. La garde des portes de cette ville fut redoublée; on lui donna ordre de ne laisser sortir personne et d'en permettre l'entrée à tout le monde. Sur l'avis que reçut M. de Berwick que trois hommes se tenoient cachés chez un certain habitant, il envoya le prévôt avec ses archers pour s'en saisir. Il y en eut un de tué, qui se mit en défense; les deux autres furent pris. On leur trouva des papiers qui firent découvrir un grand nombre de complices. L'un de ces deux hommes promit que, si on lui vouloit donner la vie, il découvriroit la maison où Ravenel et les autres chefs se tenoient cachés dans Nîmes. On l'y conduisit aussitôt, et le duc de Berwick partit avec l'intendant pour s'y rendre. Tous ces chefs y furent trouvés et pris en peu de temps avec leurs complices; on leur fit leur procès, et ils furent brûlés ou rompus. On en compta jusqu'à trois cent cinquante qui furent exécutés. Parmi eux, il se trouva quelques banquiers qui recevoient et distribuoient les remises qui leur venoient d'Angleterre et de Hollande, et des armuriers qui préparoient des armes pour les Camisards[2]. Leur projet ayant manqué, et les terribles exécutions qui le suivirent les ayant consternés, [joint à cela qu'ils

---

1. C'est à la fin de décembre 1704 que M. de Berwick fut désigné pour aller commander en Languedoc à la place de Villars (*Dangeau*, t. X, p. 212-213).

2. Voyez l'*Histoire des troubles des Cévennes* (1760), t. III, p. 61-80.

perdirent, par l'expérience du passé, toute espérance d'être secourus, les troubles cessèrent petit à petit; le commerce et la tranquillité du Languedoc se rétablirent, et il n'y eut depuis que quelques assemblées dans les Cévennes, que Julien, maréchal de camp[1], apaisa, tant par sa prudence que par la crainte des troupes qui étoient à ses ordres. Ainsi toutes choses furent rétablies dans leur premier état, ce qui subsiste encore aujourd'hui.]

[*Guerre de l'Empereur contre les rebelles de Hongrie.* — L'Empereur, de son côté, eut aussi des troubles dans ses États, qui l'obligèrent à de grandes diversions de ses forces et l'empêchèrent pendant quelque temps de pousser la guerre contre la France et la Bavière avec tant de vivacité; mais l'habileté de ses généraux et la fermeté de son Conseil l'en tirèrent glorieusement. Comme je n'ai traité cette affaire jusques ici que très superficiellement, j'ai cru être obligé de l'approfondir un peu davantage, et, quoiqu'elle ne soit qu'accidentellement de mon sujet, je ne laisserai pas de la prendre dès son origine; mais je la traiterai avec le plus de brièveté qu'il me sera possible.]

[Les Hongrois de tous les temps ont été des peuples volages et fort attachés au maintien de leurs prérogatives et de leurs privilèges. La diversité de religion qui y est établie, et qui sert souvent de prétexte à leur inconstance, est cause que les grands de ce

---

1. Jacques de Julien, ancien protestant converti, avait d'abord été au service de Savoie, puis passa à celui de France en 1693; il était maréchal de camp depuis le commencement de 1703.

royaume, qui y sont toujours très considérés, trouvent de grandes facilités à soutenir les peuples, lorsqu'ils sont mécontents du gouvernement présent. C'est pourquoi l'Empereur et son Conseil sapent tout autant qu'ils peuvent l'autorité des seigneurs de ce royaume, qui tâchent de se relever en profitant des conjonctures. Plusieurs d'entre eux étoient fort mécontents de ce que l'Empereur s'étoit prévalu des grands avantages qu'il avoit eus contre les Turcs en la guerre dernière, et desquels ils avoient coutume de s'appuyer contre ceux qui les dominoient, joint à cela que, par ce moyen, il avoit, depuis la paix dernière, fait déclarer par la diète de Presbourg la couronne héréditaire en sa famille, d'élective qu'elle étoit auparavant, et qu'ainsi les seigneurs naturels du pays s'en trouvoient exclus. Ce puissant levain de mécontentement se tenoit caché ; mais la conjoncture de la guerre avec la France touchant la succession d'Espagne, dans laquelle presque toutes les puissances de l'Europe étoient entrées, leur donnant une occasion d'autant plus favorable que les commencements n'en furent pas avantageux à l'Empereur, quelques seigneurs hongrois et quelque peuple se soulevèrent. Il arriva encore dans ce temps que le prince Ragotzi[1] se trouva à la cour de l'Empereur et fut soupçonné d'être d'intelligence avec eux. Il le fit arrêter et l'envoya prisonnier dans un château, où il étoit soigneusement gardé ; mais il corrompit le commandant de la garde et se sauva en Hongrie, où il étoit puissant et fort accrédité. Il leva des troupes ; les hostilités commen-

---

1. François-Léopold, prince Ragotzi (1676-1735).

cèrent, et les Mécontents coururent jusques aux portes de Vienne et firent beaucoup de désordre. L'Empereur leur opposa d'abord peu de troupes, ne pouvant faire mieux. Elles furent presque toujours battues, et les Mécontents vinrent à un point de puissance qu'ils avoient des armées de trente à quarante mille hommes, bien soudoyés au moyen de l'argent que la France leur faisoit tenir, et se rendirent maîtres de plusieurs villes en Hongrie. Mais l'Empereur, avec ses troupes et celles de ses alliés, ayant pris en 1704 le dessus sur la France, elle ne fut plus en état de leur fournir l'argent nécessaire, tellement que l'Empereur fut dans la possibilité d'envoyer une bonne armée contre les rebelles, dont il gagna quelques-uns des principaux qui ne s'accommodoient point avec Ragotzi. Il fut défait en plusieurs combats, et ainsi, petit à petit, tout le reste de ce parti fut obligé de recourir à la clémence de l'Empereur, qui leur accorda une amnistie, dont Ragotzi se trouva exclu et obligé de se retirer en France, où il a été entretenu honorablement tant qu'il y a séjourné.]

[A présent, je viens au récit de ce qui se passa sur mer pendant la présente année 1703.]

Expéditions sur mer. — Les grands armements des Anglois et des Hollandois donnèrent bien de l'inquiétude à la France, qui appréhendoit qu'ils ne vinssent faire quelque descente sur ses côtes en faveur des révoltés du Languedoc et des autres mécontents. Elle prit ses précautions à l'avenant et répandit des milices et des troupes, commandées par des chefs principaux. Le comte de Toulouse, amiral de France, vint en Provence pour prendre soin de cette province et faire armer jusques à vingt vaisseaux de guerre à Toulon et quelques galères, qui fut tout ce qu'on pouvoit faire en cette partie. Les amiraux Shovell[1], Allmond et Wassenaer[2], avec quarante vaisseaux de guerre, plusieurs frégates et quantité d'autres bâtiments, étant partis des ports d'Angleterre, passèrent le détroit[3] et firent mine de vouloir faire une descente en Provence et brûler les vaisseaux de guerre qui étoient à Toulon. Le comte de Toulouse, qui ne pouvoit tenir la mer avec si peu de vaisseaux contre une si grande armée, les fit rentrer dans le port, qu'il fit fortifier d'une forte estacade, défendue par des batteries de canons et de mortiers. Il prit toutes les précautions possibles pour défendre avec utilité les autres endroits de la côte où les ennemis auroient pu faire une descente. Aussi ne se présentèrent-ils pas; ils allèrent se promener le long des côtes d'Italie et y proclamèrent l'Archiduc roi d'Espagne. Leur véritable dessein étoit d'aller à Naples y appuyer une conspiration qui étoit sur le point d'éclater et qui les auroit rendus maîtres de ce royaume; mais, comme elle fut découverte à temps et les chefs punis ou mis en fuite, il n'y eut plus rien à faire; ils vinrent mouiller à la rade de Livourne, où ils se séparèrent peu de temps après. Les Anglois s'en retournèrent en leur pays, et les Hollandois prirent la route de Lisbonne[4].

1. Clowdisley Shovell, né en 1650, était amiral de l'escadre blanche depuis 1701; il périt dans un naufrage aux îles Scilly en 1707.
2. Jean, baron de Wassenaer, vice-amiral en 1703, mort le 29 octobre 1723.
3. Le détroit de Gibraltar.
4. Quincy, *Histoire militaire*, t. IV, p. 213-214.

L'autre armée navale des ennemis, bien plus forte que la première, étoit destinée pour l'Océan. Elle se présenta devant Brest[1], et ensuite à la vue de Port-Louis, d'où elle détacha trois vaisseaux de guerre pour canonner quelques petits bâtiments qui venoient de Nantes le long de la côte, et qui ne laissèrent pas de se mettre en lieu de sûreté. De là, ils vinrent à Belle-Isle, y firent une descente, investirent la citadelle et la sommèrent inutilement de se rendre. En même temps, ils envoyèrent un grand nombre de chaloupes armées pour débarquer et attaquer l'île de Groix, située à deux lieues en mer, vis-à-vis du Port-Louis. Ils y trouvèrent des troupes réglées et des milices retranchées, qui firent un grand feu sur eux, leur tuèrent et blessèrent quelque monde et les obligèrent de se retirer. Ensuite ils quittèrent Belle-Isle, et, s'étant rembarqués, ils rôdèrent le long des côtes du pays d'Aunis et du Poitou, dans l'espérance d'y exciter quelque soulèvement qui pût être favorable aux rebelles du Languedoc. Il y a apparence que c'étoit là leur véritable dessein et le but de cet armement; mais, par les sages précautions qu'on y avoit prises, ils ne purent rien faire, non plus que sur les autres côtes de France, qu'ils longèrent en se retirant dans leurs ports.

Les Anglois mirent en mer un autre armement, composé de six gros vaisseaux de guerre et de quarante autres voiles qui portoient des troupes de débarquement[2]. Ils arrivèrent devant la Guadeloupe le 18 mars

1. *Histoire militaire*, t. IV, p. 211-212.
2. *Histoire militaire*, p. 207-209. Il est à remarquer combien le récit de notre auteur se rapproche de celui du marquis de

et s'y mirent à croiser, en attendant quelques autres bâtiments demeurés derrière, qui leur portoient des munitions et des provisions. Le 23, ils firent débarquer quatre mille hommes et forcèrent quelques retranchements défendus par de petits détachements de troupes françoises; ensuite, ils s'approchèrent du bourg et se rendirent maîtres d'une église, puis battirent le fort, y firent brèche et se disposèrent à y donner l'assaut. Dans cette conjoncture, les assiégés tinrent un conseil. On y résolut de faire sauter le château, qui n'étoit pas en état d'être soutenu, et de se retirer dans un réduit avantageux dans les bois, où les habitants avoient coutume de se sauver avec leurs meilleurs effets quand il survenoit des alarmes, et qui étoit défendu par de bonnes batteries de canon, joint à cela que la garde en étoit aussi facile que les abords en étoient pénibles. De plus, il y avoit encore dans l'île des passages de rivières et des défilés bien gardés.

Il leur arriva aussi de la Martinique un secours de huit cents hommes[1], qui n'empêcha pas les Anglois de faire plusieurs tentatives sur le fort, dont aucune ne réussit et qui leur firent perdre du monde. Au pardessus, la maladie se mit dans leurs équipages, et, jugeant qu'ils pourroient bien manquer de vivres s'ils demeuroient plus longtemps et s'opiniâtroient davantage, ils prirent le parti de se retirer[2] et de se rembarquer, après avoir perdu le colonel Hamilton et sept à huit cents hommes.

Quincy, quoiqu'il n'adopte pas le même ordre pour le récit de ces divers événements maritimes de l'année 1703; nous avons déjà eu occasion de noter cette ressemblance.
1. Sous la conduite de M. de Gabaret, gouverneur de l'île.
2. La flotte ennemie quitta la Guadeloupe le 18 mai.

Pendant que ceci se passoit, le marquis de Coëtlogon, lieutenant général, étoit en mer avec cinq gros vaisseaux de guerre. Il rencontra, à la hauteur de Lisbonne, une flotte angloise et hollandoise de cent voiles escortée par cinq vaisseaux de guerre. Il prit le parti aussitôt de les combattre et en prit quatre[1], sur un desquels on trouva le comte de Wallenstein[2], ambassadeur de l'Empereur en Portugal, qui revenoit de son ambassade.

D'un autre côté, le chevalier de Saint-Pol[3], qui avoit succédé, à Dunkerque, au fameux Jean Bart, étant allé croiser vers le nord d'Écosse avec cinq ou six vaisseaux ou frégates du Roi, y découvrit environ deux cents voiles hollandoises, escortées par quatre vaisseaux de guerre, qui revenoient ou alloient à la pêche du hareng. Il attaqua ces vaisseaux et en prit trois; le quatrième se sauva; et Saint-Pol ne put prendre qu'environ trente barques, le surplus s'étant sauvé pendant le combat, qui fut assez bien disputé[4].

Sur la Méditerranée, Du Quesne[5], avec deux vais-

1. Ce combat eut lieu le 22 mai (*Dangeau*, t. IX, p. 210 et 216); la relation officielle a été imprimée dans les *Archives de la Bastille*, t. XI, p. 94-95.

2. Charles-Ernest, comte de Wallenstein (1661-1713), était ambassadeur impérial à Lisbonne depuis 1699; il fut interné à Vincennes, puis à Bourges, et ne recouvra sa liberté qu'en 1704.

3. Marc-Antoine, chevalier de Saint-Pol-Hécourt, capitaine de vaisseau en 1693, fut tué dans un combat naval le 31 octobre 1705.

4. Ceci se passa les 22, 28 et 29 juin : *Gazette*, p. 359-360 et 371.

5. Abraham du Quesne-Monier, neveu de l'illustre marin, capitaine de vaisseau en 1685, ne parvint qu'en 1715 au grade de chef d'escadre; il mourut à Toulon en 1726.

seaux du Roi et deux barques, se mit en tête de se saisir dans Aquilée[1] du magasin de vivres qui s'y étoit fait pour l'armée de l'Empereur en Italie, et y réussit, quoique l'entreprise fût très difficile et très hasardeuse. Il enleva tout ce qu'il put emporter de ces vivres et fit gâter le reste[2]. Il n'est pas venu à ma connoissance qu'il y ait eu pendant cette campagne d'autres expéditions de mer un peu mémorables.

Affaires d'Espagne et de Portugal. — Comme je n'ai point encore parlé du traité que le nouveau roi d'Espagne fit avec celui de Portugal en 1701 et des négociations des Alliés pour le faire rompre [et en entamer un tout différent avec lui, comme il arriva,] je commencerai par dire que, [la révolution d'Espagne étant survenue,] le roi de Portugal[3], [craignant qu'elle ne lui devînt désavantageuse dans la suite,] écouta favorablement les propositions du président Rouillé[4], ambassadeur de France, de faire une nouvelle alliance avec cette couronne et celle d'Espagne[5]. Les principales conditions furent :

1° Que le traité fait en 1668 entre cette couronne et celle de Portugal seroit renouvelé ;

---

1. Aquilée, ville du Frioul, est à six kilomètres de la mer, ce qui rendait l'expédition très difficile.

2. Le rapport de Du Quesne sur cette expédition est dans le *Mercure* d'août, p. 94-104 ; voyez aussi les *Mémoires de Saint-Simon*, t. XI, p. 166-167.

3. Pierre II, roi depuis 1683.

4. Pierre Rouillé de Marbeuf (1657-1712) était président au Grand Conseil depuis 1690, lorsqu'il fut envoyé en 1697 comme ambassadeur en Portugal.

5. Ce traité, signé le 18 juin 1701, est dans le *Corps diplomatique* de Du Mont, t. VIII, 1re partie, p. 31.

2° Que le roi d'Espagne renonceroit pour toujours à ses anciennes prétentions sur le Portugal et les pays qui en dépendent;

3° Que le commerce dans les Indes subsisteroit sur le pied où il étoit sous le règne du feu roi d'Espagne;

4° Que, si la guerre survenoit entre la France et l'Espagne contre l'Angleterre et la Hollande, Sa Majesté Portugaise seroit obligée d'entretenir un certain nombre de vaisseaux de guerre; et que, si le Portugal étoit attaqué par quelque puissance, Leurs Majestés Très Chrétienne et Catholique le secourroient de trente vaisseaux de guerre et lui paieroient trois cent mille pièces de huit tant que la guerre dureroit;

5° Et qu'en cas que le parlement d'Angleterre vînt à cesser de payer à la reine douairière[1], qui s'étoit retirée dans sa patrie de Portugal, le douaire qui lui étoit dû, comme ayant survécu au feu roi d'Angleterre son mari, le roi de France s'engageoit de le payer.

Ce traité ayant été signé et ratifié de part et d'autre, le roi de Portugal fit demander au Roi des officiers généraux pour discipliner ses troupes. On lui envoya même des officiers d'artillerie et des ingénieurs, avec huit vaisseaux de guerre commandés par le marquis de Villette[2]. Le roi de Portugal les mit aussitôt en œuvre, fit fortifier ses côtes et les garnit de quantité de pièces de canon.

Malgré ce traité et ce qui s'en étoit ensuivi, il arriva, peu de temps après, que le roi d'Espagne, à ce que

1. Catherine de Portugal (1638-1705), mariée à Charles II d'Angleterre en 1661, veuve en 1685, s'était retirée à Lisbonne depuis 1693.
2. Tome II, p. 272.

l'on dit alors, ayant eu quelque défiance du comte de Melgar, amirante de Castille[1], voulut le dépayser en le nommant ambassadeur en France[2]. Ce seigneur accepta la commission, et, pour s'en acquitter avec plus de splendeur, il vendit une grande partie de ses effets; et, afin qu'on ne se doutât de rien, il envoya quelques-uns de ses principaux domestiques à Paris pour lui louer un hôtel. Il prit ensuite congé du roi d'Espagne; mais, au lieu de tenir la route de Paris, il prit celle de Lisbonne, où il arriva[3].

Le roi d'Espagne assembla son Conseil, dont le résultat fut de faire le procès à l'Amirante dans toute la rigueur qu'un pareil cas pouvoit exiger; mais ce seigneur ne s'en embarrassa guère; car, dans le même temps qu'il publia une espèce de manifeste pour sa justification[4], il s'intriguoit de manière auprès du roi de Portugal et son Conseil et avec les ministres de l'Empereur, d'Angleterre et de Hollande, et agit si efficacement avec eux, qu'ils vinrent à bout, non seulement de faire rompre au roi de Portugal le traité qu'il avoit fait avec la France et l'Espagne, mais encore de lui faire conclure une alliance offensive et défensive avec les Alliés, et dont une des principales conditions

---

1. Jean-Thomas Enriquez de Cabrera, duc de Rioseco et comte de Melgar, amirante héréditaire de Castille, mourut à Lisbonne en 1705.

2. Il fut désigné en mars 1703 (*Dangeau*, t. IX, p. 148).

3. Voyez les *Mémoires de Saint-Simon*, t. X, p. 237-238.

4. L'Amirante fut condamné à mort par contumace en juillet 1703 et ses biens confisqués. Son mémoire justificatif a été imprimé dans les *Mémoires de Lamberty*, t. III, p. 245-248.

étoit le mariage de l'Archiduc avec l'infante de Portugal[1].

Cette négociation ne put être assez secrète pour que le président Rouillé n'en eût quelque connoissance. Il en donna avis à la cour; et, en attendant de nouvelles instructions, il témoignoit aux ministres portugais qu'il étoit informé de ce qui se tramoit et leur en faisoit des plaintes; mais ils lui répondirent toujours avec adresse et l'assurèrent que les négociations qui se faisoient avec les Alliés ne rouloient que sur les moyens d'affermir la neutralité que Sa Majesté Portugaise vouloit observer avec toutes les puissances, et que le roi leur maître n'étoit nullement disposé à rompre l'alliance qu'il avoit contractée avec les deux Couronnes.

Cependant, je dois présupposer que le président Rouillé, qui étoit homme d'esprit et fort affectionné, ne prenoit pas le change et qu'il continuoit d'avertir ponctuellement la cour de ce qui se passoit et que tout ce que les ministres lui répondoient n'étoit que dans la vue de gagner du temps pour mieux lier leur partie avec les Alliés et achever de prendre de plus justes mesures.

Quoi qu'il en soit, on crut à notre cour qu'on pourroit encore y remédier en lui substituant Châteauneuf[2],

---

1. Thérèse-Josèphe, née en février 1696, n'avait alors que sept ans; elle mourut en 1704.

2. Pierre-Antoine de Castagner, marquis de Châteauneuf, né en Savoie, s'était fait naturaliser en 1675 et avait acheté une charge de conseiller au Parlement; il fut ambassadeur en Turquie de 1689 à 1699, fut envoyé en Portugal dans le courant de 1703, mais dut revenir l'année suivante.

dont le caractère étoit plus doux et plus insinuant, et qu'en le chargeant de quelques nouvelles propositions plus avantageuses, elles pourroient être mieux écoutées; mais on s'y trompa; Châteauneuf ne put réussir; la partie étoit trop bien liée quand il arriva en Portugal, où il ne fit pas un long séjour. Cependant, le roi de Portugal nomma un ambassadeur extraordinaire pour la cour de Vienne, qui lui rapporta la ratification du traité qui venoit de se faire avec l'Empereur et ses alliés.

Après cela, ce prince ordonna une augmentation des troupes et commanda à ses sujets de se pourvoir incessamment d'armes, d'équipages et de chevaux et de se tenir prêts à monter à cheval au premier ordre, prenant d'ailleurs toutes les mesures nécessaires pour soutenir le nouveau parti qu'il venoit d'embrasser.

De son côté, le jeune roi d'Espagne se trouvoit fort embarrassé; car il n'avoit encore aucune expérience des affaires et avoit trouvé son royaume dans un grand délabrement, joint à cela qu'il étoit fort dénué de troupes, de munitions de guerre et de bouche, et, qui pis étoit, ses finances étoient fort dérangées et très épuisées, le peu de fortifications des places tout à fait en désordre; la fidélité de ses sujets pouvoit être facilement ébranlée, et l'Archiduc, qui venoit d'être proclamé roi d'Espagne par l'Empereur son père, avoit été reconnu pour tel par quelque puissance [qui abandonna Philippe et qui l'avoit déjà reconnu[1]; les autres, qui lui étoient ennemies, concouroient unanimement à

---

1. C'est de la Hollande que notre auteur veut parler.

assembler des forces de terre et de mer prodigieuses pour tâcher de le dépouiller de ses États et établir son concurrent sur son trône. Dans une pareille situation, il n'avoit d'autre ressource que les secours de sa patrie et les conseils du Roi, son aïeul, qui ne manqueroient pas d'être mal interprétés par ses ennemis, qui retorqueroient à son désavantage des conseils si naturels et publieroient partout que la France vouloit conduire encore ce royaume comme une annexe à sa couronne et selon les maximes de son gouvernement, ce qui étoit le principal objet de leur appréhension et qui ne paroissoit pas tout à fait mal fondé; mais il falloit se tirer du mauvais pas et en remettre le bon ou mauvais événement au sort des armes].

Ainsi le roi d'Espagne ordonna de nouvelles levées dans ses États et le rétablissement des anciennes troupes du royaume, qui étoient mal équipées et en très petit nombre. Celui de France y suppléa d'abord par un secours de vingt et un bons bataillons et de dix-neuf escadrons, qu'il fit passer en Espagne sous le commandement du duc de Berwick, qui venoit de prendre Nice sur le duc de Savoie. Il lui envoya aussi un nombre d'officiers généraux, afin que ses troupes fussent mieux commandées et disciplinées, avec de l'artillerie, quantité de munitions de guerre et de grosses sommes d'argent.

[On verra dans l'année qui suit le commencement de la guerre en ce royaume-là et, dans celles qui suivront jusques à la paix, à quoi tout cela aboutit. Pendant que je suis sur cette guerre d'Espagne, je commencerai la relation de l'année 1704 par les affaires de ce royaume.]

Année 1704. — L'Empereur proclame l'Archiduc roi d'Espagne; il passe en Hollande, de là en Angleterre, puis en Portugal. — L'Empereur, après avoir proclamé l'Archiduc, son second fils, roi d'Espagne, l'avoit fait partir de Vienne pour se rendre en Hollande, où il trouva nombre de bataillons hollandois embarqués sous le général Fagel[1], et une quantité de vaisseaux de guerre commandés par l'amiral Calemberg, qui le passèrent en Angleterre, où il arriva au commencement de décembre 1703. Il débarqua à Portsmouth, où la reine l'envoya recevoir et complimenter par les ducs de Somerset[2], Marlborough et Devonshire[3], qui le conduisirent à Peterworth[4]. Là, le prince de Danemark vint le saluer et le prendre pour le mener à Windsor, où il eut une entrevue avec la reine, et où il ne demeura que deux jours; on le festoya beaucoup. De là, il retourna à Peterworth, où il resta quelques jours, en attendant que la flotte angloise fût en état de mettre à la voile. On y avoit embarqué un régiment de cavalerie, un de dragons, sept d'infanterie, cinq cents hommes détachés des gardes angloises, quantité de selles, de brides, d'armes, de munitions de guerre et de bouche et beaucoup d'argent. Le duc de Schönberg commandoit ces troupes, et l'amiral Rooke l'armée navale angloise, qui n'étoit

1. François-Nicolas, baron Fagel (ci-dessus, p. 123), reçut en 1704 le titre de feld-maréchal pour conduire en Portugal le contingent hollandais.
2. Charles Seymour, duc de Somerset (1662-1748).
3. William Cavendish (1640-1707), comte de Devonshire, créé duc en 1694.
4. Peterworth est une petite localité du comté de Sussex, entre Portsmouth et Londres.

encore que de vingt vaisseaux de guerre. Ils furent, peu de temps après, suivis de plusieurs autres, et de nouvelles troupes.

L'Archiduc, avec cette armée, s'embarqua vers le milieu de janvier 1704; mais il fut battu d'une si violente tempête qu'elle sépara tous ses vaisseaux, de manière qu'ils furent contraints de séjourner quelque temps, pour se radouber, et être en état de remettre à la voile; ce qui arriva à la fin de février. Le vent et le temps furent si favorables que toute cette armée fit le trajet en douze jours et arriva le 7 mars dans la rivière de Lisbonne.

Aussitôt l'Archiduc fit notifier son arrivée au roi de Portugal, par le prince de Liechtenstein [1], grand maître de sa maison. Le prince de Darmstadt et l'Amirante de Castille [2] vinrent le saluer, et le roi de Portugal l'envoya complimenter par le marquis de Marialve [3], grand maître du palais. Deux jours après, il vint lui-même, dans un brigantin magnifique, rendre visite à ce prince, et l'emmena dans son palais de Lisbonne, où il le reçut avec les mêmes honneurs qu'on rend aux têtes couronnées. Châteauneuf, ambassadeur de France en Portugal [4], ayant été congédié, revint en France par l'Espagne, et le chevalier Leake [5] arriva dans la

1. Ci-dessus, p. 218.
2. Ce comte de Melgar, dont on a vu la défection ci-dessus, p. 246.
3. Gabriel Torrès, marquis de Marialba ou Marialva, était fils d'un ambassadeur de Portugal en Espagne.
4. Ci-dessus, p. 247.
5. Jean Leake (1656-1720), vice-amiral en 1703, venait de recevoir le titre de chevalier; il devint amiral de l'escadre blanche en 1708, et lord de l'amirauté en 1709.

rivière de Lisbonne, avec le reste des vaisseaux de guerre et des troupes que l'Angleterre et la Hollande s'étoient obligées de fournir au Portugal pour l'ouverture de la campagne. Elle fut un peu retardée par les disputes qu'il y eut entre le duc de Schönberg et le marquis das Minas[1], général portugais, pour le commandement. Il arriva encore que les chevaux que le roi de Portugal avoit promis de tenir prêts pour remonter la cavalerie angloise ne se trouvèrent pas; ce qui causa aussi du retardement et donna lieu au roi d'Espagne de se mettre le premier en campagne, et de faire bien des progrès en Portugal, sans trouver qu'une très foible opposition.

Les troupes auxiliaires du Portugal, étant débarquées, furent mises dans des quartiers de rafraîchissement, et l'Archiduc, qui étoit resté à Lisbonne pendant ce temps, fut conseillé de faire publier sur les frontières d'Espagne et de Portugal un manifeste ou déclaration, qui portoit en substance qu'étant arrivé en Portugal pour délivrer ses bons sujets les Espagnols du dur esclavage où ils étoient depuis l'injuste usurpation du duc d'Anjou [(ainsi nommoit-il notre nouveau roi d'Espagne), et pour recouvrer cette couronne qui lui appartenoit légitimement], il promettoit une amnistie générale à tous ceux qui voudroient se joindre à lui dans trente jours; mais que, si, après ce terme, on en trouvoit les armes à la main contre lui, ils seroient regardés et traités comme des rebelles à leur légitime souverain. Comme il ne lui vint pen-

1. Antoine-Louis de Sousa, marquis das Minas (1644-1721), fut général en chef de l'armée portugaise pendant toute la guerre.

dant ce terme que très peu de déserteurs, il le prorogea assez inutilement jusqu'au 25 juillet.

De son côté, le roi d'Espagne fit publier une autre déclaration, par laquelle il prit aussi la qualité de roi de Portugal, à cause des anciennes prétentions des Espagnols sur cette couronne. Il défendoit à ses prétendus sujets portugais, sous les mêmes peines que l'Archiduc avoit imposées aux Espagnols, de ne prendre les armes que pour son service, et leur ordonnoit de se joindre à lui. Ces deux déclarations firent peu d'effet de part et d'autre.

Après cela, Philippe V partit de Madrid pour venir sur les frontières de Portugal, et arriva à Plasencia[1], où il fut obligé de s'arrêter pour attendre les troupes de France, dont la marche avoit été retardée par le mauvais temps et les passages difficiles. Le 1er mai, il fit publier un manifeste, par lequel il déclaroit la guerre au roi de Portugal et à ses alliés, et partit le même jour de Plasencia, et arriva le 5 à Alcantara[2], où il trouva les troupes françoises et les siennes arrivées.

Campagne d'Espagne. — Il les divisa en cinq corps et se mit à la tête du premier, qui étoit environ de vingt-six mille hommes, ayant sous lui le duc de Berwick, et entra le 7 dans la province de Beira. Le prince Tserclaes[3], qui commandoit le second corps, marcha du côté d'Alburquerque[4]; le marquis de Villadarias[5], avec le troisième, s'avança sur la Guadiana. Le

1. En Estremadure, sur l'Alagon.
2. Ville forte d'Estremadure, près de la frontière portugaise.
3. Tome II, p. 180.
4. Ville du sud de l'Estremadure espagnole.
5. Ci-dessus, p. 162.

marquis de Joffreville[1] en conduisit un autre du côté d'Almeida, sur la rivière de Sabugal[2], avec lequel il entra dans le pays et le mit à contribution. Le duc de Hijar[3] entra dans le Portugal par la frontière de Galice.

Les choses ainsi disposées, le roi d'Espagne se présenta d'abord à Salvaterra[4], qu'il n'eut pas la peine de faire attaquer : car Don Diego de Fonseca, qui en étoit gouverneur, se rendit le lendemain prisonnier de guerre avec sa garnison, qui étoit seulement de six cents hommes. Le roi d'Espagne se rendit maître, par lui ou par ses lieutenants, de trente-deux ou trente-trois châteaux ou villes assez mal fortifiées, dont quelques-unes furent pillées, et les garnisons faites prisonnières de guerre ou prises à discrétion. Toutes ces garnisons ensemble consistoient en quatre bataillons portugais, huit anglois, deux allemands et deux hollandois, qui avoient été postés par le général Fagel à la tête d'un défilé près de Castello-do-Vide[5] et qui furent enlevés par le marquis de Thouy[6], lieutenant général. Il y avoit, de plus, dix-huit compagnies

---

1. François Le Danois, marquis de Joffreville, était maréchal de camp; il devint lieutenant général en 1704 et fut désigné par Louis XIV comme un des sous-gouverneurs de Louis XV; il mourut en février 1721.

2. Almeida est une ville du nord de la province de Beira, ainsi que Sabugal; la rivière qui arrose cette dernière localité est le Côa.

3. Frédéric de Silva, marquis d'Orani, était duc de Hijar du chef de sa femme, sa cousine de même nom.

4. Salvaterra-do-Extremo, dans la province de Beira-Baixa.

5. Castello-do-Vide (et non Castel-David, comme on l'avait imprimé dans les éditions antérieures) est une petite ville du nord de la province d'Alemtejo.

6. Antoine-Balthazar de Longecombe, marquis de Thouy

séparées. Enfin, de tous ces postes, il n'y eut que Castel-Branco[1] qui fut pris l'épée à la main. On y trouva beaucoup de munition de guerre et de bouche, les tentes du roi de Portugal et de l'Archiduc, quantité de vaisselle d'argent et de meubles, avec trois cent mille écus d'argent comptant; ce qui fit juger que les Portugais avoient eu envie d'en faire une place d'armes; si cela est, ils devoient l'avoir mieux fortifiée, et y tenir une plus grosse garnison.

Portalègre[2], située au delà du Tage, entre ce fleuve et la Guadiana, est une assez grande ville avec une citadelle mal fortifiée, et qu'il faut mettre, aussi bien que Castello-do-Vide, dans le nombre des trente-deux ou trente-trois dont j'ai dit ci-dessus que le roi se rendit maître. Il y avoit dedans deux bataillons portugais, deux anglois, trois compagnies de cavalerie, plusieurs de bourgeoisie, commandées par l'évêque, et quelque artillerie. Cette place n'occupa le roi d'Espagne que cinq ou six jours. Son canon ne la battit qu'un jour; car il arriva qu'un boulet mit le feu au magasin à poudre et le fit sauter avec quelques soldats. Le gouverneur en prit occasion de demander à capituler, ce qui lui fut accordé, et l'évêque eut permission de se retirer à Lisbonne; mais les bourgeois payèrent cinquante mille écus au roi d'Espagne.

Après ce siège, le marquis de Villadarias, capitaine général, eut ordre d'aller assiéger Castello-do-Vide, où

(1649-1726), venait d'être nommé lieutenant général et était passé au service d'Espagne.

1. Ou plutôt Castello-Branco, évêché de la province de Basse-Beira.
2. Cette ville est située au sud de Castello-do-Vide.

il y avoit deux bataillons portugais et un anglois. Cette place ayant été battue quatre ou cinq jours, la muraille se trouva prête à tomber. Le gouverneur, qui ne vouloit pas attendre la dernière extrémité, fit battre la chamade, et on convint que lui et sa garnison se rendroient à discrétion; mais le colonel anglois, n'étant pas content de cette capitulation, cria à ses soldats de prendre leurs armes, et se retira dans le château, qui étoit gardé par quelques Portugais qu'ils en chassèrent; mais ceux-ci, ayant trouvé moyen, avant de sortir, de jeter les poudres dans les puits, les gâtèrent tellement que les Anglois se trouvèrent sans munitions, et que leur colonel, après avoir bien disputé, se rendit le surlendemain prisonnier de guerre avec sa garnison.

Pendant ce siège, le marquis das Minas, général portugais, avec un petit corps de sa nation, s'étoit venu camper sous Penamacor[1]. Il se posta entre cette ville et une petite rivière qu'il mit devant lui, faisant mine de vouloir secourir cette place; ce qui fut cause que le roi d'Espagne rassembla beaucoup de troupes devant Castello-do-Vide pour assurer ce siège.

On envoya aussi des détachements pour se saisir de Montalvao, de la ville et du château de Marvao[2], où il n'y avoit que deux compagnies portugaises, mais qui ne laissoient pas de couper la communication avec Valencia, dont on tiroit presque toute la subsistance

---

1. Petite ville de Beira, entre deux petits affluents de droite du Tage.
2. Montalvao est au nord de Castello-do-Vide, tandis que Marvao est entre cette ville et Valencia-de-Alcantara, ville frontière de l'Estremadure espagnole, dont il va être parlé ci-après.

de l'armée. Ces deux villes se rendirent à la première sommation, sans qu'il y eût un seul coup de tiré.

Toutes ces expéditions ne coûtèrent que deux ou trois cents hommes au roi d'Espagne, parmi lesquels il y eut quelques bas officiers et deux ingénieurs; mais, les grandes chaleurs étant arrivées, il partit de l'armée le 1er juillet, et s'en retourna à Madrid, après avoir donné ses ordres pour la démolition de ses conquêtes, à l'exception de Salvaterra et de Marvao, et pour l'évacuation de l'artillerie et des munitions de guerre, qui furent voiturées en Espagne. Le marquis de Villadarias fut chargé de cette commission.

Le duc de Berwick mena les troupes françoises prendre leurs quartiers de rafraîchissement du côté de Valencia, et les Espagnols, partie sur la frontière de Portugal qui regarde l'Espagne, et l'autre sur celle de ce royaume qui lui est opposée; mais, quelques jours avant l'exécution de cette disposition, il se passa une petite action qui ne fut pas favorable aux Espagnols. Je vais m'expliquer davantage.

Le marquis das Minas ayant marché vers les frontières d'Espagne avec son petit corps d'armée, sur les assurances que l'Amirante avoit données que, sitôt que ces troupes s'y montreroient, les grands et les peuples se soulèveroient contre le nouveau gouvernement, et que presque toute la cavalerie espagnole le viendroit joindre, ce qui n'arriva pourtant pas, ce général se rendit maître seulement de Guinaldo[1], situé à quatre lieues de Ciudad-Rodrigo. De là, il vint attaquer Mon-

---

1. Fuente-Guinaldo, sur les derniers contreforts de la sierra de Gata, dans la province de Salamanque.

santo[1], qu'il prit, à la faveur des habitants. Il n'en fut pas de même du château, où il y avoit une petite garnison françoise, qui se défendit si bien, qu'elle donna occasion à une petite action. Don Pedro Ronquillo[2], que le roi d'Espagne avoit laissé près de Castello-do-Vide, avec cinq bataillons et environ quinze escadrons, eut envie de secourir cette garnison. Il manda au marquis de Richebourg[3] de le venir joindre à la droite de Idonha-Nueva[4], avec environ deux mille hommes qui étoient à ses ordres; mais, par un contre-temps qui survint, ce marquis ne le put à point nommé. Cependant, le général portugais rassembla toutes ses troupes et marcha à lui. Sur cette nouvelle, M. de Joffreville, maréchal de camp, alla le reconnoître avec de la cavalerie, et le trouva à une demi-lieue de là. S'étant mis en devoir de le charger, il fit ouvrir sa ligne de cavalerie à droite et à gauche, et fit occuper cet intervalle par seize bons bataillons, qui s'étoient tenus jusque-là cachés derrière cette ligne. Alors les Portugais firent un mouvement en avant; les Espagnols se retirèrent vers un défilé, qu'ils ne purent passer avec assez d'ordre et de diligence pour n'être point chargés à leur arrière-garde; elle fut mise un

1. Ou plutôt Monsagro, petite ville des montagnes, au sud-est de Ciudad-Rodrigo.
2. Pedro Ronquillo était corrégidor de Madrid et capitaine général des armées; il mourut en 1719.
3. Guillaume de Melun-Espinoy, marquis de Richebourg, fit toute sa carrière en Espagne, où il devint vice-roi de Galice et colonel des gardes wallonnes; il mourut en 1735.
4. Saint-Hilaire veut peut-être parler de Aldeanueva-de-Yeltes, petite localité à quelques lieues à l'est de Ciudad-Rodrigo.

peu en désordre. Les Espagnols y perdirent environ trois cents hommes; et, pour surcroît de malheur, il arriva que les cinq bataillons qui étoient restés au camp eurent nouvelle que toute leur cavalerie avoit été défaite, et qu'ils se débandèrent sur ce faux avis, tellement que cette cavalerie espagnole, ne trouvant plus d'infanterie au camp, fut obligée de passer outre. Il y a grande apparence qu'elle n'en auroit pas été quitte à si bon marché, si les Portugais avoient eu avis de ce qui venoit d'arriver, et eussent passé promptement le défilé pour suivre les Espagnols. Après cette action, les Portugais allèrent prendre des quartiers de rafraîchissement, où ils ne restèrent pas longtemps, comme on le verra bientôt. A présent, je viens à ce qui se passa du côté de Barcelone et de Gibraltar.

Entreprise du prince de Darmstadt sur Barcelone, qu'il manque. — Le prince de Hesse-Darmstadt, qui avoit été vice-roi de Catalogne pour Philippe IV[1] pendant la précédente guerre, et qui avoit défendu cette première place avec beaucoup de valeur et de réputation, et la connoissoit parfaitement, et même y avoit conservé de fortes intelligences, fut averti qu'il n'y avoit pour toute garnison que treize cents hommes de pied et cent cinquante chevaux. Il concerta avec quelques-uns des principaux habitants que, lorsqu'il paroîtroit devant cette place, ils feroient soulever le peuple, qui est nombreux dans cette grande ville, [et grand amateur de nouveautés,] et qu'on lui livreroit une porte. Cette partie étant liée, l'amiral Rooke alla croiser avec une forte escadre, et prit deux galions et

---

1. Il veut dire Charles II.

un vaisseau espagnol qui venoit de Saint-Sébastien, chargé de munitions de guerre. Il revint avec sa prise dans la rivière de Lisbonne, où il trouva l'amiral Leake, arrivé avec le reste des vaisseaux et des troupes que les Anglois et les Hollandois s'étoient obligés de fournir à l'Archiduc. Aussitôt le prince de Darmstadt s'embarqua sur cette flotte avec deux ou trois mille hommes de troupes réglées, et toute cette armée mit à la voile et prit la route de Barcelone. Il arriva devant cette place le 27 mai, et envoya aussitôt au vice-roi plusieurs lettres, tant pour lui que pour quelques-uns des principaux magistrats, qui furent remises à un des secrétaires de l'Empereur qu'on débarqua dans une chaloupe. Par ces lettres, on prioit le gouverneur de lui donner audience, le Conseil assemblé, pour traiter au nom de Sa Majesté Impériale, à ce qu'il disoit, d'affaires importantes au bien public; ce qui fut refusé, comme de raison.

Dès que le secrétaire fut de retour, le prince de Darmstadt fit débarquer quatre mille hommes, tant troupes réglées que de la marine, et fit sommer le vice-roi de rendre la place. Sur son refus, il la fit bombarder, seulement une ou deux heures, espérant de ses intelligences que ce temps seroit suffisant pour y exciter la sédition qu'il se promettoit; mais il arriva que le vice-roi, soupçonnant ou ayant eu quelques avis de la conspiration, fit arrêter un des principaux complices, qui en accusa plusieurs autres, que l'on arrêta pareillement; et tout demeura tranquille par les sages précautions du gouverneur. Cependant le prince de Darmstadt fit continuer le bombardement pendant la nuit, avec peu de succès; et, voyant que rien ne branloit dans la ville, et ayant appris que ses correspondants avoient été arrêtés et découverts, il retira son attirail et ses troupes, les fit rembarquer[1], et remit à la voile pour l'exécution d'un autre dessein qui lui réussit mieux.

Le prince de Hesse-Darmstadt attaque et prend Gibraltar. — Une partie de cette armée resta sur les côtes de Catalogne, et l'autre vint se présenter devant Gibraltar, où, par une négligence qu'on ne peut excuser, [par rapport à une place si considérable et dont la situation est excellente,] il n'y avoit que cent hommes de garnison, quoique les fortifications fussent depuis longtemps fort négligées. Le prince de Darmstadt fit sommer celui qui y commandoit de se rendre, et, sur son refus, la place fut cruellement bombardée et canonnée par toute l'armée navale, qui pouvoit en approcher de fort près; et le prince fit débarquer son monde à la faveur de cette rude canonnade. Il s'empara d'abord de la basse ville et de quelques ouvrages extérieurs du château, sur lesquels on établit des batteries, qui firent brèche. Le commandant, ayant eu peur d'être pris d'assaut, fit battre la chamade, et se rendit le quatrième jour de l'attaque[2].

Les Anglois y mirent d'abord deux mille hommes de leur nation en garnison, et y débarquèrent quantité d'artillerie, de munitions de guerre et de bouche; et, sur les nouvelles qu'ils eurent que le comte de Tou-

---

1. La flotte du comte de Toulouse vint peu après fortifier la ville dans ses bonnes dispositions; voyez *Dangeau*, t. IX, p. 36 et 40, *Sourches*, t. VIII, p. 372, 377-381, 393-394, et le *Mercure* de juillet, t. I, p. 113-134 et 228-237.

2. Gibraltar se rendit le 4 août (*Gazette*, p. 424-425 et 441).

louse étoit à Toulon, sur le point de mettre à la voile avec quarante-huit vaisseaux de ligne, douze frégates, vingt-trois galères et sept brûlots, toute la flotte angloise et hollandoise, forte de soixante gros vaisseaux de guerre et de quelques frégates et galiotes à bombes, partit de devant Gibraltar et tira du côté de Velez-Malaga[1]. Je parlerai bientôt de ce qui se passa entre ces deux armées; mais il est à propos de rapporter auparavant ce qui concerne celles de terre, que j'ai laissées dans leurs quartiers de rafraîchissement, où les troupes portugaises et celles d'Angleterre et de Hollande ne restèrent guère, comme je l'ai déjà dit. [Voici les raisons qui leur firent reprendre la campagne de meilleure heure qu'on n'a coutume de faire en ce pays-là.]

Elles vouloient tenir les troupes espagnoles en échec, pour favoriser leur entreprise sur Gibraltar; et, pour cet effet, elles levèrent leurs quartiers. Le marquis das Minas ayant assemblé ses vingt-cinq bataillons et autant d'escadrons, avec lesquels il s'avança vers la frontière d'Espagne, le duc de Berwick, qui en eut avis, réunit ses troupes avec toute la diligence possible et vint se poster vers Elbidon[2]. Les affaires restèrent en cet état jusques à la prise de Gibraltar.

Le roi de Portugal et l'Archiduc se mettent en campagne. — Quand la nouvelle en fut arrivée, le roi de Portugal et l'Archiduc, voulant profiter de la consternation où les Espagnols devoient être, se mirent à la

1. Velez-Malaga est à quelques lieues à l'est de Malaga, sur la côte d'Andalousie.
2. Peut-être faut-il lire ici Bodon, bourg au sud de Ciudad-Rodrigo.

tête de leurs troupes, composées de vingt-cinq mille hommes bien comptés, et les rassemblèrent à Almeida, petite ville de Portugal, où ils tinrent conseil sur les opérations de cette armée. Il y fut agité s'ils feroient quelque siège, ou bien s'ils marcheroient droit au duc de Berwick, qui étoit aux environs de Ciudad-Rodrigo, avec la principale armée espagnole, qu'il commandoit, et qui étoit forte de dix-huit à vingt mille hommes. L'Amirante de Castille, qui assista au conseil, fut d'avis de marcher à lui, sur la fausse persuasion où il étoit toujours que toute la cavalerie espagnole passeroit du côté de l'Archiduc dès que les deux armées seroient proche l'une de l'autre. Il en assura si affirmativement que son avis prévalut et fut suivi. L'Archiduc, par préliminaire, fit imprimer et publier de nouvelles déclarations dont il étoit muni, et marcha droit à l'armée espagnole, qu'il trouva campée vers Ciudad-Rodrigo, le long de la rivière d'Agueda[1], que le duc de Berwick avoit bordée de troupes et d'artillerie, pour leur en défendre le passage. L'armée portugaise occupoit l'autre bord. Dans cette situation, l'Amirante envoya plusieurs trompettes à ses prétendus amis de l'armée du duc de Berwick, avec des dépêches, par lesquelles il les invitoit de venir prendre le parti de l'Archiduc et de lui amener les troupes qui étoient à leurs ordres. Les trompettes furent renvoyés, sans que personne voulût recevoir ou ouvrir les paquets, [et l'Amirante eut encore le chagrin d'avoir fait une tentative fort inutile, puisqu'aucun Espagnol ne passa dans le camp de l'Archiduc et que

1. Affluent du Douro, qui, sur presque tout son cours, longe la frontière hispano-portugaise.

toutes les affirmations du contraire qu'il avoit données se trouvèrent très mal fondées.]

Les armées d'Espagne et de Portugal se canonnent. — Ces deux armées se tinrent en présence plusieurs jours, et se canonnèrent les deux derniers. Le roi de Portugal et l'Archiduc firent tenir un conseil de guerre, dans lequel il fut résolu que leurs troupes reprendroient le chemin du Portugal, puisqu'elles ne pouvoient passer la rivière devant celle d'Espagne. Ainsi cette armée se mit en marche le 9 octobre, pour se retirer du côté d'Astaïros[1]. Le duc de Berwick se mit à ses trousses à dessein d'attaquer l'arrière-garde; mais elle marcha avec tant de précaution, qu'il jugea que la chose n'étoit pas possible avec apparence de succès.

Les premiers jours de novembre, le roi de Portugal s'en retourna à Lisbonne avec l'Archiduc; et leur armée alla prendre ses quartiers d'hiver, les Portugais à Almeida et autres places voisines, les Anglois et les Hollandois à Porto, Vianna[2] et aux environs. La reine d'Angleterre rappella le duc de Schönberg, qui n'avoit jamais pu se concilier avec les généraux portugais, et envoya à sa place Ruvigny, réfugié françois, autrement Mylord Gallway[3], qui amena avec lui de nouveaux secours. Le duc de Berwick envoya les troupes qu'il commandoit en quartiers d'hiver le long du Tage et du Duero jusques aux montagnes, et demanda à

1. Localité qu'on n'a pu identifier et dont le nom est sans doute estropié. L'*Histoire militaire* dit *Affairos*.
2. Porto et Vianna sont deux ports sur l'Atlantique, situés, le premier à l'embouchure du Douro, le second à celle de la Limia.
3. Tome II, p. 333.

revenir en France. Le maréchal de Tessé passa à sa place en Espagne, où le roi Catholique le fit grand et le déclara vicaire général de toutes ses troupes[1]; [ainsi les officiers généraux espagnols n'eurent plus rien à dire ni à proposer.]

Siège de Gibraltar par les Espagnols. — J'ai rapporté ci-devant la manière dont les ennemis se rendirent les maîtres de Gibraltar. Cette place étant de la dernière importance, le roi d'Espagne se résolut à la faire assiéger pour en dénicher les Anglois, [qui par là avoient une entrée favorable dans son royaume, pour y faire des courses perpétuelles, en tirer des contributions et faire soulever les peuples.] Il donna cette pénible commission au marquis de Villadarias, qui y marcha avec douze à quinze mille hommes et l'attirail nécessaire. Cette place est située à l'entrée du détroit, sur un rocher escarpé qui s'avance à une demi-lieue dans la mer. Le prince de Darmstadt y étoit avec deux mille Anglois, et il ne lui manquoit rien de toutes les choses nécessaires à une bonne défense, joint à cela que, depuis qu'il avoit pris cette place, il avoit fait tirer un fossé profond dans la langue de terre qui y conduit, et élever plusieurs redoutes bien garnies de canon. Pour parvenir à cette langue de terre, on ne pouvoit monter que par une espèce de sentier très roide et très difficile, et, à moins d'avoir une armée navale très supérieure, on ne pouvoit l'attaquer du côté de la mer, qui étoit plus accessible, ni empêcher qu'on n'y jetât tous les secours

---

1. Tessé partit au commencement d'octobre 1704; arrivé à Madrid dans les premiers jours de novembre, il reçut les patentes de grandesse le 12 et fit sa couverture le 17.

nécessaires. Ces difficultés bien considérées, on jugea qu'elles ne pouvoient se lever totalement qu'en battant l'armée navale des ennemis.

Combat naval entre l'armée de France et celle des Alliés, 24 septembre 1704[1]. — M. le comte de Toulouse s'étoit mis en mer dès le 16 mai, avec vingt-trois vaisseaux de guerre qu'il avoit pris à Brest, et avoit heureusement passé le détroit pour se joindre à ceux qu'on avoit armés à Toulon, [quoique les ennemis eussent pu l'en empêcher s'ils avoient été plus alertes et si partie d'iceux ne s'étoient pas tenus pour lors vers les côtes de Catalogne, où ils espéroient toujours exciter quelque révolte, ces peuples y étant naturellement enclins et amateurs de nouveautés.]

Le comte de Toulouse, poursuivant sa navigation, fut averti, à la hauteur de Minorque, qu'on voyoit fort au loin quatre vaisseaux; et, le lendemain, à la pointe du jour, on aperçut l'armée ennemie environ à trois lieues de celle de France, et sous le vent, qui faisoit les manœuvres nécessaires pour approcher. Quoiqu'elle fût bien plus nombreuse que la nôtre, on ne laissa pas de se disposer au combat. Mais le comte de Toulouse ordonna qu'on se servît du peu de vent qui s'élevoit de temps en temps, pour faire route sur

---

1. La bataille de Velez-Malaga eut lieu, non pas le 24 septembre, mais le 24 août; il est curieux que Saint-Hilaire ait commis à ce sujet la même erreur que Saint-Simon, qui, lui aussi, dit le 24 septembre (*Mémoires*, t. XII, p. 216). Pour Saint-Simon, l'erreur est explicable, parce qu'il prend la mention de la bataille dans le *Journal de Dangeau*, et qu'elle ne fut connue à Versailles que dans le courant de septembre. Elle est moins compréhensible pour Saint-Hilaire, qui d'ailleurs plus loin va bien dire *août*.

Toulon, afin de profiter, en cas de combat, de l'avantage qu'il y auroit de le donner sur les côtes de France. Les ennemis le suivirent quelques jours en cet état, et on commença à les perdre de vue le 10 juin. On poursuivit la route sur Toulon, où l'on arriva et où l'on joignit les vaisseaux et les galères qu'on y avoit armés.

Le prince remit à la voile avec toute l'armée, et, arrivant devant Barcelone le 1er août, il rassura toute la Catalogne. Ce fut là qu'il apprit que l'amiral Shovell[1] étoit entré dans la Méditerranée avec l'escadre qui avoit servi à la prise de Gibraltar, et avoit joint l'armée principale, qui se tenoit à la hauteur de Velez-Malaga. L'ordre fut aussitôt donné d'appareiller; on vogua sur les ennemis, et on arriva le 22 août devant Velez-Malaga, d'où le prince envoya quelques frégates à la découverte. Elles rapportèrent que les ennemis se mettoient en bataille. Le comte de Toulouse se mit aussi en ligne, et s'avança sur eux; [il fit gouverner sur la perpendiculaire du vent, les deux huniers sur le toit. Cette manœuvre déplut à quelques-uns, qui l'attribuèrent à certains mauvais conseillers. Cela fut bientôt réparé,] et, l'amiral Shovell s'étant peut-être un peu trop avancé avec l'avant-garde, en laissant un espace considérable entre lui et son corps de bataille, le comte de Toulouse prit le parti de retenir le vent en forçant de voiles avec son corps de bataille, pour couper cette avant-garde, espérant que, si le calme venoit, il se feroit remorquer par ses galères. Il y a apparence que cette entreprise auroit réussi, si elle eût pu s'exé-

---

1. Ci-dessus, p. 240.

cuter; mais l'amiral Shovell, s'en étant aperçu, retint aussi le vent; et l'amiral Rooke, qui avoit le vent et en prévit la conséquence, fit le signal du combat.

Les deux avant-gardes le commencèrent sur les dix heures du matin, et l'on fit feu généralement par toutes les lignes. Ce combat fut fort vif jusques sur les trois heures, et se continua en se ralentissant jusques vers les sept heures du soir, que les ennemis commencèrent la retraite. On n'en vint point à l'abordage de part ni d'autre; il n'y eut aucun vaisseau de pris; mais seulement plusieurs furent embrasés par le feu des bombes et obligés de se retirer du combat pour tâcher de l'éteindre. D'autres furent démâtés et fort maltraités du canon; car la canonnade fut très vive, et le seul avantage visible qu'eut le comte de Toulouse fut que les ennemis se retirèrent devant lui, à la portée du canon, seulement avec les fanaux allumés aux amiraux, et que ce prince, qui avoit le vent contraire, fit tenir les siens allumés à tous ses vaisseaux[1].

Les deux armées se tinrent en cette situation pendant la nuit, à une lieue environ l'une de l'autre; et, le lendemain matin, les vents ayant changé, elles reformèrent leurs lignes, que les courants, le calme et la nuit avoient dérangées. Dans cette situation, on cou-

---

1. Sur ce combat, on peut voir la *Gazette*, p. 437-461 *passim*, le *Mercure* de septembre et d'octobre, la *Gazette d'Amsterdam*, nos LXXIV-LXXXI, etc., et les relations officielles du volume B⁴ 27 des archives de la Marine; les *Mémoires de Sourches*, t. IX, p. 70-74, donnent le récit d'un témoin oculaire.

rut à la côte d'Espagne de part et d'autre, chacun ayant besoin de se remettre. Ce fut là l'occupation de cette journée, et les ennemis s'éloignèrent insensiblement, et se trouvèrent à trois lieues. Alors ils mirent le cap à la côte de Barbarie, et l'armée de France continua la bordée à celle d'Espagne, jusques à minuit qu'elle revira à celle de Barbarie, pour rejoindre les vaisseaux désemparés qui n'avoient pu la suivre, et se maintenir au vent de l'armée ennemie, tellement que les armées se trouvèrent le lendemain assez près l'une de l'autre. Le vent étant venu à l'est, les ennemis se trouvèrent environ à quatre lieues au vent de celle de France, et eurent une belle occasion de recommencer le combat, s'ils en avoient eu envie; mais ils se contentèrent de la côtoyer de loin tout le jour, en profitant du vent pour s'en éloigner davantage; ce qui donna à juger qu'ils avoient beaucoup souffert au combat précédent. La nuit suivante, les vents étant toujours à l'est, le comte de Toulouse continua sa bordée, tirant à la côte d'Espagne où il vouloit mener les galères qui étoient dans un parage très dangereux pour elles, et il s'éleva de la côte de Barbarie, dont il s'étoit trouvé trop près, entraîné par les courants qui portoient à terre. Les ennemis en profitèrent pour gagner le détroit, et il n'en eut plus aucune nouvelle ni connoissance depuis ce temps. Ainsi il demeura maître du champ de bataille; et c'est à quoi se réduisit tout l'avantage du combat. Il ordonna qu'on fît proue pour revenir à Malaga, où la flotte arriva le 27 au matin, et où l'on fit aiguade en attendant des nouvelles des ennemis. En ce combat, la perte des hommes fut à peu près égale ; mais il en coûta à la France le bailli de Lorraine[1] et le comte de Relingue[2], lieutenants généraux, et plusieurs autres braves et excellents officiers[3]. J'avouerai que, n'étant pas homme de mer, j'ai été obligé de copier, presque mot à mot, la relation de ce combat qui m'est tombée entre les mains[4], afin de ne pas défigurer mon récit par des termes impropres qui m'auroient fait mal expliquer.

Cette action finie, l'amiral Rooke jeta encore quelques troupes de marine et autres secours qu'il estima nécessaires dans Gibraltar; puis, voyant que la saison étoit fort avancée, et que ses vivres étoient presque tous consommés, il ramena son armée dans les ports de Portugal.

Continuation du siège de Gibraltar. — Le comte de Toulouse, ayant appris que le roi d'Espagne persistoit toujours dans le dessein de faire assiéger Gibraltar et qu'il avoit déjà une petite armée devant cette place, fit un détachement de dix vaisseaux de ligne et de neuf frégates bien pourvues de vivres et chargées de six bataillons de marine, d'artillerie et de munitions de guerre et de bouche, avec des officiers d'ar-

1. Louis-Alphonse-Ignace de Lorraine-Armagnac, fils du grand écuyer, avait le grade de chef d'escadre et était commandeur de Piéton; il commandait le vaisseau *le Vainqueur*.

2. Ferdinand, comte de Relingue, était lieutenant général des armées navales depuis 1697; il ne mourut que le 6 septembre, des suites de ses blessures.

3. Notamment Gabaret, Belle-Isle-Érard, un fils et un neveu du maréchal de Châteaurenault.

4. Il semble que Saint-Hilaire se soit servi de la relation du *Mercure* de septembre, p. 300-375.

tillerie et des ingénieurs qu'il débarqua pour être employés à ce siège. Ainsi Gibraltar fut bloqué par mer, en même temps qu'il fut investi par terre. Quelques jours après, Pointis[1], lieutenant général de marine, qui commandoit l'escadre françoise, la mena dans le port de Cadix pour faire rafraîchir les équipages, n'ayant laissé que cinq frégates dans la baie de Gibraltar, et revint au siège, où la tranchée avoit été ouverte le 22[2]. Les batteries qui avoient été établies tiroient avec succès et firent des brèches considérables au corps de la place, dont on s'étoit fort approché, si bien qu'on a prétendu qu'on auroit pu y donner un assaut et l'emporter, si on avoit pris des mesures plus justes; car le marquis de Villadarias, avec Pointis, ayant remarqué hors des attaques un sentier très difficile pour monter de l'autre côté sur le rocher où le château est situé, y fit grimper de nuit cinq cents hommes choisis, commandés par Bucaro, colonel espagnol, soutenus de trois mille hommes, à dessein de surprendre les ennemis au point du jour. Ils l'exécutèrent effectivement, et leur faisoient quitter le terrain, lorsque la poudre vint à leur manquer, faute de s'être assez précautionnés. Ils s'en demandoient de main en main avec de grandes clameurs; ce qui étant entendu par les Anglois, ceux-ci reprirent courage et revinrent beaucoup plus nombreux à la charge sur les Espagnols, dont ils firent un grand carnage et qu'ils chassèrent totalement du plateau. Tout le monde crut que, si M. de Villadarias avoit fait monter à l'assaut

1. Tome II, p. 432.
2. Le 22 octobre.

en même temps du côté de son attaque, où les brèches étoient accessibles et très praticables, il auroit emporté la place de part et d'autre, au moyen de la grande diversion que les Anglois auroient été obligés de faire; car la garnison n'étoit plus forte, se trouvant considérablement diminuée depuis le commencement du siège par la quantité de gens qui avoient été tués ou blessés et ceux qui étoient tombés malades[1]. On peut bien croire que le prince de Darmstadt n'avoit pas manqué d'informer la cour de Portugal de toutes ces choses; aussi le chevalier Leake fut commandé pour mettre à la voile avec douze gros vaisseaux anglois et quatre portugais. Il arriva le 9 novembre dans la baie de Gibraltar, où j'ai dit que Pointis tenoit seulement cinq frégates, après avoir envoyé ses vaisseaux à Cadix, où l'on craignoit même que les ennemis n'eussent quelques intelligences.

Pointis perd cinq frégates françoises devant Gibraltar. — Aussitôt que les cinq frégates aperçurent l'escadre ennemie, elles voulurent appareiller pour se sauver dans la Méditerranée; mais, les vents étant formés au sud-ouest, elles ne purent doubler le cap de Notre-Dame d'Europe; il n'y eut qu'une de ces frégates qui le doubla. Elle fut aussitôt jointe par un gros vaisseau ennemi, contre lequel cette frégate combattit pendant du temps avec beaucoup de valeur, malgré l'inégalité; mais à la fin elle fut prise. Les autres frégates, avec Pointis qui était monté sur une, voyant

---

1. Cette attaque manquée fut faite le 11 novembre : *Histoire militaire*, t. IV, p. 445.

qu'elles ne pouvoient échapper, prirent le parti de venir s'échouer à terre, où elles se brûlèrent, après avoir sauvé les équipages[1].

Le vice-amiral Leake, n'ayant plus d'opposition, s'approcha de Gibraltar et fit entrer dans la place quelques munitions de guerre et de bouche, des ingénieurs et quelques soldats de marine; après cela, il forma une ligne de ses vaisseaux et fit canonner rudement le camp des Espagnols; ce qui obligea M. de Villadarias de lui faire faire un petit mouvement, ce qui le mit plus à couvert. Puis, ayant établi des batteries de canon et de mortiers qui voyoient la baie, il fit tant de feu qu'il contraignit Leake de séparer ses vaisseaux et de les mettre hors de portée.

Cependant, le siège continuoit avec beaucoup de vigueur de part et d'autre, et les succès étoient alternatifs. Pointis envoya à Cadix pour faire préparer son escadre à se remettre en mer, et il y arriva lui-même le 26 novembre, accompagné du comte de Villars, chef d'escadre[2], dans le dessein d'aller chasser l'escadre angloise de devant Gibraltar. Il partit de Cadix avec une flotte de treize vaisseaux[3], depuis cinquante canons jusqu'à quatre-vingt-quatorze, quatre galions, depuis cinquante-deux jusqu'à soixante canons, deux frégates et quatre brûlots, et alla mouiller, le 9 dé-

---

1. Ce récit est presque la reproduction abrégée de celui de l'*Histoire militaire*, p. 444.

2. Armand, comte de Villars, frère du maréchal, n'était que capitaine de vaisseau et ne devint chef d'escadre qu'en 1705; il fut tué en 1712 au siège de Douay, étant alors lieutenant général des armées de terre.

3. Comparez encore avec l'*Histoire militaire*, p. 447 et 448.

cembre, à la grande rade de la Rota[1], à trois lieues de Cadix. Il appareilla le lendemain et alla le 11 par le travers du détroit, à cinq lieues de distance, malgré les vents d'est qui lui en défendoient l'entrée, et louvoya continuellement en attendant un vent du sud-ouest pour y pouvoir entrer. Il ne fit point d'autre manœuvre jusqu'au 16, qu'on lui vint dire que la garde angloise qui étoit dans le détroit avoit fait le signal de reconnoissance et que sur-le-champ Leake avoit appareillé pour venir à lui. Comme le vent étoit foible, les ennemis furent obligés de se faire remorquer par leurs chaloupes et par leurs canots; et, lorsqu'ils furent dans le détroit, les courants les entraînèrent dans la Méditerranée.

Le lendemain, Pointis aperçut vingt-cinq voiles qui venoient à l'ouest et tâchoient de s'approcher de lui; c'étoit le vice-amiral Werton, qui, avec plusieurs vaisseaux de guerre, convoyoit un bataillon des gardes angloises, deux irlandois, deux hollandois et un portugais, avec des munitions de guerre et de bouche qu'il avoit ordre d'introduire dans Gibraltar. Pointis fit tout ce qu'il put pour approcher de ces vaisseaux à la faveur du vent d'est qu'il eut d'abord, et avoit fait arborer le pavillon anglois; mais, le vent venant à calmer tout plat, il ne put arriver sur les ennemis, qui l'attendoient tranquillement, étant trompés par les apparences du pavillon. Ce calme leur donna moyen d'envoyer leurs chaloupes reconnoître de près, et les sauva.

La nuit du 17 au 18, les équipages furent toujours

1. La Rota est un petit port à l'extrémité nord de la rade de Cadix.

sous les armes. Il faisoit alors un petit vent variable d'est au sud ; et, malgré l'obscurité, Pointis ne laissa pas de remarquer quatre ou cinq vaisseaux qui tâchoient de gagner le détroit entre la terre et lui. Il envoya aussitôt quelques vaisseaux de son escadre revirer dessus, qui les joignirent et en prirent trois, sur lesquels on trouva quelques officiers avec quatre cents soldats, quelques munitions avec d'autres provisions ; les deux autres s'échappèrent et s'en retournèrent à Lisbonne.

Après cela, M. de Pointis voulut gagner le cap de Trafalgar[1] pour aller au détroit. Il faut présumer qu'il ne le put à cause du vent, et il fut obligé de relâcher à Cadix, d'où il remit à la voile le 20 pour faire encore route sur le détroit, afin d'empêcher le secours d'arriver ; mais, ayant appris qu'il étoit passé et débarqué, il revint à la grande rade de Cadix et rentra dans le Pontal[2], laissant les ennemis tranquilles devant Gibraltar et la place bien rafraîchie et bien munie. Peu de temps après, la flotte angloise retourna dans la rivière de Lisbonne, où elle se rafraîchit et se radouba pour se tenir en état de se remettre à la voile de nouveau au premier besoin qu'il en seroit, et même avec des forces supérieures.

Malgré ces secours arrivés et reçus, le roi d'Espagne, étant persuadé de l'importance de réduire Gibraltar, ordonna la continuation du siège, quoique son armée fût assez diminuée par la mortalité, les fatigues, les maladies et la saison avancée, plus supportable dans ce

1. Le manuscrit porte *Trasagar* et l'édition *Strasagar* ; l'*Histoire militaire* dit bien *Trafalgar*.
2. C'est le nom du port intérieur de Cadix.

pays-là que dans le nôtre. Les assiégeants redoublèrent leurs travaux et leur feu, et M. de Villadarias poursuivit ses attaques le plus vivement qu'il lui fut possible, sans beaucoup d'espérance de réduire la place tant qu'elle auroit la facilité de recevoir par la mer, de temps en temps, les rafraîchissements et les secours dont elle avoit besoin.

Dans cet entre-temps, il y eut plusieurs attaques d'ouvrages et des sorties de la part de l'ennemi avec des succès alternatifs; et, comme cette entreprise dégénéroit en de grandes longueurs, qui impatientoient fort le roi d'Espagne, il envoya le maréchal de Tessé sur les lieux pour reconnoître l'état du siège et, sur son rapport, prendre les mesures qui seroient jugées les meilleures.

Le maréchal se rendit donc au camp devant Gibraltar[1]; ce qui ne plut pas au marquis de Villadarias et n'avança pas les affaires; car ce général en fit de grandes plaintes et vouloit se retirer là-dessus; mais, afin de l'apaiser, le roi d'Espagne lui écrivit dans les termes les plus honnêtes, [dont les rois ne sont pas chiches quand il y va de leur intérêt.] Cette lettre engagea le marquis de rester à l'armée; et, soit politesse, ou qu'il fût effectivement vrai, le maréchal manda au roi d'Espagne, après avoir visité les travaux et pris connoissance de toutes choses, qu'il avoit trouvé tout en bon état et qu'il ne désespéroit pas que la place ne pût être prise, [l'armée navale des ennemis s'étant retirée en Portugal à cause de la saison et des gros temps,] pourvu toutefois que Pointis, qui étoit à

---

1. Il y arriva le 9 février 1705, muni de pleins pouvoirs du roi d'Espagne.

Cadix avec son escadre, pût remettre en mer et venir dans la baie de Gibraltar et empêcher que les ennemis ne fissent entrer de nouveaux secours dans la place. Sur cet exposé, le roi d'Espagne envoya ordre à Pointis de faire travailler en diligence à remettre son escadre en état de tenir la mer. Il obéit à cet ordre; mais, comme il falloit plusieurs jours pour cet équipement, il crut devoir se servir de ce temps-là pour se rendre en poste à la cour de Madrid et y représenter le danger évident où l'on alloit mettre son escadre, puisqu'il étoit notoire que les ennemis avoient dans la rivière de Lisbonne plus de trente gros vaisseaux de guerre armés et prêts à voguer sur les premières nouvelles qui leur arriveroient, et qu'ils ne manqueroient pas de le venir brûler ou attaquer avec tant d'inégalité dans la baie de Gibraltar, où il n'y avoit aucun abri pour se mettre à couvert. Il lui paroissoit beaucoup plus avantageux pour l'Espagne qu'il restât à Cadix, en attendant un renfort de Toulon, et que, cependant, il croiseroit à l'embouchure du détroit pour inquiéter les vaisseaux ennemis qui pouvoient venir de Lisbonne à Gibraltar. [Il est vrai que le péril étoit évident à en user autrement, mais qu'il y avoit fort à douter que les vaisseaux de Toulon eussent pu être prêts et se joindre à temps à ceux de Pointis en nombre suffisant pour chasser les ennemis de la Méditerranée, ou les y combattre avec un avantage certain.] Quoi qu'il en soit, cette représentation fut absolument inutile; Pointis fut renvoyé à Cadix, d'où il sortit le 12 mars 1705 avec son escadre, composée de treize vaisseaux de guerre, accompagné de plusieurs bâtiments chargés de munitions et de rafraîchissements qui furent débarqués pour l'armée espagnole.

On ne tarda guère d'être averti à Lisbonne de ce qui se passoit du côté de Gibraltar. Le chevalier Leake mit incontinent à la voile avec trente-cinq vaisseaux de guerre, depuis cinquante-six canons jusques à quatre-vingt-quatre, quelques brûlots et galiotes à bombes et d'autres bâtiments chargés des choses nécessaires pour la place. Cette flotte eut même un temps si favorable qu'elle ne mit que trois jours et demi à faire le trajet depuis Lisbonne jusques à la baie, où elle ne trouva heureusement que cinq vaisseaux de Pointis qui étoient à l'ancre sous le cap de Carnero, à l'entrée de la baie, les autres en ayant été séparés le 18 par un gros temps, dont bien leur prit. Dès que Pointis aperçut la flotte ennemie, il fit couper les câbles afin de tâcher de prendre le large ; mais il fut bientôt poursuivi et atteint par les vaisseaux ennemis, qui l'investirent. Avec des forces si inégales, Pointis ne laissa pas de se battre pendant trois ou quatre heures ; il y eut même quelques-uns de ses vaisseaux qui repoussèrent l'abordage jusques à trois fois et qui, à la fin, ne purent s'empêcher d'être pris. Celui que Pointis montoit et celui de Lauthier[1] se firent plus respecter, parce qu'ils avoient plus de canons et d'équipages, et, pour éviter d'être pris, ils aimèrent mieux se faire jour à travers l'armée ennemie et venir s'échouer à la côte : ce qui leur réussit contre toute apparence. Alors ils firent brûler leurs vaisseaux, après en avoir sauvé l'équipage. Pour ce qui est des autres huit vaisseaux de l'escadre françoise qui avoient été séparés par le gros temps, il en arriva six à Toulon, et les deux autres

1. N. de Lauthier, capitaine de vaisseau, d'une famille dauphinoise, fut blessé à la tête.

furent emportés par les vents sur les côtes d'Afrique et revinrent à Cadix[1].

Cette expédition finie, le chevalier Leake fut battu d'une grosse tempête, à laquelle ayant résisté, il rallia ses vaisseaux dans la baie de Gibraltar et fit débarquer quinze cents hommes qu'il laissa au prince de Darmstadt avec beaucoup de munitions de guerre et de bouche et autres rafraîchissements. Il retira de la place tous les malades et blessés, qu'il envoya à Lisbonne, et prit aussi la même route le 18 avril pour y attendre la grande flotte d'Angleterre qui devoit y arriver dans peu de temps.

Il est à croire que le maréchal de Tessé ne manqua pas d'informer la cour de Madrid de la catastrophe qui venoit d'arriver et de l'impossibilité de prendre Gibraltar, [après tant de secours et de rafraîchissements reçus, qui arriveroient toujours selon les besoins,] tant qu'on n'auroit pas une armée navale suffisante pour les empêcher, et qu'il n'oublia pas de lui représenter qu'il étoit plus que temps de lever le siège pour sauver le reste de l'armée, [en lui donnant les moyens de se raccommoder et quelques semaines de rafraîchissement et de repos avant l'ouverture de la campagne, dont le temps approchoit fort.]

Levée du siège de Gibraltar par les Espagnols. — Ces représentations n'eurent pourtant leur effet qu'en partie ; car le conseil d'Espagne, [qui ne peut consen-

---

1. Ce combat eut lieu le 20 mars 1705 : voyez la *Gazette*, p. 179-180 et 185-186, le *Mercure* d'avril, les *Mémoires de Sourches*, t. IX, p. 209-211, le *Journal de Dangeau*, t. X, p. 294-296, les lettres de Tessé conservées dans le volume 1884 du Dépôt de la Guerre.

tir à démordre quand il s'agit du rabais de la fierté de sa nation,] consentit seulement que le siège fût converti en blocus[1], ce qui acheva de ruiner ce résidu d'armée. Je dis résidu, parce qu'il en périt plus de la moitié par les maladies, la désertion et par la quantité des gens qui y furent tués; ce qui fut un grand manquement de prudence; car cette armée, qui ne put se rétablir à temps, manqua la campagne suivante et donna beau jeu à l'Archiduc et à ses alliés, comme on le verra en son lieu.

Ceux qui liront ceci s'apercevront sans doute que, malgré l'ordre que je me suis proposé dans cet ouvrage de rapporter seulement les faits qui se sont passés dans les différents endroits pendant le cours de chaque année, la narration du siège de Gibraltar, commencé en 1704, m'a emporté jusques dans le mois d'avril 1705, qu'il fut levé. Je dirai ici, pour mon excuse, que j'ai cru plus à propos de donner tout de suite la relation de ce siège, [afin d'épargner au lecteur la peine d'aller chercher plus bas la continuation de la narration.] C'est ce qui m'arrivera encore par la même raison, lorsque je parlerai du siège de Verrue.

Voyons à présent ce qui se passa en Italie pendant la campagne de 1704.

1. *Mémoires de Saint-Simon*, éd. Boislisle, t. XIII, p. 25-27.

APPENDICE[1]

I.

Le combat de Walcourt[2].

Le maréchal d'Humières au ministre de la Guerre[3].

Au camp de Bossut, le 26ᵉ août 1689.

L'armée décampa hier à la pointe du jour d'auprès la Bussière; la marche se fit fort diligemment, de sorte qu'en arrivant sur la hauteur au-dessus de Silenrieux M. le chevalier de Tilladet, lieutenant général de jour, qui étoit allé au campement avec vingt-cinq escadrons de cavalerie et de dragons, me manda que les ennemis étoient au fourrage et qu'il y avoit un assez gros corps d'infanterie à la tête du défilé de Silenrieux pour les soutenir. Je m'y avançai à l'instant même, et, comme toute l'aile droite, commandée par M. le duc de Choiseul, me suivoit, parce que j'approchois de l'endroit où elle devoit camper, je dis au chevalier de Tilladet de prendre une partie des dragons et de la cavalerie qui avoit été détachée avec lui et avec M. de Montrevel, qui étoit allé au campement, et je les fis passer l'un et l'autre la rivière d'Heure en deux différents endroits où elle est guéable. Aussitôt que les

---

1. Ainsi qu'il a été dit dans le tome II, p. 449, les pièces qui composent cet appendice se rapportent aux événements racontés dans les tomes II et III.
2. Tome II, p. 116-117.
3. Vol. Guerre 888, n° 38.

ennemis reconnurent qu'on la passoit, ils se retirèrent fort promptement, et ces Messieurs les poussèrent avec tant de vigueur qu'ils joignirent leur escorte de cavalerie dans la plaine, l'infanterie s'étant sauvée par les bois et le long du ruisseau. Six escadrons de la cavalerie des ennemis les attendirent et vinrent très bien à la charge. Villepion, qui étoit là avec son régiment, un escadron de Bezons et des dragons, les rompit, et toute leur escorte et les fourrageurs furent renversés et poussés jusque dans les portes de Walcourt par le chevalier de Tilladet, qui les chargea, et par M. le duc de Choiseul, qui se trouva là et qui eut une légère contusion au côté.

Un succès si heureux me porta à voir si on ne pourroit pas les en chasser, étant persuadé par le rapport de tous les gens du pays que les murailles de Walcourt étoient ruinées et qu'on y pourroit entrer facilement. Tous les mouvements que fit l'armée des ennemis, qui me parurent fort mauvais, m'y engagèrent encore, et ce qui acheva de me déterminer à le faire attaquer est que, si l'on avoit pu emporter ce poste-là, il est assuré que leur armée auroit eu beaucoup de peine à se retirer et qu'il leur en auroit coûté leur canon, leur bagage et même leur arrière-garde. Il étoit impossible de pénétrer dans leur camp que par cet endroit-là et sans être maître de Walcourt. Mon dessein étoit d'y faire entrer de l'infanterie, à la faveur de laquelle toute la cavalerie auroit pu s'étendre dans une plaine qui est entre Walcourt et leur camp.

Leur mauvaise disposition m'obligea de faire avancer la brigade des Gardes et celle de Champagne pour commencer l'attaque, avec cinq cents mousquetaires qui étoient à la tête, commandés par M. le comte de Soissons et soutenus par la Maison du Roi et toute l'aile droite. Aussitôt que ces troupes furent arrivées, M. de Rubentel, avec MM. de Montrevel et de Ximénès, disposèrent les attaques, et, comme j'avois fait avancer M. du Metz avec sept ou huit pièces de campagne, on les tira aux tours et à la porte de la ville pour essayer d'en rendre l'accès plus facile. Les ennemis n'avoient d'abord que cinq cents hommes de Hesse dans Walcourt; mais, comme l'infanterie de l'escorte de leur fourrage, qui avoit été poussée, s'y retira encore, elle contribua à rendre la résistance des ennemis plus vigoureuse et au malheur qui nous est arrivé.

Le régiment des Gardes ni celui de Champagne n'ayant jamais pu monter à l'endroit des murailles où l'on jugeoit qu'il y avoit des brèches, parce qu'il étoit trop escarpé, ni enfoncer les portes, derrière lesquelles on avoit mis beaucoup de fumier, ils firent pendant ce temps-là couler encore dedans de l'infanterie, par des ravins où on ne la pouvoit découvrir, et avancèrent derrière quelques bataillons, sans qu'on les pût couper, d'autant que le pays qui est à droite et à gauche de la ville est impraticable. De sorte que, voyant qu'il étoit impossible, ce poste-là étant soutenu de toute leur armée, de pouvoir rien faire, et après une perte considérable, principalement d'officiers, que je ne vous puis mander sans un extrême regret, je fus obligé de faire retirer l'infanterie et de retourner dans le premier camp où je m'étois proposé d'aller. Les ennemis avoient mis, pendant que dura l'attaque, beaucoup de canon sur les hauteurs, qui ne nous tua personne que M. de Saint-Gelais et un commissaire d'artillerie, d'un coup perdu tiré à toute volée de près d'un quart de lieue.

Je suis obligé de vous dire que M. d'Avejan et le major général ont très bien fait leur devoir et se sont trouvés partout. J'ai chargé le dernier de vous rendre compte des officiers d'infanterie et soldats qui ont été tués ou blessés. Je vous envoie aussi le mémoire de ceux des ennemis qui ont été pris. Il y en a soixante-neuf, y compris les officiers, sans compter ceux qu'on m'amène à tout moment. M. le duc de Richmond, M. de Tonnerre et le chevalier de Calvisson, qui a été blessé à la cuisse, y ont très bien fait ; M. de Chazeron a aussi été blessé à la joue dans le temps que j'allois reconnoître, et Tibergeau étant à la batterie ; on vient de m'assurer que la blessure de M. le chevalier Colbert est moins dangereuse qu'on ne l'avoit cru d'abord.

M. d'Avejan vient de me dire qu'il y a eu cent sept soldats des Gardes françoises tués et cent cinquante-six blessés. On ne peut pas assez exagérer la valeur de tout le régiment, et surtout des officiers, dont ils ont fort souffert.

J'apprends dans ce moment que les ennemis se retranchent dans leur camp, quoiqu'il seroit difficile d'en trouver un plus sûr. Je ne laisserai pas de m'en approcher encore demain et je mettrai la droite de l'armée à la rivière d'Heure et la gauche vers Donstienne. Je souhaite d'y trouver assez de fourrage pour y demeurer aussi longtemps et observer les démarches qu'ils feront...

Je suis, etc.

HUMIÈRES.

(Autographe :) Les six dernières compagnies de Pfiffer et celles de Saint-Frémond viennent d'arriver, et je ne puis me dispenser de vous dire qu'il ne se peut rien ajouter au courage avec lequel M. le comte de Soissons a agi dans toute cette affaire, aussi bien que M. le prince Philippe.

L'intendant du Gué de Bagnols au ministre de la Guerre[1].

Au camp de Bossut, le 26 août 1689.

Voici, Monsieur, le récit fidèle de ce qui se passa hier. L'armée décampa de la Bussière à quatre heures du matin ; elle arriva ici sur les six heures. M. le maréchal d'Humières, n'étant pas encore bien résolu sur la manière dont il camperoit, reçut avis de M. le chevalier de Tilladet,

1. Vol. Guerre 888, n° 194.

lieutenant général de jour, que l'armée, en arrivant, avoit trouvé les ennemis au fourrage du côté de Silenrieux, où devoit être la droite du camp, et que sept ou huit cents hommes d'infanterie s'étoient retirés dans une forge qui est au bas dudit village, sur le ruisseau qui est à gauche en allant de Philippeville à Walcourt. On s'avança de ce côté, et on vit un très grand nombre de fourrageurs sur la hauteur au delà du ruisseau, qui se retiroient en grande diligence, et des escadrons sur la même hauteur, qui s'avançoient pour les soutenir. M. le maréchal fit descendre des dragons dans le fond sur la main droite et de la cavalerie sur la main gauche pour couper cette infanterie en cas qu'elle prît le parti de se retirer, ce qui arriva un moment après. On la vit sortir de la forge, les dragons n'ayant pu arriver assez tôt, et regagner en diligence leurs escadrons. Les dragons les suivirent en escarmouchant, et, comme M. le maréchal s'aperçut que le nombre des escadrons de la cavalerie ennemie grossissoit sur la hauteur opposée à celle d'où il les voyoit, le ruisseau de Silenrieux entre deux, il envoya M. le chevalier de Tilladet prendre le premier escadron de Bezons et les trois de Villepion, qui se trouvèrent sous sa main. Il les fit descendre, passer le ruisseau de Silenrieux par un très mauvais défilé et monter la hauteur sur laquelle étoient les ennemis. Ils n'y furent pas plus tôt que, s'étant formés, ils essuyèrent la décharge de cinq escadrons ou troupes de cavalerie et, en même temps, l'épée à la main et M. le chevalier de Tilladet à leur tête, ils firent plier ces escadrons et les obligèrent de se retirer en désordre vers leur cavalerie, qui étoit en bataille le long d'un bois, de l'autre côté du ruisseau qu'on trouve à main droite en venant à Walcourt de Philippeville. Le chevalier de Calvisson, volontaire, y fut blessé à la cuisse d'un coup de mousquet; M. de Tonnerre y eut un cheval blessé sous lui; quelques officiers des deux régiments de cavalerie furent tués et blessés et quelques cavaliers aussi, mais en petit nombre. M. de Villepion étoit à la tête de son régiment; M. de Bezons étoit malheureusement ailleurs. On ne peut assez louer la valeur des officiers et la fermeté de ces cavaliers de nouvelle levée.

Tout alloit bien jusque-là; il paroissoit beaucoup de désordre dans le camp des ennemis, que l'on découvroit derrière Walcourt. M. le maréchal prit la résolution de le faire attaquer; il fit venir du canon; on fit une batterie de ce côté-là; on en fit une autre sur les escadrons qui paroissoient le long du bois sur la droite, le ruisseau entre deux. On fit avancer les brigades du régiment des Gardes et de Champagne. Le canon qui donnoit sur la ville y fit peu d'effet. Elle se trouva défendue par un fossé, une muraille, un rempart et beaucoup d'infanterie qui étoit dedans. L'armée des ennemis faisoit passer des bataillons dans des haies, qui tiroient sur les nôtres. Enfin, après un feu continuel et terrible de plus de deux heures, les officiers et les soldats ayant fait au delà de tout ce qu'on peut attendre des plus braves gens du monde, on fut obligé de retirer les troupes et le canon. Les ennemis avoient fait avancer le leur, dont ils commençoient à faire grand feu dans le temps qu'on se retira. M. de Saint-Gelais en fut tué aux côtés de M. le maréchal d'Humières, et le chevalier du Metz Tiercelin, dont vous avez ouï parler il y a quelque temps, en fut aussi emporté. On a perdu bien du monde à cette attaque. M. le chevalier Colbert a été blessé très dangereusement à la tête d'un coup de mousquet qui lui crève l'œil; on n'en espère rien. Je compte au moins quatre cents soldats tués ou blessés, et la plus grande partie du régiment des Gardes. Je vous envoie la liste des officiers. Nous faisons ce que nous pouvons pour les blessés, qui seront conduits, si je puis, ce soir à Philippeville. Ils seront bien mieux qu'ici, où tout nous manque, jusques à l'eau. Je ne vous dirai rien des mouvements des ennemis, je sais seulement qu'ils font fortifier Walcourt et que leur cavalerie paroît sur la même hauteur qu'ils occupoient hier. Je suis, etc.

Du Gué de Bagnols.

Suit la liste nominative des officiers tués et blessés.

Le marquis de Villars à M. de Louvois[1].

Au camp de Bossut, ce 25° août 1689.

Monseigneur,

Vous serez informé par trop d'endroits de l'affaire d'aujourd'hui, pour que je croie vous en devoir mander les détails. Les commencements en ont été fort heureux, et, si l'on avoit bien voulu se contenter de l'honneur que la cavalerie y avoit acquis, tout étoit à souhait. Je ne vous parlerai, Monseigneur, que de ce qui la regarde.

L'armée marchant pour s'approcher des ennemis, en arrivant à Silenrieux on a trouvé toutes leurs troupes au fourrage, et d'abord l'on en prit un assez grand nombre. Il m'a paru que cela passoit quarante, et, si le hasard n'eût fait que les dragons n'ont pas suivi la route que le chevalier de Tilladet leur avoit ordonnée, il est certain qu'on auroit défait cinq à six cents hommes de pied et pris beaucoup de chevaux; mais le temps qu'on a mis à attendre les dragons ayant donné aux ennemis celui de retirer leurs fourrageurs et de poster leur infanterie, a rendu l'affaire plus difficile. Cependant, M. le maréchal, étant arrivé, a ordonné de marcher aux ennemis par le chemin des forges et aux premiers escadrons de cavalerie de les couper par celui de Silenrieux. Les premiers escadrons ont pris par Silenrieux et les trois de Villepion et le premier de Bezons, commandés par les sieurs de Villepion et de Bondy, ont

1. Vol. Guerre 891, n° 44.

joint cinq escadrons des ennemis, qui sont venus à la charge à eux et que notre cavalerie, l'épée à la main, a renversé avec beaucoup de vigueur. Pour moi, ce qui me fait un plaisir très sensible, c'est que, ces quatre escadrons de nouveaux cavaliers et les trois de Villepion, que je vous ai toujours marqué être des plus foibles et des moindres, ils ont fait des merveilles. Et plût à Dieu qu'on n'eût point voulu partager à d'autres troupes l'honneur de cette journée; car, jusque-là, tout étoit à souhait...

Je suis, etc...

VILLARS.

M. d'Artagnan à M. de Louvois[1].

Au camp de Bossut, près Walcourt,
ce 26e août 1689.

Après avoir raconté le combat de cavalerie du début, il ajoute :

M. le maréchal ayant reconnu que le poste de Walcourt étoit capital et que, s'il pouvoit s'en rendre le maître, les ennemis étoient perdus, il en résolut l'attaque, ayant été informé que les murailles n'étoient pas bonnes et qu'il y avoit des brèches. Il fit tirer plusieurs coups de canon, attendant que l'infanterie arrivât, et ordonna que la brigade des Gardes de six bataillons attaqueroit par la droite, et celle de Champagne, composée de Champagne et de deux bataillons de Greder-Allemand, par la gauche. Les détachements des bataillons étant faits, on marcha fort hardiment à la muraille, M. de Montrevel, maréchal de camp de jour, à la tête à pied. L'on trouva la muraille bonne, de vingt pieds de haut, les brèches fort bien réparées. Chacun coula le long de la muraille pour trouver quelque entrée. L'on s'attacha aux portes, dont on en brûla une;

---

1. Vol. Guerre 891, n° 81.

mais elle étoit tellement barricadée par du fumier et autres choses que cela ne servit de rien. Pendant ce temps-là, les ennemis faisoient un grand feu par des créneaux et beaucoup de trous qu'ils avoient faits aux murailles, dont ils tuèrent beaucoup de gens pendant environ deux heures. M. le maréchal, voyant que cette prise lui coûteroit trop cher, ordonna qu'on se retirât, ce qu'on fit en bon ordre. Comme il se retiroit, M. de Saint-Gelais, étant à son côté et parlant à lui, fut tué d'un coup de canon. M. le maréchal, par l'envie de prendre ce poste-là, s'exposa beaucoup, et M. le duc du Maine faisoit plaisir à voir [par] le sang-froid qu'il montra dans le péril...

Il y a une lettre analogue de M. d'Escures dans le même volume, n° 222.

II.

LA BATAILLE DE STAFFARDE[1].

Le maréchal de Catinat au ministre de la Guerre[2].

Au camp de Saluces, le 20 août 1690.

L'armée est partie le 17 du camp de près Cavour, comme j'ai eu l'honneur de vous mander, pour marcher à Saluces, dans la vue de faire faire quelque démarche à l'armée des ennemis ou de se saisir de cette place. La marche fut heureuse et sans aucune rencontre.

Les gardes ordinaires du camp ayant passé le Pô, l'on fit passer la brigade de Grancey avec M. le marquis de Feuquière pour prendre des postes autour de cette ville. Les gardes de dragons s'étoient déjà saisies de quelques

1. Tome II, p. 149.
2. Vol. Guerre 1010, n° 44.

maisons et couvents par ordre de M. de Saint-Silvestre, qui étoit maréchal de camp de jour. Le régiment de Cambrésis entra dans le faubourg et s'en saisit avec très peu de résistance de la part des ennemis. M. le marquis de Châteaurenault, colonel de ce régiment, y a été blessé d'un coup qui venoit du haut de la ville, qui lui entre par les chairs de l'épaule gauche et vient sortir du côté droit, en écharpant, sans qu'il y ait rien de cassé. L'on ne doute point de sa guérison, quoique le coup paroisse fort grand.

M. le comte de Grancey marcha avec son régiment, celui de Bourbon et [celui] de Hainaut par différentes routes pour chasser les ennemis, qui occupoient avec un fort grand nombre de gens la hauteur qui domine Saluces. Ces trois régiments ont exécuté vigoureusement tous les ordres qui leur avoient été donnés et ont embrassé de manière les ennemis perchés dans cette montagne qu'ils y en ont bien tué quatre-vingts ou cent. M. le marquis de Vieuxpont, colonel du régiment de Bourbon, que j'avois fait recevoir la veille, marchant indiscrètement à la tête de la compagnie de grenadiers, fut tué en approchant d'une mauvaise barrière qui fermoit un chemin.

M. le comte de Grancey gagna le plus haut de cette montagne et s'y étoit posté avec lesdits trois régiments fort proche des derrières de la ville et en état de soutenir ce qui pouvoit venir par le dehors. Cette action a coûté fort peu de monde : je crois qu'il y a eu quelques officiers blessés et vingt à vingt-cinq soldats tués ou blessés.

Pendant que cette brigade étoit occupée à se saisir des postes ci-dessus, je reçus des avis pressants de M. de Montgommery, qui étoit détaché avec quatre cents chevaux sur la gauche de la marche de l'armée pour la couvrir, qu'assurément l'armée des ennemis marchoit et s'approchoit de nous sur notre flanc et que ses vedettes et celles des ennemis étoient à vue. Lorsque je reçus cet avis, il commençoit à être entre chien et loup; notre cavalerie n'avoit point encore passé le Pô, ni l'infanterie de la seconde ligne, commandée par M. le marquis du Plessis-Bellière, ni le convoi des vivres.

Je trouvai toute notre cavalerie à cheval et en bataille, faisant tête aux ennemis, par les soins de MM. de Quinson, de Pelleport et de Montgommery, et la brigade du Plessis remplissant le centre de la première ligne un peu plus avant que le front de bandière, occupant fort à propos une maison et quelques endroits fourrés et coupés.

Voilà la situation où je trouvai l'armée. L'approche de celle des ennemis me fut si assurée par MM. de Montgommery, Pelleport et quelques officiers, qu'après un moment de délibération avec Messieurs nos officiers généraux, la résolution fut prise de faire revenir tout ce qui avoit passé le Pô, quoiqu'il fût nuit fermée. Ce mouvement se fit avec assez d'ordre pour que toutes choses fussent mises dans une bonne disposition.

Nos bagages furent mis ensemble derrière nos lignes, dans un lieu assez éloigné de la montagne pour que les milices qui y étoient assemblées fussent obligées d'entrer dans la plaine pour les inquiéter. Je laissai pour la sûreté des bagages le corps de réserve commandé par M. de Joffreville avec son régiment, les dragons du second Languedoc, les régiments d'infanterie de Du Lac, Caixon, de Boissière et les gardes ordinaires de cavalerie.

Le lendemain, au point du jour, nos partis m'assurèrent que l'armée des ennemis étoit proche. Les meilleurs et les plus positifs que j'en reçus furent par M. de Chaban, qui est un fort bon officier et galant homme, capitaine dans le régiment de Girardin.

Sur ce qu'il m'en fit savoir, je marchai avec M. de Saint-Silvestre avec la brigade de Montgommery, un escadron de Fimarcon et les dragons de Languedoc, pour replier sur leur armée les gardes du corps avancé qui pourroient nous empêcher de connoître leur situation ; ce qui s'exécuta fort bien par les postes que M. de Saint-Silvestre occupa, et ce que j'en pus voir et apprendre dans ce mouvement me fit prendre sur-le-champ la résolution de venir moi-même faire avancer l'armée, qui n'en étoit pas à plus d'une petite demi-lieue.

Je laissai là M. de Saint-Silvestre, qui soutint avec beaucoup de prudence et de vigueur le terrain qu'il avoit occupé. Il jugea même à propos de faire mettre pied à terre au premier régiment de Languedoc pour chasser les ennemis d'une cassine qui étoit sur sa gauche, ce qui fut exécuté par ce régiment avec une très grande vigueur. Mondit sieur de Saint-Silvestre mena à la charge deux escadrons du régiment de Montgommery pour les soutenir, lesquels firent une charge très belle et très vigoureuse. C'étoit un bataillon du régiment des Gardes qui occupoit cette cassine, qui fut déposté par nos dragons, et cette charge de cavalerie se fit à la vue de M. le duc de Savoie, qui le faisoit soutenir par ses gardes du corps. L'on ne sauroit trop louer la vigueur avec laquelle cette action se fit. Le chevalier de la Roche-Aymon, major du régiment de Montgommery, y fut tué. Le régiment de Languedoc y eut trois ou quatre capitaines tués ou blessés, plusieurs officiers et dragons.

Un peu avant que l'armée s'ébranlât dans sa marche, je fis partir le régiment de Cambrésis pour joindre M. de Saint-Silvestre, et, lorsque l'armée fut en marche, je pris les devants pour joindre M. de Saint-Silvestre, que je trouvai dans une très bonne disposition. Les ennemis néanmoins avoient reporté leur infanterie à la cassine qui avoit été emportée, les dragons n'ayant pas pu soutenir tout le terrain que leur vigueur leur avoit fait emporter.

Le régiment de Cambrésis étant arrivé, nous le fîmes avancer et faire une espèce de charge avec ce qui nous restoit de dragons de Languedoc; mais elle n'alla pas jusques à déposter les ennemis. Ce régiment ne put que se poster dans des haies et des buissons fort proches du poste occupé par les ennemis.

Voilà à peu près la véritable disposition où les choses étoient à cette tête pendant que l'armée s'avançoit. M. de Saint-Silvestre mérite beaucoup de louanges de la vigueur et de la bonne conduite qu'il a tenues pour soutenir cette tête en attendant l'armée.

Les ennemis n'ayant rien tenté de considérable pour faire ployer cette tête, [cela] me fit juger qu'ils s'étoient donnés un poste d'où ils ne vouloient point déborder. J'allai avec M. de Saint-Silvestre pour reconnoître la droite et la gauche de leur poste, qu'il avoit déjà lui-même fort bien reconnu, afin que, l'armée arrivant, je susse lui donner promptement la disposition qu'il falloit pour attaquer l'armée ennemie. Je n'eus point là-dessus d'autre sentiment que celui de M. de Saint-Silvestre. Les ennemis avoient sur leur droite les cassines dont est parlé ci-dessus et un marais, qui, dans la suite, quoique difficile, ne s'est pas trouvé impraticable à une marche de notre cavalerie que M. de Saint-Silvestre lui a fait faire de ce côté-là.

Leur droite étoit aussi fermée par un marais, qui continuoit jusques au bord du Pô, absolument impraticable à la cavalerie et même fort difficile pour l'infanterie. Ils avoient derrière eux un bois allongé en pointe, qui faisoit qu'ils avoient derrière eux deux gorges, qui, dans la suite, ont contribué beaucoup au salut de quantité de fuyards et à quelques troupes qui ont couvert leur retraite. Voilà la situation du poste qu'ils avoient choisi et dans lequel la résolution a été prise de les attaquer.

M. de Feuquière emmena dans un fort bon ordre et sur un seul front l'infanterie de la première ligne, composée des brigades de Grancey et de Robecque, et donna ses ordres pour que la brigade du Plessis, qui étoit postée comme est dit ci-dessus, se remît tout en marchant dans le centre de la cavalerie de la seconde ligne.

La disposition de l'attaque a été de faire marcher la brigade de Grancey sur la droite de tout, dont les régiments de Grancey et de Bourbon ont été tirés pour marcher dans ce marais et le long d'un rideau, pour ouvrir le terrain et faire reployer la gauche des ennemis; [elle étoit] soutenue par la marche des régiments de Hainaut et de Périgord, conduits par M. de Feuquière, sur le terrain sec, et [par] la marche d'une ligne de cavalerie, dont le front n'a pu être que de six escadrons de la droite de la première ligne, qui étoit toute l'ouverture que nous avions entre les deux marais pour marcher en beau terrain aux ennemis.

Sur la gauche de cette cavalerie, M. le prince de Robecque avoit marché avec sa brigade. Le régiment d'Artois, avec celui de Cambrésis, compassant la marche avec la cavalerie qui étoit sur leur droite, marchèrent droit à la cassine occupée par un bataillon espagnol vêtu de rouge, et cette gauche devoit être soutenue par l'aile gauche de la cavalerie de la première ligne; mais, comme elle n'étoit pas encore arrivée, l'on fit soutenir ces deux régiments par le régiment de Montgommery. Le régiment d'Artois, soutenu du régiment de Cambrésis, marcha que l'on ne peut pas mieux ni en meilleur ordre aux ennemis qui étoient dans la cassine; mais il ne put les en déposter, parce qu'ils étoient soutenus de près par de la cavalerie qu'on ne pouvoit charger.

M. le comte de Grancey, avec son régiment et celui de Bourbon, pénétra le marais jusque sur la gauche des ennemis, fermée d'infanterie. Après avoir contesté le terrain par une fort grosse escarmouche, il prit la résolution de marcher, l'épée à la main, à deux bataillons des ennemis que l'on dit être le régiment allemand de Michel Ulbin et un régiment vêtu de rouge qui ne peut être qu'espagnol. Le régiment de Hainaut marcha droit à la charge au régiment de Savoie, dont le colonel a été tué et le lieutenant-colonel fut pris prisonnier. Cela se fit avec tant de vigueur qu'ils renversèrent ces trois bataillons, et nous avons su par des prisonniers qu'il y avoit eu sept capitaines du régiment de Savoie de tués ou blessés.

Le régiment de Périgord, après avoir contribué avec beaucoup de vigueur à ce qui se passa sur cette droite pour gagner du terrain du côté de ce marais, M. de Chamarande le ramena sur la gauche, où étoit le grand effort de l'infanterie, pour y rejoindre sa brigade, qui est celle de Robecque. M. le marquis de Feuquière alloit de sa personne de la droite à la gauche et y a rendu tous les services que l'on pouvoit attendre d'un homme de son mérite.

Notre ligne de cavalerie, composée seulement de six escadrons, qui est tout le terrain qu'elle se pouvoit donner entre les deux marais, composée de trois escadrons du Mestre-de-camp-général des dragons, de deux de Servon et du premier de Fimarcon, fit une charge, le Mestre-de-camp-général avec furie et tant de chaleur qu'il n'y avoit pas l'ordre qu'on pouvoit désirer pour une charge réglée. Cependant, ils emportèrent ce qu'ils chargèrent d'une grande hauteur, qui étoit des escadrons jaunes et rouges. La charge de cette ligne mit derrière soi deux pièces de canon des ennemis. Sur l'ébranlement de quelques escadrons des ennemis, nos gens reployèrent avec assez de confusion; mais, cependant, sans le secours de la seconde ligne, l'on se rallia et l'on reforma la ligne, ayant relâché seulement du terrain, de manière que les deux pièces de canon des ennemis se trouvèrent entre la ligne des ennemis et la nôtre, d'où il fut tiré par des chevaux de notre artillerie et conduit brusquement derrière notre première ligne.

Le grand effort fut sur la gauche, où l'infanterie des ennemis étoient soutenue par de la cavalerie que l'on fut longtemps sans pouvoir charger à cause du marais; mais, à la fin, notre infanterie, par des charges réitérées, fit quitter les ennemis. Les premières charges furent menées par M. le prince de Robecque fort vigoureusement. Il fit un petit discours en wallon à son régiment, qui fit parfaitement bien, et lui de sa personne l'on ne peut pas mieux. Voilà deux occasions où l'on l'a vu se porter en aussi brave homme qu'aucun des troupes du Roi. J'assure, Monseigneur, que c'est une louange légitime qui lui est donnée. Ces charges étoient soutenues par le premier escadron de Montgommery. Le régiment de Flandres chargea avec Robecque, et fort bien aussi. L'on commença à empiéter du terrain par ces charges. M. de Feuquière fit faire une charge sur la droite de l'infanterie par le premier escadron de Fimarcon contre un escadron des cuirassiers de Bavière, qu'il culbuta et renversa que l'on ne peut pas mieux. Le comte de Fimarcon a eu quatre chevaux tués ou blessés sous lui, son frère le comte de la Tour grièvement blessé. M. le marquis de Fimarcon s'est employé cette journée au delà de ce que l'on peut croire ; M. de la Lande aussi, qui étoit à cette première charge du Mestre-de-camp-général et demeura ensuite toujours sous un gros feu, où il a eu le petit os de la jambe cassé ; M. de Servon deux coups dans ses habits ; il a été bien heureux d'en être quitte pour cela, vu sa présence continuelle à la tête de la cavalerie sous un feu fort vif.

Nos lignes serroient toujours les ennemis à mesure des progrès que faisoit l'infanterie, parce qu'elle auroit été débordée si elle eût chargé au delà de l'infanterie.

Toute l'infanterie de la première ligne avoit chargé ; quoique avec succès, elle n'avoit point achevé. J'envoyai chercher des bataillons de la seconde ligne. Les régiments de la Sarre, Clérembault et celui du Plessis firent une charge belle et vigoureuse. Tout se rallia à cette charge ; le régiment de Périgord s'y joignit avec Chamarande à sa tête. Cela fut soutenu par l'aile gauche de notre cavalerie, bien conduite par M. de Quinson et de M. de Saint-Silvestre, qui trouva moyen de pénétrer le marais. Cela emporta tout : fossés, haies, maisons et chevaux de frise qui couvroient les bataillons de M. de Savoie. Tout en chargeant, nos soldats se moquoient des chevaux de frise. La plupart de toutes ces charges d'infanterie se sont faites l'épée à la main, après avoir tiré, soutenue presque toujours par la présence de M. de Feuquière. M. le marquis du Plessis mérite des louanges très particulières dans cette action : il s'y est conduit de manière que tous ceux qui l'ont vu agir en disent tout le bien que l'on peut dire d'un officier.

Toute l'infanterie des ennemis disparut presque dans un moment dans sa fuite par le voisinage des bois et pays fourrés. La retraite parut être fort bien conduite et avec fermeté; l'on dit que c'étoit le prince Eugène avec les gardes et les gendarmes de Savoie. M. de Feuquière débanda deux troupes de dragons de Fimarcon et de la Lande, qu'il soutenoit avec quatre escadrons. Il fit volte-face avec deux escadrons des gardes. Les dragons voulant se rallier et remettre ensemble, ces deux escadrons ennemis profitèrent de ce moment et passèrent une petite rivière appelée le Giandon, qui est environ à une demi-lieue ou trois quarts de lieue de Villefranche. Là finit notre poursuite, environ à une lieue et demie du premier champ de bataille.

Nous avons pris onze pièces de canon, de douze qu'il y avoit, les munitions pour les servir, quarante ou cinquante caissons remplis de pain, plusieurs équipages. Il y a eu quelque vaisselle d'argent prise aux armes de Son Altesse Royale; sept cent trente-trois prisonniers remis à Pignerol, outre plusieurs que l'on a amenés depuis et les blessés qui n'ont pu marcher; je crois pouvoir compter jusqu'à onze ou douze cents; quantité de François, à ce que l'on m'a dit, que les officiers ont célés et mis dans leurs compagnies. J'en ai fait pendre un reconnu dans le nombre des prisonniers pour avoir déserté du régiment de Vexin. Je n'ai que quatre drapeaux ; l'on m'a dit qu'il y en avoit encore quelqu'un qu'on ne m'avoit point apporté.

Ils ne nous ont pas fait un seul prisonnier que je sache. L'affaire a été assurément difficile et opiniâtrée. Les troupes ont presque toutes agi et chargé. L'infanterie y a fait parfaitement bien ; la cavalerie et les dragons ont bien chargé, lorsque le terrain l'a pu permettre. Les troupes y ont assurément fait de manière à donner beaucoup d'estime d'elles aux ennemis. Je puis manquer dans cette relation à rendre des bons offices que plusieurs particuliers, et même des troupes, méritent dans cette occasion, où tout le monde s'est bien employé. Je dois à leur bonne volonté et à leur secours la gloire qui peut retomber sur moi de ce combat. M. de Saint-Silvestre a été certainement très utile à cet heureux événement.

Je crois certainement que cette affaire coûte quatre mille hommes aux ennemis, tant tués que blessés, prisonniers ou gens dissipés.

Je vous envoie le mémoire des officiers et soldats tués ou blessés. J'en ai vu insérer là-dedans avec des simples contusions, ce qui me fait juger qu'il peut y avoir beaucoup à défalquer. M. le marquis de Liancourt a été blessé dans les chairs du bras gauche et a eu deux chevaux blessés sous lui ; ce sont des marques qui n'ont pas besoin d'autres preuves de la manière qu'il s'est exposé. Le comte Fenil a été blessé au ventre, en servant, ce jour-là, avec tout le zèle qu'auroit pu avoir un bon François. Monseigneur connoîtra par la perte du régiment de Saint-Maurice comme le colonel et son régiment se sont comportés dans cette occasion.

Nos seize petites pièces de canon nous furent d'une grande utilité ; elles furent servies avec toute la hardiesse possible par les soins et la présence de M. de Cray[1]; elles marchoient toujours à la tête des troupes.

Je suis, etc.

CATINAT.

J'oubliois à vous mander que le premier médecin de Son Altesse Royale avoit été fait prisonnier. J'ai cru qu'il étoit de la bienséance de le renvoyer galamment à Son Altesse Royale.

J'ai manqué, Monseigneur, à vous marquer la circonstance que la bataille a commencé entre onze heures et midi et a été contestée jusques à quatre heures.

III.

Correspondance de Saint-Hilaire.

Saint-Hilaire à M. de Louvois[2].

A Pignerol, le 24e septembre 1681.

Monseigneur,

Les ouvriers que vous m'avez fait l'honneur de m'ordonner de mener à Lyon se sont rendus avec moi en cette ville le 20e de ce mois. Il m'a été impossible d'avoir le maître charpentier à moins de nonante livres par mois, et les charrons et forgeurs de soixante chacun. Ils sont en besogne et ont déjà radoubé trente affûts. Je les ferai continuer à tous ceux de la place, lesquels ont besoin de réparation, et ensuite ils passeront au radoub des haquets à pontons de cuivre, ce qui leur est fort nécessaire.

L'artillerie de cette place est en bon état par les soins

---

1. Sans doute M. de Creil.
2. Vol. Guerre 664, n° 10; voyez tome II, p. 9.

du sieur Ferrand, commissaire provincial à la résidence. Comme j'en ai trouvé les magasins beaucoup dénués, pour sa considération, j'ai cru, Monseigneur, qu'il étoit de mon devoir de vous en donner avis et d'avoir l'honneur de vous envoyer un état de ce qui y est contenu, avec un autre de ce que je juge y être nécessaire pour la bien munir. On peut avoir une grande facilité pour faire de la poudre près de cette ville, par le moyen d'un moulin qui en peut faire soixante milliers par an. L'on peut aussi aisément recouvrer du salpêtre d'Italie et le faire venir à Nice et de là ici, les deux tiers du chemin par charrois et l'autre sur des mulets. On ne passe que sur les terres de Madame Royale, et les mulets qui sont entretenus pour mener en Savoie et en Piémont la salaison que l'on tire de ce pays-là, quand ils l'ont achevée, peuvent faire d'autres voitures à bon compte. D'ailleurs, presque tout le commerce de Pignerol se fait audit Nice. Il y a aussi, aux environs d'ici, des forges qui y ont déjà fourni des boulets, et la plupart des autres munitions se peuvent recouvrer aux environs. Voilà, Monseigneur, l'état précis de cette artillerie, et j'exécuterai toujours très précisément vos ordres, puisque j'aurai l'honneur d'être, etc.

Mormès Sainct-Hilaire.

Saint-Hilaire à M. de Louvois[1].

A Casal, le 23 mai 1682.

Monseigneur,

Les cinquante-sept corps d'affûts qu'il a fallu faire pour le canon de cette citadelle sont entièrement achevés et ferrés; les roues sont aussi faites et l'on a commencé aujourd'hui à les ferrer. On travaille aussi à faire douze avant-trains et douze charrettes d'artillerie. Il ne sera point

---

1. Vol. Guerre 794, n° 6.

perdu de temps, pour que ce travail s'achève promptement[1].

Tous les bois de remontage que l'on a coupés vers la rivière de Sezia sont serrés dans ces magasins, à quelques-uns desquels j'ai fait faire par nos ouvriers les réparations nécessaires, comme de planchers, portes, fenêtres et autres choses.

Je menai hier de Turin avec moi le reste des dix mille outils à pionniers qui se sont faits dans les forges de Piémont, à l'exception de sept cent trente-deux qui n'étoient point encore achevés, lesquels arriveront ici dans huit ou dix jours. Il est venu aussi desdites forges mille deux cent vingt-deux boulets et douze milliers de fer neuf, bandages et clous à roues d'affûts.

On continue toujours à resécher et tamiser la poudre de cette place et la mettre en état de bon service. Il s'y trouvera quelque diminution, laquelle M. de Catinat a même connu ne se pouvoir pas faire autrement, et dont je vous rendrai compte quand cet ouvrage sera fini[2].

Je ferai travailler à convertir le salpêtre dès que mondit sieur de Catinat l'ordonnera[3]. On fournira aussi le soufre au poudrier; mais il faut qu'il livre le charbon, et je vous demande, Monseigneur, si vous ne souhaitez pas que l'on fasse un marché avec lui pour sa façon et cette

---

1. En apostille, de la main du ministre : « Je lui recommande de faire que cela soit bien mis à couvert aussitôt que cela sera dans sa perfection. »

2. En apostille : « Il ne doit point y avoir de diminution, parce que le sieur Berthelot, aux dépens duquel se fait cette réparation, doit en souffrir la perte. En donner avis à M. Bréant, afin qu'il y tienne la main. »

3. En apostille : « Je suis surpris que vous ne me mandiez point la raison pour laquelle M. Catinat ne l'ordonne pas, c'est qu'il n'y a pas de caques, et que vous ne m'informiez point des mesures que vous avez prises pour en avoir. »

fourniture. Le poudrier de Madame Royale m'a offert quarante milliers de poudre à acheter, bien encaqués et enchappés, dont il livrera la moitié présentement et l'autre dans le mois de septembre prochain. Il demande une pistole de chaque rub (sic), qui fait dix-huit livres et demie, poids de marc; cela revient à douze sols moins deux deniers la livre [1].

Il y a des mines de cuivre près d'Aiguebelle, en Savoie, et ici en Piémont, desquelles on pourroit tirer des métaux pour les fontes; je m'en enquèrerai plus particulièrement si vous me l'ordonnez [2].

Quand les commissaires de M. de Mantoue viendront pour estimer les prix des munitions de guerre que j'ai treuvé dans cette place, je serai très ponctuel à ce qui me sera ordonné à cet égard.

Feu Son Altesse Royale avoit eu le projet de rendre la Doire naviguable depuis Suse jusques à Turin. On lui demandoit pour cet effet quatre-vingt mille livres et quelques péages à faire payer aux bateaux qui descendroient. Comme j'ai jugé que, si ce dessein étoit exécuté, il pourroit être très utile pour le service de Sa Majesté, j'ai tiré de l'ingénieur de Madame Royale un plan de l'état de cette rivière et de son dessein pour l'effet ci-dessus, lequel j'ai l'honneur de vous envoyer [3].

Si vous souhaitez, Monseigneur, avoir des plans des places des Espagnols dans l'État de Milan, j'ai un homme en main qui me paroît habile, lequel ira les lever sur les lieux [4].

1. En apostille : « Il n'y a pas d'apparence que le Roi achète cette poudre tant qu'il ne payera que cinq sols celle que lui fournit Berthelot. »
2. En apostille : « Qu'il s'informe de leur qualité et de leur prix, réduisant toujours le poids au poids de marc. »
3. Il n'est pas joint à la lettre.
4. En apostille : « Il me fera plaisir. »

J'ai reçu la vôtre du 7 de ce mois dont il vous a plu m'honorer. Je tiendrai la main à ce que le sieur Keller répare bien les pièces et mortiers qu'il a coulés; mais il est bon de vous dire qu'elles sont presque sans ornements et qu'il n'y a dessus ni armes ni devises, non plus que sur lesdits mortiers[1].

J'ai treuvé ici l'ordonnance de neuf cents livres que vous avez eu la bonté de m'accorder. Je tâcherai toujours par ma fidélité et mon application au service de Sa Majesté, et par l'attachement plein de respect que j'aurai toute ma vie à votre personne, de me rendre digne de vos bienfaits. C'est, Monseigneur,

Votre très humble et très obéissant serviteur,

MORMÈS SAINCT-HILAIRE.

Saint-Hilaire à M. de Louvois[2].

Au quartier général de Chimay,
le 8 novembre 1688.

Monseigneur,

M. le maréchal d'Humières me vient de dire que je pouvois m'en retourner à Paris et renvoyer les commissaires d'artillerie que j'avois amenés par vos ordres. J'exécute donc ce qu'il m'ordonne, et j'ai bien du déplaisir de n'avoir pas été plus utile pour le service de Sa Majesté. Quand il vous plaira, je le serai davantage, et j'espère que vous aurez la bonté de mettre en œuvre ma bonne volonté. Pourroit-elle en ce rencontre m'être favorable auprès de vous pour en obtenir, par quelques appointements pour le temps que j'ai servi, un dédommagement de la dépense que j'ai faite pendant ce voyage et pour dresser une manière d'équipage,

---

1. En apostille : « Qu'il m'en envoie des dessins qui me fassent connoître comme elles sont. »
2. Vol. Guerre 822, n° 123.

et quelque gratification pour les courses que j'ai faites de Paris à Metz et de Metz à Charlemont par vos ordres. Ce seroit un supplément avantageux à mon indigence, duquel j'aurai l'honneur de vous avoir toute sorte d'obligation.

Je suis, etc.

SAINCT-HILAIRE.

Saint-Hilaire à M. de Louvois[1].

A Paris, le 12 mai 1690.

Monseigneur,

Suivant vos ordres, j'ai fait partir hier les six pièces de canon et les sept affûts sous la conduite d'un commissaire provincial de l'artillerie et de trois autres commissaires, pour se rendre à Metz, et je suis resté ici aujourd'hui pour arrêter et vérifier le compte des ouvriers qui y ont travaillé, pour le remettre à M. de Beaulieu, et, comme j'ai ordre de me rendre à Metz le 15 de ce mois et que le canon n'y sauroit arriver que le 21, j'ai fait partir à l'avance tout mon petit équipage et avois compté de partir demain en poste pour me rendre à mon devoir à jour nommé; cependant, je ne le pourrai, si vous ne me faites la grâce que j'ai l'honneur de vous demander : de m'accorder un billet pour les maîtres de poste, pour me fournir trois chevaux; car celui de Paris me vient de dire qu'il ne le pourroit faire sans cela qu'après le départ de Monseigneur.

J'ai l'honneur, etc.

SAINCT-HILAIRE.

Saint-Hilaire à M. de Louvois[2].

A Metz, le 19 mai 1690.

Pour obéir à vos ordres, je me donne l'honneur de vous

1. Vol. Guerre 992, n° 23.
2. Vol. Guerre 992, n° 29.

rendre compte de ce qui regarde l'artillerie de l'équipage que je dois commander cette campagne...

Les charrettes venues d'Alsace pour porter les munitions de guerre de l'armée de la Moselle sont bonnes; mais elles sont absolument inutiles pour cet emploi : elles sont si massives, que je ne crois pas que quatre chevaux les pussent seulement tirer du moindre mauvais pas avec huit cents livres de charge, et, qui pis est, elles sont à la grand voie, et vous savez que celles de ce pays ne s'y rapportent pas. J'ai confronté aujourd'hui les deux et j'ai trouvé dix-sept pouces de différence de l'une à l'autre, c'est-à-dire que celles du pays les ont de moins. Pour remédier à cet inconvénient, il faudroit désassembler toutes ces quatre-vingts charrettes et porter les essieux aux forges d'Atrianges (?) près Thionville (car il n'y a point de chaufferies à Metz assez fortes), pour les couper au collet et rétrécir la voie, ce qui consommeroit un trop long temps, et le même massif ne laisseroit pas de rester.

J'ai songé à un expédient pour suppléer à cet inconvénient, qui seroit, si vous le trouvez à propos, de prendre ce qu'il nous faut de charriots entre les meilleurs de ceux des paysans des environs de cette ville, du prix desquels il seroit fait une estimation par celui que vous commettriez pour cela; car je crois que votre intention seroit de les faire payer. Ils nous feroient la campagne, et, après qu'elle sera finie, moyennant un petit radoub, on les mettroit au même état que ceux qui sont faits pour servir en Allemagne et en Flandre. Je ne sais point d'autre remède, et je suis obligé de vous représenter qu'il est absolument utile pour le service de Sa Majesté; car, si nous étions obligés de nous servir de ces charrettes, il nous faudroit diminuer d'un tiers nos munitions, et, au moindre détour ou passage de montagnes, que l'on ne peut éviter aux pays où nous devons servir, tout demeureroit continuellement...

Sainct-Hilaire.

[Au camp de Corbion, le 9 juin 1690. — Il informe le ministre qu'ayant trouvé à Metz de vieux essieux, il s'en est servi pour rétrécir la voie des charrettes venues d'Alsace, et qu'il a ainsi réussi à faire les charrois nécessaires, malgré quelques petits accidents. Quant aux affûts de nouvelle invention, « il n'y a pas manqué un clou depuis qu'ils sont partis de Paris, et le roulage s'en trouve fort aisé et commode ». Il demande l'autorisation de faire faire une paire de timbales pour l'artillerie de l'armée.]

Saint-Hilaire à M. de Louvois[1].

Au camp de Velenne, le 2ᵉ juillet 1690.

Monseigneur,

Nous revenons de la bataille[2], que nous avons gagnée entièrement, nonobstant la valeur et la belle défense des ennemis, avec cent quinze pièces de canon, dont il y en a quarante-cinq pièces que nous avons pris aux ennemis. Je n'ai point l'honneur de vous en envoyer encore le détail, parce que le temps ne me le peut encore permettre, non plus que de vous informer de l'état auquel est toute l'artillerie. Nous avons perdu quelques chevaux, qui ont été pris et tués, dont je ne puis savoir le nombre jusques à cette heure.

Le pauvre M. du Metz a été tué d'un coup de mousquet dans la tête. Sa Majesté y perd un bon sujet. Pour ce qui me regarde, vous apprendrez, Monseigneur, que j'ai fait mon devoir, et, si vous me jugez digne de m'accorder un brevet de maréchal de camp, à quoi j'aspire avec tant d'ardeur, et de remplir les emplois de M. du Metz, je tiendrai le tout comme un effet de votre grâce et de votre bonté, dont je vous aurai une obligation éternelle, et je continuerai toute ma vie à remplir tous mes devoirs et d'être, etc.

SAINCT-HILAIRE.

1. Vol. Guerre 954, dernière partie, nº 1.
2. De Fleurus.

P.-S. autographe. — J'ai eu le temps, Monseigneur, avant de faire partir celle-ci, d'y joindre un mémoire en détail du canon que nous avons pris sur l'ennemi.

[*A cette demande, Louvois répondit sèchement le 8 juillet :* « J'ai reçu votre lettre du 2 de ce mois avec l'état qui y étoit joint, dans lequel je suis surpris de voir que vous ne me parliez point des charriots des ennemis qui ont été pris à la bataille qui s'est donnée la veille, ni de ce qui étoit dedans. »]

Saint-Hilaire à M. de Louvois[1].

Au camp de Farcienne,
le 8ᵉ juillet 1690.

Monseigneur,

Pour vous informer plus amplement de ce qui s'est passé à l'égard de l'artillerie le jour de la bataille de Fleurus, de celle que nous avons pris sur les ennemis et de la perte que nous avons faite, je me donne l'honneur de vous en envoyer des états séparés, aussi bien que des munitions que j'ai envoyé prendre à Philippeville, pour remplacer celles qui ont été consommées le jour de la bataille, et de la remise que j'ai été obligé d'y faire à cause des chevaux d'artillerie qui nous ont été tués et pris. J'ai fait le relevé de ceux qui nous restent, dont j'ai l'honneur de vous envoyer un extrait. Vous pouvez compter, Monseigneur, sur le reste des chevaux d'artillerie de l'équipage de l'armée de la Moselle, comme étant de bons chevaux ; mais, pour ce qui regarde ceux de l'équipage de Flandre, il n'en est pas de même. Je ne crois pas qu'il y en ait plus de trois cents qui se soient maintenus, et le reste est si fatigué et harassé, que l'on aura bien de la peine à le rétablir sans quelque repos. Cependant, vous pouvez être

---

[1]. Vol. Guerre 954, dernière partie, nᵒ 4.

assuré que je prends toutes les mesures imaginables pour les rétablir. Pour cet effet, j'ai fait acheter à Philippeville trois cents sacs d'avoine, dont la meilleure partie sera ici demain avec le convoi, et du reste je n'épargnerai ni soin ni diligence, afin que le Roi soit bien servi et que vous soyez content de ma conduite[1].

Je crois être aussi obligé de vous informer, Monseigneur, de la manière dont les chevaux d'artillerie ont été pris par les ennemis. A la gauche, près de Fleurus, ils percèrent à travers nos batteries, aussi bien qu'à la droite. Ils tuèrent un commissaire d'artillerie, en blessèrent un autre et tuèrent dix ou douze canonniers et plusieurs chevaux, et ils eurent assez de temps pour emmener la plus grande partie des attelages qui s'y trouvèrent; et, dans le centre, où étoit l'infanterie et où le feu fut le plus grand, nous y eûmes encore plusieurs chevaux tués ou blessés, aussi bien que des officiers et des soldats canonniers de tous les régiments; car les fusiliers et les bombardiers ne nous ont guère aidés. J'avois pris, dès le commencement de la campagne, par l'ordre de M. de Boufflers, soixante canonniers-bombardiers; on en rappela, la veille du combat, quarante au régiment, que je n'ai point pu retirer avant qu'il commençât, quelques efforts que j'en aie fait. Ces messieurs combattent à la ligne et veulent être les plus forts qu'ils peuvent à cause de cela, et ils ont raison. Mais, d'un autre côté, le service de l'artillerie ne se fait pas si bien qu'il se feroit sans cet inconvénient. Il y a longtemps que je ne me suis trouvé servant avec ces régiments; ainsi ils ne sauroient se plaindre de moi. L'antipathie qu'ils ont avec l'artillerie ne me regarde donc pas, et je serois ravi, s'ils continuent à servir avec nous, qu'il y eût une réunion

1. En apostille, en face de ce qui regarde les chevaux de l'armée de Flandre : « Un extrait de cela à M. de Beaulieu, afin qu'il voie comme le Roi est servi dans les choses dont il a soin. »

d'esprits pour le bien du service, qu'ils fussent plus exorables quand on leur demande quelque chose, et que leurs soldats canonniers reçussent ordre de toujours camper à l'artillerie auprès des pièces, sans s'en détacher pour quelque raison que ce puisse être : on les auroit toujours à la main, et ils s'accoutumeroient aux commissaires sous lesquels ils doivent servir.

Pardonnez-moi, s'il vous plaît, Monseigneur, cette digression, parce que je la crois utile et nécessaire pour le bien du service et que personne n'en peut mieux juger que ceux qui y sont. Mais, pour revenir à l'occasion de la perte de nos chevaux d'artillerie, la plus grande s'en est faite du côté des parcs où étoient nos munitions. Les ennemis s'enfuirent à travers et effarouchèrent les charretiers, que l'on ne put plus retenir. Et ce qui acheva de les mettre en désordre fut un parti de la garnison de Namur, commandé par le sieur de Bay, qui avoient mis du papier blanc à leurs chapeaux et qui tombèrent sur eux et prirent tous les chevaux qu'ils purent, avec le garde de l'artillerie et le maréchal des logis de l'équipage de la Moselle, qu'ils ont conduits prisonniers à Namur, où je les ai envoyé répéter. Si vous aviez la bonté, Monseigneur, de les faire échanger contre quelques prisonniers, ce seroit une bonne chose : car le premier est chargé des munitions de cet équipage et y est bien nécessaire.

En attendant vos ordres, je fais parquer les deux équipages séparément, afin que vous en puissiez mieux disposer selon votre bon plaisir. Trouvez aussi bon, Monseigneur, s'il vous plaît, que je vous réitère ici mes très humbles prières, que j'ai prises la liberté de vous faire dans ma précédente pour mon avancement. Si vous considérez qu'il y a vingt-trois ans que j'ai l'honneur de servir, et que celle-ci est la cinquième bataille où j'ai fait mon devoir, j'aurai lieu d'attendre bien des choses de votre justice et de votre bonté. M. de Luxembourg m'a dit qu'il rendroit bon témoignage de nous et qu'il en étoit très content; mais, comme il a la mémoire chargée de quantité de belles et grandes choses, et que le sort ordinaire et malheureux de l'artillerie est que l'on ne se souvienne plus d'elle, quand on en a tiré ce que l'on veut, agréez que nous nous prônions nous-mêmes, et que j'aie l'honneur, etc.

SAINCT-HILAIRE.

[A cette lettre sont joints :
1° « État des pièces de canon et munitions de guerre prises sur les ennemis à la bataille de Fleurus. »
2° « Projet pour remettre sur pied l'équipage d'artillerie de l'armée de la Moselle. »
3° « Projet pour remettre sur pied l'équipage d'artillerie de l'armée de Flandre. »
4° « État de la revue des chevaux d'artillerie de l'équipage de l'armée de Flandre, où sont marqués les effectifs, ceux qui ont été tués ou pris à la bataille de Fleurus, le 1er juillet, et ceux qui ont été remplacés, faite par M. de Saint-Hilaire, lieutenant de l'artillerie, commandant présentement ledit équipage, en présence du sieur Hervy, contrôleur de l'artillerie en icelui, le 5e dudit mois de juillet 1690. »
5° « État des chevaux qui ont été gagnés à la bataille de Fleurus, et de ceux qui ont été achetés depuis ce temps-là et remplacés dans les compagnies. »]

Saint-Hilaire à M. de Louvois[1].

Au camp de Hansies, le 13 août 1690.

Monseigneur,

Pour continuer à obéir à vos ordres, j'ai l'honneur de vous envoyer avec celle-ci la revue des chevaux d'artillerie, pour ce mois, de l'équipage que je commande. Je m'étois flatté, en rejoignant l'armée de M. de Luxembourg,

1. Vol. Guerre 954, dernière partie, n° 9.

que j'aurois l'avantage d'y commander toute l'artillerie, puisque j'ai été assujetti, dans la première jonction, aux ordres de feu M. du Metz, comme plus ancien lieutenant. Mais, comme M. de Luxembourg m'a fait l'honneur de me dire que votre intention étoit que les deux équipages demeurent sous des commandements séparés, c'est à moi d'obéir aveuglément et de continuer à faire mon devoir. Je ne suis point né insensible; mais, Monseigneur, ma plus vive douleur est de n'avoir pas pu vous être agréable autant qu'un autre, puisque je n'ai pas moins de respect et d'attachement pour votre personne. Si je n'ai pas été assez heureux pour vous en pouvoir donner des preuves, ce n'est point ma faute; mais je puis avoir l'honneur de vous assurer avec vérité que, si j'en trouvois jamais les occasions, je les mettrois au-dessus de toutes celles de ma vie. A quoi j'ajouterai, s'il vous plaît, que la disgrâce que je viens d'éprouver par la préférence de M. de Vigny ne m'empêche pas d'espérer de votre bonté et de votre équité que, dans quelque autre conjoncture, vous porterez Sa Majesté à récompenser mes services, qui ne m'ont procuré jusqu'à présent d'autre satisfaction que celle de m'être acquis quelque estime et d'avoir fait mon devoir, duquel je continuerai toujours de m'acquitter, et j'espère par là me rendre digne de l'honneur de votre protection, que vous m'accorderez quand vous le jugerez à propos.

Oserois-je encore vous représenter, Monseigneur, que j'ai commandé l'équipage d'artillerie de l'armée de Flandre du 1ᵉʳ juillet, jour de la bataille, jusques au 17, qui a été le temps où il y a eu le plus d'affaires. Cependant, si vous voulez encore que M. de Vigny touche les appointements de commandant dudit équipage et les petits revenant-bons, pendant ce demi-mois qu'il n'y a point servi, j'y consens de bon cœur, et je vous supplie, Monseigneur, que, quelque malheureux et quelque indigent que je puisse être, j'aurai toute ma vie moins d'attachement pour mes petits intérêts que pour tâcher de vous plaire en toutes choses.

J'ai l'honneur d'être, etc.

SAINCT-HILAIRE.

[*Le ministre répondit* : « J'ai reçu votre lettre du 13... A l'égard des appointements de commandant d'artillerie de l'armée depuis la mort de M. du Metz jusques au jour que vous vous en êtes séparé, je ne suis pas persuadé que M. de Vigny vous les conteste. »]

Saint-Hilaire à M. de Louvois[1].

Au camp d'Aresdorf, le 13 octobre 1690.

J'ai cru qu'il étoit de mon devoir, à cette fin de campagne, de me donner l'honneur de vous informer où se trouve l'équipage d'artillerie que je commande, afin que l'on puisse prendre, quand vous le jugerez à propos, des mesures plus justes pour la prochaine.

On ne doit point du tout compter sur les charrettes qui ont porté les munitions de cette armée; car, sans la précaution que j'ai apportée, en y faisant faire des réparations à tous moments, elles n'auroient pas pu l'achever; et même, si vous me permettez de dire mon sentiment, je trouve que les charrettes sont plus difficiles à conduire en ce pays que des charriots; car, comme elles ont plus d'ébranlement dans les perpétuelles montées et descentes, dont le fond est du rocher, les roues pâtissent beaucoup davantage et ne peuvent résister à la continue, quelque bonnes qu'elle puissent être. Et, puisque je crois que l'on sera nécessité de faire des voitures neuves, il me paroît qu'il vaudroit mieux que ce fût des charriots, et, s'ils coûtent un peu plus, j'ose assurer qu'ils dureront beau-

1. Vol. Guerre 992, n° 224.

coup davantage et que les munitions s'y conserveront mieux. Mais, comme les ouvrages que l'on fait à la hâte ne sont jamais si bons que quand on a du temps, j'estime qu'il faudroit commencer celui-ci de bonne heure. Je me donne l'honneur de vous envoyer le dessin d'un charriot à munitions que je me suis proposé; il est différent de ceux des équipages d'artillerie d'Allemagne et de Flandre, et je puis aussi vous assurer qu'il sera plus roulant et plus léger quand il sera mis en nature.

Il n'y avoit guère de cordages et d'outils à pionniers à tirer des places du gouvernement de M. le marquis de Boufflers pour la campagne au commencement de celle-ci, non plus que de disposition pour la formation d'un équipage d'artillerie. Quand quelqu'un y aura un intérêt personnel et du temps pour se préparer, il est certain que le service en ira mieux.

Les affûts de nouvelle invention que vous m'avez ordonné de faire faire, et dont vous avez vu l'épreuve à Meudon, ont parfaitement réussi au roulage et à la bataille de Fleurus, qui étoit une des plus rudes que l'on pût donner. Ainsi, si vous souhaitez que l'on remonte cet hiver sur des affûts neufs celles des pièces de cet équipage qui en auront besoin, je prends la liberté de vous assurer que l'on ne peut mieux faire que de suivre ce modèle; et, si vous me faites l'honneur de vous servir de moi et de me donner quelque atelier à gouverner, j'espère de vous faire connoître que je suis capable de quelque chose et d'ajouter aux anciennes manières quelques nouveautés qui pourront être utiles; c'est là mon unique envie...

Je suis persuadé que vous connoissez mieux que moi l'utilité qu'il y auroit qu'une artillerie d'armée fût toujours en état d'être bien servie; mais, s'il m'est permis d'en proposer les moyens les plus certains, j'aurai l'honneur de vous dire qu'il faudroit qu'il y eût un nombre de canonniers rédigé en compagnie toujours entretenue, qui fût directement sous la charge de celui qui commande l'artillerie, auquel on joindroit un nombre de bons ouvriers. Il auroit soin de les instruire à tout ce qui en dépend et à jeter des bombes, et, comme ils seroient particulièrement connus du commandant, ils ne s'écarteroient pas souvent de leur devoir et n'abandonneroient pas le service, comme il arrive toujours à ceux que l'on prend des fusiliers ou des autres régiments, lorsqu'il s'agit du péril ou du pillage, et alors ils laissent les officiers d'artillerie seuls avec les pièces, desquels le nombre ne suffit pas pour les servir eux-mêmes. Cette compagnie pourroit être bien entretenue sur le pied de celle de M. de Vigny, et, si vous me faisiez la grâce de m'en donner la charge, je puis vous assurer qu'avec un peu d'aide je la rendrois pour le moins aussi belle et aussi bonne...

Sainct-Hilaire.

[Au camp d'Aresdorf, le 26 octobre 1690[1]. — Il annonce au ministre qu'il a reçu du marquis de Boufflers l'ordre de remiser l'équipage d'artillerie qu'il a commandé, cette campagne, et de licencier les officiers et les chevaux, ce qui sera fait au 1er novembre. Il envoie l'état des pièces qui ont servi et des munitions consommées. Il demande une gratification pour les officiers.]

[Metz, 4 novembre 1691. — « État de la dépense extraordinaire qui a été faite pour l'artillerie de l'armée de la Moselle pendant le dernier mois de campagne de 1691, suivant les ordres de M. de Saint-Hilaire, lieutenant commandant ladite artillerie. »]

Il est à remarquer que les registres du Dépôt de la Guerre ne contiennent aucune lettre de Saint-Hilaire pour tout le ministère de Barbezieux, 1691-1701.

---

1. Vol. Guerre 992, n° 246.

Mémoire pour l'artillerie, touchant les expériences faites en présence du sieur de Saint-Hilaire, jusques au 22 septembre 1703, de quelques secrets du religieux italien envoyé à la cour par M. le duc de Vendôme[1].

[Paris, juin 1703.]

Premièrement[2], on a pris deux pièces du calibre de huit, de même longueur et de pareille fabrique, montées sur des affûts égaux. Elles ont été chargées chacune avec quatre livres de poudre, l'une d'un seul boulet en la manière ordinaire, l'autre de deux préparés par le religieux italien. Elles ont été tirées toutes deux contre une butte, d'une distance égale de sept cent quarante pas communs, et pointées au même degré. Il s'est trouvé que la pièce chargée de deux boulets les a portés plus haut et qu'ils se sont trouvés six à sept pieds plus avant dans la butte que celui de la pièce chargée d'un seul boulet en la manière ordinaire, et que l'affût et la pièce ont été moins tourmentés. D'où l'on peut conclure que l'usage n'en est point dangereux, que la poudre agit avec plus de force et que cette méthode est excellente, principalement pour les sièges, puisque l'on tirera deux boulets pour un, sans qu'il en coûte davantage de poudre que pour un seul. Cette préparation me paroît si simple et de si peu de frais, que je m'étonne qu'aucun de nous ne l'ait imaginée, au moins en partie; car le religieux dit qu'il met une certaine composition sous ses boulets, que je n'ai pu remarquer, parce qu'il les tient enveloppés dans un sachet de toile; et ce seroit tant mieux que cette composition donnât la force et le moyen; car les ennemis ne pourroient avoir cet usage, n'ayant pas son secret.

1. Vol. Guerre 1686, n° 94.
2. *En marge :* « M. le président Nicolay a vu cette épreuve. »

J'ai remarqué, en faisant tirer ces deux boulets, que quelquefois ils ont porté à hauteur égale et à deux ou trois pieds l'un de l'autre; d'autres à plus de distance, l'un plus haut, dont j'ai recueilli que cela est aisé à rectifier et dépend absolument de la manière dont les boulets sont introduits dans l'âme ou le canal de la pièce.

Le religieux a fait aussi la preuve d'un mortier de huit pouces, fondu exprès à sa manière et dont la chambre contient trois livres de poudre. Il s'est trouvé que, étant pointé à quarante-cinq degrés d'élévation, il a jeté la bombe à mille pas géométriques loin, ce qui revient à demi-lieue de France, et que les douze bombes que j'ai fait tirer se sont trouvées tombées dans la contenue d'un arpent de terre ou environ; ce qui démontre que la manière dont il compose sa chambre et les soupiraux qu'il y ajoute font que la poudre a une prise égale sur la bombe et ainsi la fait porter plus droit et agit avec plus de force; ce qui se prouve encore en ce qu'on ne remarque pas que sa bombe tourne en l'air comme font les nôtres, qui perdent vraisemblablement beaucoup de leur portée au moyen de ce tournoiement causé par la peine qu'elles ont à percer l'air qui leur résiste davantage.

Nous[1] avons fait aussi l'épreuve d'une petite pièce de deux livres, aussi de l'invention de ce religieux, laquelle a été tirée sur un affût fait exprès, et le cheval tout attelé, sans qu'il en ait pâti le moins du monde. Ladite pièce n'a que deux pieds neuf pouces de long et ne pèse que cent soixante-dix-huit livres. Il ne la charge qu'avec quatre onces de poudre, quoique, selon notre usage, nous en employons au moins la moitié de la pesanteur du boulet, ce qui revient à une livre pour celle-ci. Cependant, il s'est trouvé qu'elle a porté son boulet de but en blanc environ deux portées plus loin que ne font les nôtres du

---

1. *En marge* : « M. le duc de Choiseul et M. Nicolay ont vu cette épreuve. »

même calibre, qui pèsent environ sept cents livres quand elles ont leur longueur et épaisseur ordinaires, et à peu près quatre cents lorsqu'elles sont courtes et de la nouvelle invention. Cette petite pièce porte plus droit que les nôtres et se tire plus vite; il ne faut qu'un homme pour la servir, mène avec elle de quoi tirer cinquante coups, et peut aller avec deux chevaux comme une chaise de poste, et je crois aussi vite. Il me semble qu'elle mérite la curiosité de Sa Majesté à son retour à Versailles, et qu'une quantité de cette espèce sera fort utile dans une armée, soit pour des fourrages et autres expéditions subites et promptes où il ne faut pas d'embarras; mais il y aura quelque chose à réformer à l'affût, qu'on n'a pu du premier coup mettre dans toute sa perfection.

La bonté et la légèreté de cette pièce consiste en la manière et au secret dudit religieux pour bonifier et rectifier les métaux. Il se peut mettre en usage pour toutes les autres que nous appelons de campagne et de batterie, à la réserve toutefois de celles-ci, auxquelles il convient de laisser la longueur ordinaire à cause des embrasures où il faut qu'elles soient logées; mais je ne crois pas qu'on en dût diminuer le poids, à moins qu'on n'en fît l'épreuve en quelque siège. Ledit religieux assure aussi que les lumières de ses canons durent beaucoup plus que celles des nôtres, ce que je tiens fort vraisemblable à cause du secret qu'il a pour les métaux. Il travaille présentement à rectifier la nouvelle lumière qu'il a manquée; j'en ferai l'épreuve dès qu'elle sera en état.

On travaille encore, à la fonderie de l'Arsenal, au triple canon du calibre de quatre de l'invention dudit religieux, qui ne doit peser qu'environ un millier contre une seule de ces pièces en notre manière qui pèse quatorze cents, ou une de celles de la nouvelle invention qui en doit peser sept cents. Elle se tirera avec les trois quarts moins de poudre, et il prétend qu'elle portera deux cents pas plus loin de but en blanc que nos pièces de vingt-quatre, quoiqu'elle soit d'un calibre bien différent et chargée avec plus d'onze parties moins de poudre, ce que je crois facilement par l'expérience qui a été faite de sa pièce de deux livres. Cette pièce à trois canons doit être aussi prête pour le retour de Sa Majesté à Versailles, à moins que notre fondeur, qui n'est pas dans l'habitude de fondre du canon, ne la manque encore.

Il résulte de ceci que, si, après ces premières épreuves, le service de ce religieux est agréable à Sa Majesté autant qu'il paroît nécessaire, il faudra le faire travailler sur les frontières et lui donner toutes les facilités et agréments qu'il convient pour retenir un étranger de bonne famille et de bonnes mœurs, dont la capacité pourroit nuire, s'il passoit chez les ennemis, autant qu'elle peut être utile ici. Dans cette pensée, je l'ai sondé, pour connoître à peu près les engagements qu'il voudroit prendre si son service est agréable. Il m'a répondu qu'il étoit prêt de donner ses secrets à la personne que Sa Majesté indiquera, espérant d'elle une récompense proportionnée à sa libéralité; mais, s'il m'étoit permis de dire ce que je pense à ce sujet, je croirois que le moyen de l'attacher pour toujours à la France seroit de lui donner un bénéfice de cinq ou six mille livres de rente, et, en attendant, de quoi subsister honnêtement. Il dit avoir encore plusieurs secrets, tant pour la terre que pour la marine, et appuie cela sur des raisonnements solides.

SAINCT-HILAIRE.

Saint-Hilaire à M. Chamillart[1].

Paris, 26 juillet 1703.

[Nouveaux renseignements sur les inventions du religieux italien.]

---

1. Vol. Guerre 1699, n° 79.

… Ledit religieux, qui s'appelle le P. Jacques-Marie Figari, augustin, m'a prié de vous rendre très humbles grâces de sa part de la gratification de trois cents livres que vous lui avez procurée, et de vous représenter que c'est peu de chose par rapport au temps qu'il est ici avec deux valets et à l'envie qu'il a de bien faire. Nous devons continuer samedi prochain l'épreuve de ses lumières et des autres secrets contenus au mémoire que j'ai eu l'honneur de vous présenter il y a environ un mois.

[Autre lettre du 6 août, à laquelle est jointe une lettre de M. d'Argenson, lieutenant général de police, disant que le religieux se plaint de n'être point suffisamment récompensé (vol. Guerre 1699, n° 87).]

[30 janvier 1704. — Saint-Hilaire envoie au ministre le rapport du radoub qui est à faire à Malines aux équipages qui ont servi la campagne dernière dans les armées de MM. de Boufflers et de Bedmar (vol. Guerre 1742, n°ˢ 144 et 145).]

[18 février 1704. — Il fait connaître la quantité de munitions qu'il serait nécessaire d'envoyer à Anvers, Namur et Condé-sur-Escaut, et il donne des détails sur la fabrication des gargousses à Douay (*Ibidem*, n° 229).]

[24 février 1704. — Le ministre l'avertit qu'il a demandé à MM. d'Alègre et de Bedmar de laisser à Douay un des bataillons de Royal-artillerie ou des bombardiers pour travailler aux ouvrages d'artillerie que Saint-Hilaire y fait faire (*Ibidem*, n° 286; voir les n°ˢ 272 et 285).]

Saint-Hilaire à M. Chamillart[1].

A Douay, le 28 février 1704.

On me mande que Sa Majesté est sur le point de faire une promotion d'officiers généraux. Permettez-moi, s'il vous plaît, de vous représenter mes petits intérêts à cette

---

1. Vol. Guerre 1742, n° 306.

occasion, et d'avoir l'honneur de vous dire que, jusques à moi, ceux qui ont été en pareille charge ont été maréchaux de camp sans passer par la brigade, témoins MM. du Metz, de la Frezelière et mon père, mais que, malheureusement, la volonté de Sa Majesté ayant changé, lorsque je me flattois d'être sur le point d'obtenir la même grâce, après vingt-six ou vingt-sept années de services, j'ai été le premier de l'artillerie qui eut jusques alors passé par le grade de brigadier. Je suis persuadé que Sa Majesté s'en souvient bien. J'y suis demeuré huit ans, quoique feu M. de Barbezieux m'eût promis positivement que je n'y serois qu'une année, et j'ai bien essuyé des catastrophes. A présent, il n'y a que sept ou huit maréchaux de camp de promotion antérieure à la mienne, et je vous avoue que je serois dans un accablement terrible si Sa Majesté m'oublioit en faisant pour mes égaux. Je vous demande l'honneur de votre protection en ce rencontre; je me mettrai en quatre pour la mériter, et personne ne sera, etc.

SAINCT-HILAIRE.

[22 mars 1704. — Saint-Hilaire se disculpe sur la pressante nécessité où était Namur d'y avoir fait passer des munitions de guerre sans l'ordre du ministre (Guerre 1743, n° 152).]

[30 mars 1704. — Il écrit à propos des munitions nécessaires dans les places. Il n'a pu faire passer à Bruges les trente milliers de poudre demandés, parce que M. Le Camus des Touches a défendu aux garde-magasins d'en délivrer sans un ordre exprès du ministre. Il donne de mauvais renseignements sur des ponts volants portés sur des ballons de cuir gonflés d'air inventés par un sieur Girard (*Ibidem*, n° 196).]

[7 avril 1704. — Il avertit le ministre de la consommation excessive et inutile de poudre dans les places et dans les corps de troupe (*Ibidem*, n° 260).]

[29 avril 1704. — Il avertit le ministre qu'il a reçu ordre du maréchal de Villeroy de quitter Douay le 1er mai avec l'équipage d'artillerie pour rejoindre l'armée de Flandre. Il demande qu'on fasse payer toutes les dépenses faites à Douay par l'artillerie jusqu'à ce jour. — « Après notre départ, je ne sais ce que vous ordonnerez de la destinée du P. Figari, auquel je dirai d'attendre ici vos ordres. Et je ne puis me dispenser de vous représenter encore qu'il est très important pour le bien du service d'avoir le secret de ce Père pour rectifier les métaux et de le retenir au service de Sa Majesté; car il sait de bonnes choses qu'il est bon de tirer de lui et qu'il seroit très préjudiciable qu'il portât en d'autres pays. » — Le ministre a mis en apostille : « J'en écris au P. Figari; il est en état de prendre son parti, et j'espère que nous nous séparerons bons amis et qu'il sera content » (*Ibidem*, n° 408).]

Saint-Hilaire à M. Chamillart[1].

De Malines, le 10 mai 1704.

... J'ai l'honneur de joindre à celle-ci un état des munitions principales qui composent notre équipage...

Je n'ai pu faire, avant partir de Douay, l'expérience de la pièce de douze remise au calibre de seize, et de l'addition que le P. Figari y a faite, parce que cet ouvrage n'étoit pas achevé avant mon départ; ce sera pour mon retour à Douay. Ledit P. Figari m'a mandé que vous lui ordonniez de s'en revenir à Paris; je ne puis me dispenser de vous représenter qu'il mérite d'être bien traité, et aussi pour tâcher d'avoir une instruction parfaite de son secret pour rectifier les métaux, ce que je crois une chose fort nécessaire pour nos fontes.

SAINCT-HILAIRE.

[A cette lettre est joint un « État des pièces d'artillerie et principales munitions de guerre qui composent l'équipage de l'armée de Flandre pour la campagne de 1704 ». — Le total des pièces de canon monte à 81.]

1. Vol. Guerre 1736, n°s 55 et 56.

Saint-Hilaire à M. Chamillart[1].

Au camp de Montenac, le 16 mai 1704.

[Il demande un envoi de fonds, dont il a absolument besoin pour le service de l'artillerie.]

... M. le maréchal de Villeroy fit hier, en présence de tous les officiers généraux et d'une bonne partie de l'armée, l'expérience des triples canons du P. Figari, laquelle a encore mieux réussi que les premières que nous avons faites. Je ne doute pas qu'il ne vous en informe lui-même, ce qui m'empêche d'en dire davantage. Mais, comme je suis persuadé que le Roi fera continuer ces ouvrages, je ne puis m'empêcher de vous représenter que, soit que ce soit pour l'Allemagne ou pour la Flandre, ils ne se peuvent mieux faire qu'à Douay, attendu que tous les matériaux y sont préparés et que le P. Figari, qui est difficile à gouverner, quoique fort bon homme d'ailleurs, s'est fort accommodé du fondeur de Douay, ce qu'il ne fera peut-être pas d'un autre...

Permettez-moi, s'il vous plaît, encore un mot touchant le P. Figari. Cet homme devient infirme et très inquiet; son secret pour rectifier est selon moi absolument nécessaire à avoir, et, dans les sentiments où vous êtes de le bien traiter, je ne doute pas qu'il ne le donne à qui vous l'ordonnerez...

SAINCT-HILAIRE.

M. Chamillart à Saint-Hilaire[2].

A Versailles, le 25 août 1704.

J'ai reçu la lettre que vous avez pris la peine de m'écrire

---

1. Vol. Guerre 1736, n° 91.
2. Vol. Guerre 1738, n° 172.

sans date, avec celle qui y étoit jointe pour le Roi[1]. J'ai eu l'honneur de la lire à Sa Majesté. Elle veut bien vous faire une gratification de vingt mille livres sur la charge de lieutenant général de l'artillerie en Flandres, en considération de vos anciens services, mais à condition que vous payerez le prix de cette charge en entier. Il me semble que vous n'avez qu'à vous louer des bontés de Sa Majesté.

Du même au même[2].

A Fontainebleau, le 1ᵉʳ octobre 1704.

... Vous me ferez plaisir de me mander quels sont les expédients dont vous croyez que l'on pourroit se servir pour mettre l'artillerie sur un meilleur pied qu'elle n'est, et j'en ferai le meilleur usage qu'il me sera possible...

[4 octobre 1704. — Le ministre enjoint à Saint-Hilaire de renvoyer à Metz dix pièces de canon et des chariots appartenant à l'armée de la Moselle qui ont été emmenés en Flandre par le marquis d'Alègre (vol. Guerre 1738, n° 373).]

[14 octobre 1704 — Le ministre autorise Saint-Hilaire à venir passer quelque temps à Paris (*Ibidem*, n° 408).]

Saint-Hilaire à M. Chamillart[3].

A Verdun, le 8 octobre 1704.

Les mouvements continus où nous avons été depuis quelque temps, et nos marches séparées de l'armée m'ont empêché de recevoir dans son temps la lettre que vous

---

1. Ces deux lettres n'ont pas été retrouvées, sans doute parce que, n'étant pas datées, elles auront été mal classées dans les registres du Dépôt de la guerre.
2. Vol. Guerre 1738, n° 367.
3. Vol. Guerre 1761, n° 287.

m'avez fait l'honneur de m'écrire touchant le don de vingt mille livres que Sa Majesté veut bien me faire sur les vingt mille écus qu'il faut donner pour la charge de lieutenant général de l'artillerie en Flandre, et de vous rendre mes très humbles grâces sur ce sujet, quoique le succès n'ait pas tout à fait répondu à mon attente et que je perde presque entièrement une charge de famille que trente-neuf années de bons services sembloient me devoir confirmer. Je ne laisse pas de vous être très sensiblement obligé, dans l'espérance qui me reste de recouvrer bientôt cette perte, et le dommage qui va arriver dans mes affaires, par l'honneur de votre protection, ainsi que vous avez eu la bonté de me le faire espérer, dont je tâcherai toute ma vie de me rendre digne par un attachement très respectueux. Il me reste maintenant à vous supplier très humblement de vouloir bien obtenir que Sa Majesté trouve bon que j'aille faire un tour à Paris pour chercher de l'argent, sitôt que j'aurai reconduit l'artillerie à Douay ; c'est la grâce que je vous demande, et celle de me croire, etc.

SAINCT-HILAIRE.

Saint-Hilaire à M. Chamillart[1].

A Valenciennes, le 30 octobre 1704.

J'ai appris en passant ici la mort de M. de la Rablière, qui laisse le gouvernement de Bouchain vacant et un cordon de Saint-Louis. Je prends donc la liberté de vous demander l'honneur de votre protection près de Sa Majesté pour obtenir l'un ou l'autre. Si vous me faisiez la grâce de me procurer le gouvernement, je ne vous serois point à charge pour des appointements extraordinaires dans le département de Flandres, où il est nécessaire de faire une

---

1. Vol. Guerre 1738, n° 498.

résidence presque continuelle pour le bien du service de Sa Majesté, et vous êtes trop juste pour vouloir que ce fût à mes dépens, après tant d'années de services et que je dérange toutes mes affaires et perds une charge, pour en acheter une autre qui devoit m'être acquise il y a longtemps, et dont l'exercice est très pénible et me sera fort infructueux s'il ne m'acquéroit quelque récompense; car je suis homme de bien. Ayez aussi la bonté de vous représenter que je sers Sa Majesté de cœur et d'affection, et que, si je n'avois pas passé ma vie dans ce triste métier, je serois mort ou serois tout autre que je ne suis. Si on m'y croit utile, j'ai lieu d'espérer un meilleur traitement, ayant affaire à un ministre juste et équitable, sinon je prends la liberté de supplier très humblement Sa Majesté de me faire servir en la fonction d'officier général dans ses armées, dont il lui a plu de me revêtir, dont je puis l'assurer que je ne m'acquitterai pas moins bien, et peut-être mieux, que bien d'autres qui ont été plus heureux et n'ont peut-être pas si bien servi que moi…

Sainct-Hilaire.

SOMMAIRE

DU TOME TROISIÈME.

Troisième partie des Mémoires (1697-1715).

Année 1697. — Suites du traité de Ryswyk; licenciement des troupes; envoi réciproque d'ambassadeurs, p. 1-4. — Affaires d'Allemagne, d'Angleterre et de Hollande, 4-5.

Année 1698. — Mariages du duc de Bourgogne et du duc de Lorraine, p. 5-6. — Portland ambassadeur en France, 6. — Camp de Compiègne; fêtes magnifiques, 6-8. — Affaires de l'Église gallicane, 8-9. — Le quiétisme, Mme Guyon, Fénelon et Bossuet; les *Maximes des saints;* condamnation et soumission de Fénelon, 9-12.

Années 1699-1700. — Mort du prince électoral de Bavière; nouveau traité de partage de la monarchie d'Espagne; rupture des relations diplomatiques entre l'Espagne et l'Angleterre, p. 12-16. — Création de l'électorat de Hanovre, 16-17. — Affaire de Neuchâtel; les différents compétiteurs à la principauté; procès entre la duchesse de Nemours et le prince de Conti; mort de la duchesse; Neuchâtel passe au roi de Prusse, 17-23. — Hommage du duc de Lorraine au Roi pour le duché de Bar, 23-26. — Mort du chancelier Boucherat; Chamillart ministre, 26-27. — Discussion entre le cardinal de Noailles et les Jésuites à propos du livre du P. Quesnel, 27-30. — Affaire des cérémonies chinoises; le cardinal de Tournon, 30-33. — Affaires du Nord; guerre entre la Pologne et le Brandebourg, 33-34. — Guerre entre la Suède et le Danemark; victoires de Charles XII; paix de Travendal, 34-38. — Guerre entre la Suède, la Pologne et la Russie; victoire de Charles XII à Narva, 38-40. — Érection du royaume de Prusse, 40-41. — Testament de Charles II, roi d'Espagne, en faveur du duc d'Anjou; négociations qui le préparèrent, 41-45. — Mort de Charles II; lettre de la junte espagnole à Louis XIV; texte des articles du testament appelant le duc d'Anjou au trône d'Espagne, 45-52. — Acceptation de la succession; déclaration de Philippe V, 52-55. — Départ du nouveau roi pour l'Espagne; son couronnement à Madrid, 55. — Lettre et mémoire envoyés à ce sujet par Louis XIV aux États-Généraux des Provinces-Unies, 55-66.

Année 1701. — Tallard envoyé en Angleterre, p. 67. — Les troupes françaises s'emparent des places espagnoles des Pays-Bas; alliances négociées par Louis XIV, 67-68. — Rétablissement de la capitation; édits bursaux, 68-69. — Premiers préparatifs militaires; la Hollande reconnaît Philippe V; le comte d'Avaux ambassadeur à Amsterdam, 69-70. — Mémoire adressé par la Hollande au roi d'Angleterre, 70-72. — Habileté du roi Guillaume; il établit la succession de son royaume dans la ligne protestante; il décide son Parlement à voter des subsides militaires, 72-74. — Aventure d'une lettre du duc de Melford, 74-75. — Le Parlement anglais met en accusation les ministres qui ont signé le traité de partage de la monarchie espagnole; le roi réussit à le calmer, 75-78. — La Hollande insiste pour être secourue; le Parlement anglais s'y décide, 78-81. — Ambassade du comte d'Avaux à la Haye; négociations illusoires, 81-85. — Préparatifs militaires de part et d'autre, 85-86. — Mort du roi Jacques II d'Angleterre; Louis XIV reconnaît son fils; rupture des relations diplomatiques, 86-89. — Campagne d'Italie; Catinat et le prince Eugène, 89-92. — Saint-Frémond est battu à Carpi-du-Véronais, 92-93. — Envoi de renforts en Italie; le maréchal de Villeroy remplace Catinat, 93-94. — Combat de Chiari, 94-96. — Premiers soupçons de trahison de la part du duc de Savoie; progrès du prince Eugène; la princesse de la Mirandole se défait des Français, 96-99. — Entreprise du prince Eugène sur Crémone; Villeroy fait prisonnier; Crémone sauvée, 99-104. — Conspiration à Naples, 105. — Les troupes de Brandebourg et de Hanovre occupent le pays du duc de Brunswick-Wolfenbuttel, 105-106. — Mariage du roi d'Espagne avec la princesse de Savoie, 106-107.

Année 1702. — Situation des partis; mort du roi Guillaume; avènement de la reine Anne, p. 107-109. — Les électeurs de Cologne et de Bavière se déclarent pour la France, 109-111. — Lignes faites par les Français sur les frontières hollandaises; représentations des États-Généraux, 111-113. — Mémoire présenté aux Hollandais par le résident de France Barré, 113-120. — Commencement des opérations militaires; siège de Kayserswert, 120-121. — Fautes du maréchal de Boufflers à Xanten et à Nimègue, 121-124. — Prise de Kayserswert, 124. — La Hollande, l'Angleterre et l'Empire déclarent officiellement la guerre à la France et à l'Espagne, 125. — Marche des troupes alliées; retraite de Boufflers, 125-126. — Siège et prise de Venloo par le prince de Nassau, 127-128. — Prise de Stevensweert et de Ruremonde, 128. — Marlborough prend Maaseijck et Liège, 128-131. — Opérations militaires en Flandre, 131-133. — Campagne du comte de Tallard dans l'électorat de Cologne, 133-134. — Prise de Traërbach, 134. — Les Français s'emparent de Nancy, que le duc de Lorraine abandonne, 134-135. — Campagne d'Allemagne : siège de Landau, 135-136. — Surprise d'Ulm par l'électeur de Bavière; le marquis de Villars est envoyé en Bavière avec des troupes, 136-139. — Affaire de Neubourg; Villars réussit à passer le Rhin, 139-140. — Victoire de Friedlingue, 140-144. — Mesures du prince Louis de Bade pour arrêter Villars, 144. — Campagne d'Italie; Vendôme est envoyé pour y commander; composition de son armée; le roi d'Espagne en Italie, 144-145. — Premières mesures de Vendôme; ravitaillement de Mantoue, 145-148. — Vendôme manque d'être enlevé par les Impériaux, 148-149. — Prise de Castiglione; canonnade entre les deux armées; arrivée du roi d'Espagne, 149-151. — Levée du blocus de Mantoue, 151-152. — Combat de Santa-Vittoria, 152. — Bataille de Luzzara, 153-156. — Canonnade de Luzzara; prise de Guastalla, 157-158. — Fin de la campagne d'Italie, 158-161. — Entreprise manquée du duc d'Ormond sur Cadix, 161-162. — Héroïsme de la reine d'Espagne, 162. — Prise des galions espagnols dans le port de Vigo, 163-165.

Année 1703. — Le prince de Hesse lève le siège de Traërbach, p. 165. — Villars prend les lignes de la Kinzig et le fort de

Kehl, 165-166. — Siège et prise de Bonn par les Alliés, 166. — Campagne de Flandre; combat d'Eckeren, 166-169. — Les Alliés prennent Huy et Limbourg, 169-171. — Bombardement de Gueldre, 171. — Campagne de Bavière; le général Schlick battu, 171-172. — Tentative de Villars et de Tallard sur les lignes de Stolhoffen, 172-174. — Villars passe en Bavière; premiers combats, 174-176. — Tentative avortée sur Villingen, 176. — Villars joint l'électeur de Bavière, 176-178. — Double projet de campagne en Bavière; choix fait par la cour, 178-181. — Legall bat le comte de la Tour, 181-182. — Campagne de l'électeur en Bavière; sa retraite précipitée, 182-183. — L'électeur négocie avec les magistrats d'Augsbourg; le prince de Bade s'empare de la ville, 183-186. — Première bataille d'Hochstedt, 186-187. — L'électeur essaie de déposter le prince de Bade; opérations du comte de Reventlaw, 187-189. — Villars revient en France et Marcin le remplace, 189. — Le prince de Bade quitte Augsbourg, dont l'électeur s'empare, 189-191. — Campagne d'Italie; premiers mouvements des armées, 191-194. — Entreprise de Vendôme sur Ostiglia; Albergotti battu, 194-196. — Projets de Vendôme dérangés, 196-197. — Marche de l'armée française vers le Trentin, le long du lac de Garde, 197-199. — Prise d'Arco; les postes des montagnes emportés; siège de Trente, 199-202. — Retraite de Vendôme, rappelé dans le Milanais par la défection prochaine du duc de Savoie, 202-204. — Les troupes de Savoie désarmées et faites prisonnières, 204-205. — Lettre de Louis XIV au duc de Savoie et réponse du duc, 205-206. — Vendôme fait poursuivre Visconti, qui est battu en plusieurs rencontres, 206-210. — Prise d'Asti par les Français, 210. — Tessé remplace Vaudémont en Italie; La Feuillade commande en Dauphiné, 210-211. — Belle marche de Stahrenberg pour rejoindre le duc de Savoie; Vendôme le poursuit, bat son arrière-garde à plusieurs reprises, mais ne peut l'empêcher d'atteindre le Piémont, 211-221. — Campagne du maréchal de Tallard et du duc de Bourgogne sur le Rhin; prise de Brisach, 221-222. — Siège de Landau, 222-223. — Combat du Spirebach ou de Spire, 223-224. — Prise de Landau, 224-225. — Révolte des Camisards en Languedoc; ses causes, 225-226. — Broglie rappelé; Montrevel le remplace; ses rigueurs, 226-228. — Villars envoyé en Languedoc; négociations avec Cavalier, 228-232. — Reprise de la révolte; tentative de l'abbé de la Bourlie; Berwick termine la guerre des Cévennes, 232-237. — Révolte des Hongrois contre l'Empereur; le prince Ragotzi, 237-239. — Expéditions de mer; campagne de la Méditerranée, 239-240. — Campagne de l'Océan; les Anglais débarquent à la Guadeloupe, 241-242. — Expéditions de MM. de Coëtlogon, de Saint-Pol-Hécourt et du Quesne-Mosnier, 243-244. — Traité conclu entre l'Espagne et le Portugal, 244-245. — Défection de l'Amirante de Castille; il entraîne le roi de Portugal; efforts de l'ambassadeur Rouillé; envoi de M. de Châteauneuf, 246-248. — Préparatifs de guerre en Espagne; Berwick passe dans ce pays, 248-249.

Année 1704. — L'Archiduc proclamé roi d'Espagne; il passe en Hollande, puis en Angleterre et en Portugal, p. 250-251. — Le marquis das Minas commande l'armée portugaise; manifestes de l'Archiduc et de Philippe V, 252-253. — Campagne du Portugal; succès des Espagnols; prise de Portalègre et de Castello-do-Vide, 253-256. — Les troupes en quartiers d'été; succès des Portugais, 257-259. — Entreprise manquée du prince de Hesse-Darmstadt sur Barcelone, 259-261. — Il s'empare de Gibraltar, 261-262. — Suite de la campagne sur les frontières de Portugal, 262-265. — Les Espagnols assiègent Gibraltar, 265-266. — Bataille navale de Velez-Malaga, 266-270. — Continuation du siège de Gibraltar; Pointis perd cinq frégates dans la rade, 270-273. — Ravitaillement de la place; nouvelle expédition de Pointis, 273-275. — Le maréchal de Tessé vient au siège, 276. — Pointis arme une nouvelle escadre; il est battu par l'amiral Leake, 276-279. — Le siège de Gibraltar est transformé en blocus; les Espagnols sont contraints de le lever, 279-280.

Appendice. — I. Le combat de Walcourt, p. 281. — II. La bataille de Staffarde, 289. — III. Correspondance de Saint-Hilaire, années 1681-1704, 299.

Nogent-le-Rotrou, imprimerie Daupeley-Gouverneur.

Ouvrages publiés par la Société de l'Histoire de France depuis sa fondation en 1834.

In-octavo à 9 francs le volume, 7 francs pour les Membres de la Société.

Ouvrages épuisés.

L'Ystoire de li Normant. 1 vol.
Lettres de Mazarin. 1 vol.
Villehardouin. 1 vol.
Histoire des Ducs de Normandie. 1 vol.
Grégoire de Tours. Histoire ecclésiast. des Francs. 4 v.
Beaumanoir: Coutumes de Beauvoisis. 2 vol.
Mémoires de Coligny-Saligny. 1 vol.
Mémoires et Lettres de Marguerite de Valois. 1 vol.
Comptes de l'Argenterie des Rois de France. 1 vol.
Mémoires de Daniel de Cosnac. 2 vol.
Journal d'un Bourgeois de Paris sous François Ier. 1 v.
Chroniques des Comtes d'Anjou. 1 vol.
Lettres de Marguerite d'Angoulême. 2 vol.
Joinville. Hist. de Saint Louis. 1 vol.
Chronique des Quatre Premiers Valois. 1 vol.
Chronique de Guillaume de Nangis. 2 vol.
Mém. de P. de Fenin. 1 vol.
Œuvres de Suger. 1 vol.
Histoire de Bayart. 1 vol.

Ouvrages épuisés en partie.

Œuvres d'Éginhard. 2 vol.
Barbier. Journal du règne de Louis XV. 4 vol.
Mémoires de Ph. de Commynes. 3 vol.
Registres de l'Hôtel de Ville pendant la Fronde. 3 vol.
Procès de Jeanne d'Arc. 5 v.
Choix de Mazarinades. 2 vol.
Histoire de Charles VII et de Louis XI, par Th. Basin. 4 vol.
Grégoire de Tours. Œuvres diverses. 4 vol.
Chron. de Monstrelet. 6 vol.
Chron. de J. de Wavrin. 3 vol.
Journal et Mémoires du marquis d'Argenson. 9 vol.
Œuvres de Brantôme. 11 v.
Commentaires et Lettres de Blaise de Monluc. 5 vol.
Mém. de Bassompierre. 4 vol.
Bibliographie des Mazarinades. 3 vol.

Ouvrages non épuisés.

Orderic Vital. 5 vol.
Correspondance de Maximilien et de Marguerite. 2 vol.
Richer. Hist. des Francs. 2 v.
Le Nain de Tillemont. Vie de saint Louis. 6 vol.
Mém. de Mathieu Molé. 4 v.
Miracles de S. Benoît. 1 vol.
Mém. de Beauvais-Nangis. 1 v.
Chronique de Mathieu d'Escouchy. 3 vol.
Choix de pièces inédites relatives au règne de Charles VI. 2 vol.
Comptes de l'hôtel des Rois de France. 1 vol.
Rouleaux des morts. 1 vol.
Mém. et corresp. de Mme du Plessis-Mornay. 2 vol.
Chron. des églises d'Anjou. 1 v.
Introduction aux chroniques des comtes d'Anjou. 1 vol.
Chroniques de J. Froissart. T. I à XI. 13 vol.
Chroniques d'Ernoul et de Bernard le Trésorier. 1 v.
Annales de S.-Bertin et de S.-Vaast d'Arras. 1 vol.
Histoire de Béarn et de Navarre. 1 vol.
Chroniques de Saint-Martial de Limoges. 1 vol.
Nouveau recueil de comptes de l'argenterie. 1 vol.
Chanson de la croisade contre les Albigeois. 2 vol.
Chronique du duc Louis II de Bourbon. 1 vol.
Chronique de J. Le Fèvre de Saint-Remy. 2 vol.
Récits d'un ménestrel de Reims au XIIIe siècle. 1 v.
Lettres d'Ant. de Bourbon et de Jeanne d'Albret. 1 vol.
Mém. de La Huguerye. 3 vol.
Anecdotes et apologues d'Étienne de Bourbon. 1 vol.
Extraits des auteurs grecs concern. la géographie et l'hist. des Gaules. 6 vol.
Mémoires de N. Goulas. 3 v.
Gestes des évêques de Cambrai. 1 vol.
Les Établissements de saint Louis. 4 vol.
Chron. normande du XIVe s. 1 v.
Relation de Spanheim. 1 vol.
Œuvres de Rigord et de Guillaume le Breton. 2 v.
Mém. d'Ol. de la Marche. 4 v.
Lettres de Louis XI. T. I à X.
Mémoires de Villars. 6 vol.
Notices et documents, 1884. 1 v.

Journal de Nic. de Baye. 2 v.
La Règle du Temple. 1 vol.
Hist. univ. d'Agr. d'Aubigné. T. I à IX.
Le Jouvencel. 2 vol.
Chroniques de Louis XII, par Jean d'Auton. 4 vol.
Chron. d'A. de Richemont. 1 v.
Chronographia regum Francorum. 3 vol.
L'Histoire de Guillaume le Maréchal. 3 vol.
Mémoires de Du Plessis-Besançon. 1 vol.
Éphéméride de La Huguerye. 1 vol.
Hist. de Gaston IV, comte de Foix. 2 vol.
Mémoires de Gourville. 2 vol.
Journal de J. de Roye. 2 vol.
Chron. de Richard Lescot. 1 v.
Brantôme, sa vie et ses écrits. 1 vol.
Journal de J. Barrillon. 2 v.
Lettres de Charles VIII. 5 v.
Mém. du chev. de Quincy. 3 v.
Chron. de Morosini. 4 vol.
Doc. sur l'Inquisition. 2 vol.
Mém. du vicomte de Turenne. 1 vol.
Chron. de Perceval de Cagny. 1 vol.
Journal de J. Vallier. T. I.
Mém. de Saint-Hilaire. T. I à III.
Journal de Fauquembergue. T. I.
Chron. de Jean le Bel. 2 v.
Mémoriaux du Conseil de 1661. 3 v.
Chron. de Gilles Le Muisit. 1 vol.
Rapports et Notices sur les Mém. du card. de Richelieu. T. I.
Mémoires de Souvigny. 3 vol.
Mém. du card. de Richelieu. T. I et II.
Mémoires de M. et G. du Bellay. T. I.

SOUS PRESSE :

Mém. du maréchal d'Estrées.
Mém. du maréchal de Turenne. T. I.
Mém. de M. et G. du Bellay. T. II.
Lettres de Louis XI. T. XI.
Grandes Chron. de France. T. I.
Mém. de Florange. T. I.

ANNUAIRES, BULLETINS ET ANNUAIRES-BULLETINS (1834-1908).

In-18 et in-8°, à 2 et 5 francs.

(Pour la liste détaillée, voir à la fin de l'Annuaire-Bulletin de chaque année.)

Nogent-le-Rotrou, imprimerie Daupeley-Gouverneur.

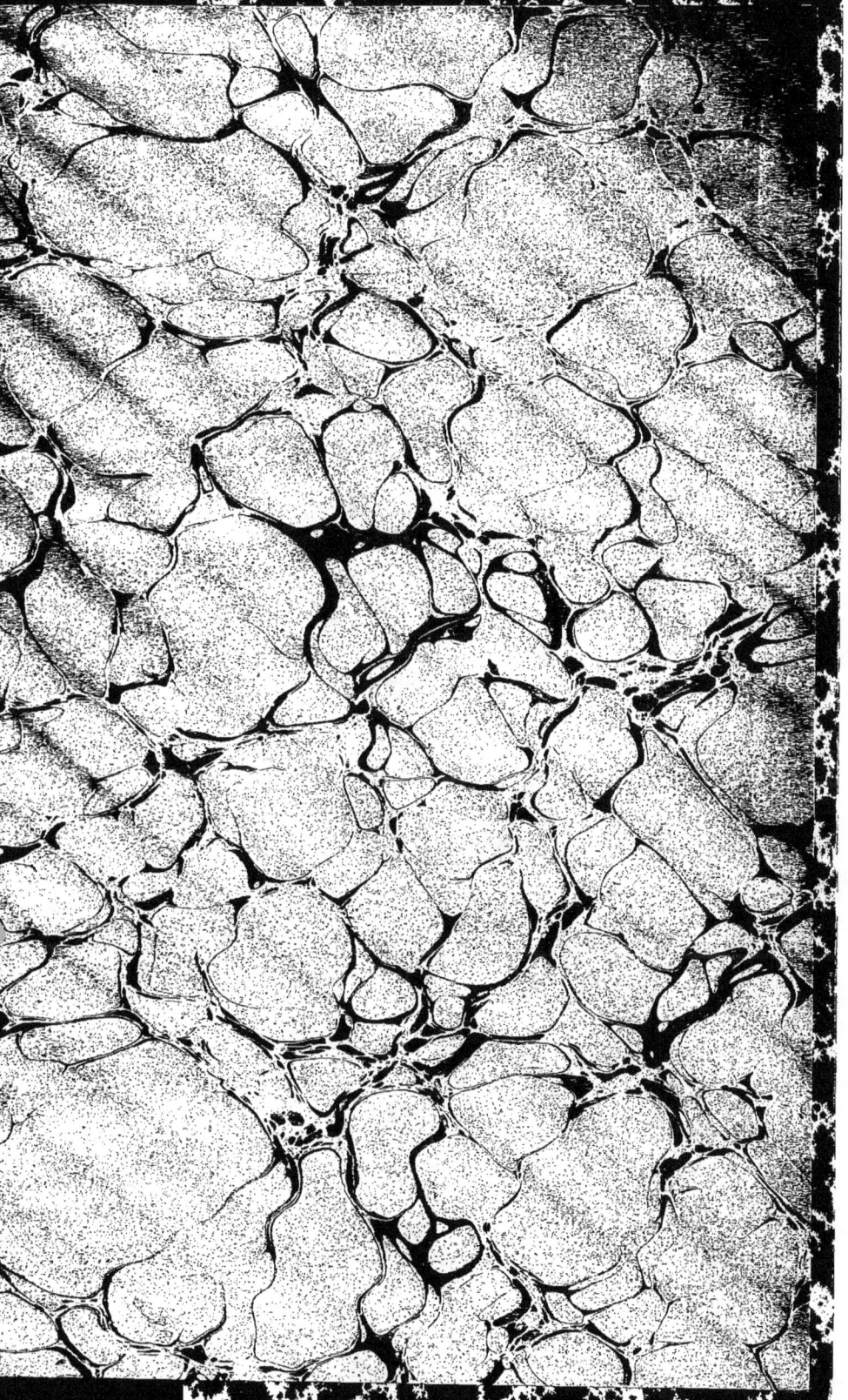

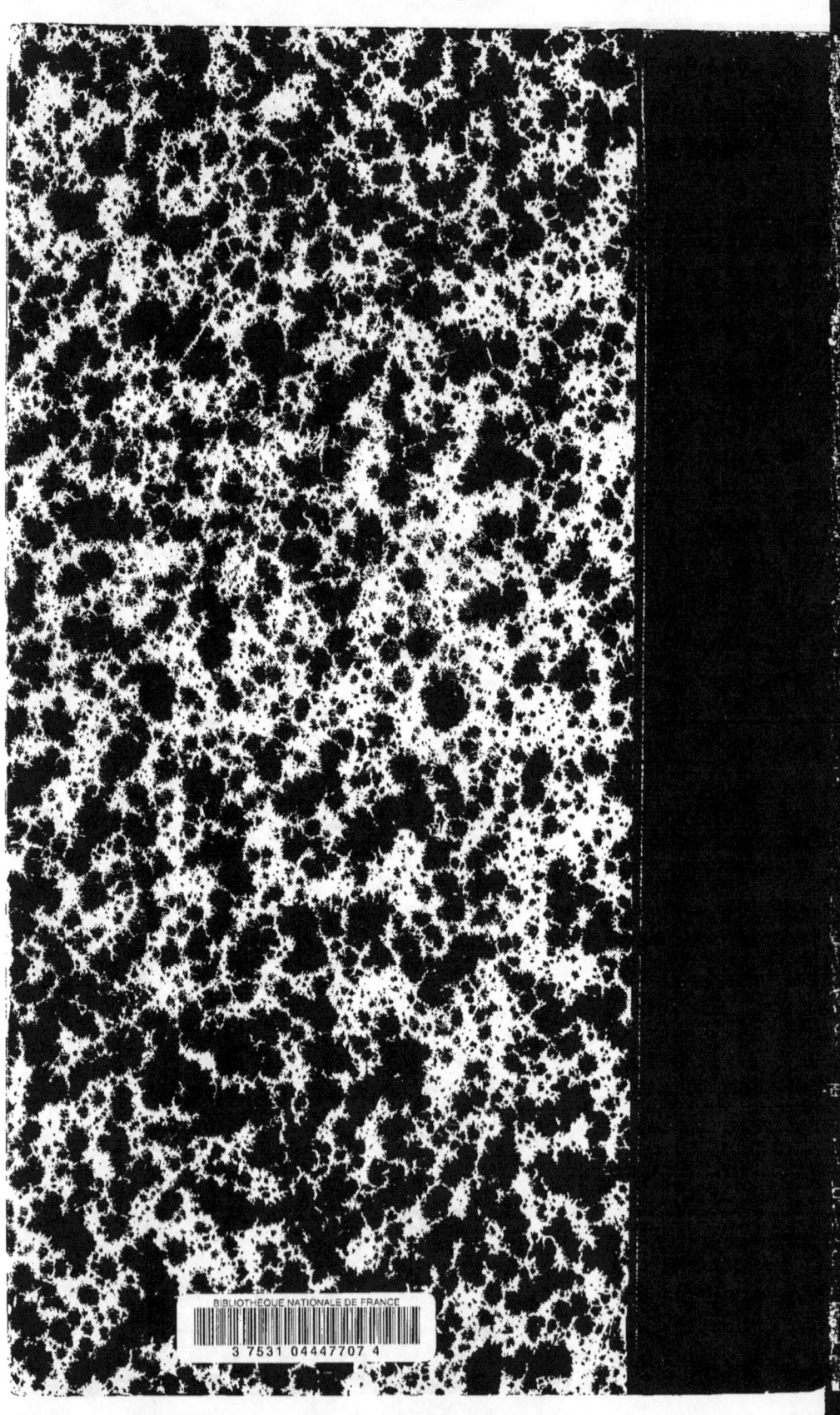

www.ingramcontent.com/pod-product-compliance
Lightning Source LLC
Chambersburg PA
CBHW070853170426
43202CB00012B/2052